Hans J. Schmidt

Die Mathe Merk Mappe

Klasse 10

Mathe zum Nachschlagen, Üben und Wiederholen

Verlag an der Ruhr

Impressum

Titel
Die Mathe-Merk-Mappe – Klasse 10
Mathe zum Nachschlagen, Üben und Wiederholen

Autor
Hans J. Schmidt

Titelbildmotiv
Zahlenhintergrund: © Wilm Ihlenfeld, Fotolia.com

Verlag an der Ruhr
Mülheim an der Ruhr
www.verlagruhr.de

Geeignet für die Klasse 10

Unser Beitrag zum Umweltschutz:
Wir sind seit 2008 ein ÖKOPROFIT®-Betrieb und setzen uns damit aktiv für den Umweltschutz ein. Das ÖKOPROFIT®-Projekt unterstützt Betriebe dabei, die Umwelt durch nachhaltiges Wirtschaften zu entlasten. Unsere Produkte sind grundsätzlich auf chlorfrei gebleichtes und nach Umweltschutzstandards zertifiziertes Papier gedruckt.

ISBN 978-3-8346-2518-2

Printed in Germany

Inhaltsverzeichnis

Vorbemerkungen

Du kennst doch sicherlich die Sendung „Wer wird Millionär"? Dort muss sich der Kandidat für eine von vier vorgegebenen Antworten entscheiden. Vor einiger Zeit durfte eine Frau, die eigentlich bei der 16 000-Euro-Frage ausgeschieden war, weil sie die Frage nicht beantworten konnte und wollte, erneut antreten und um das große Geld spielen. Was war passiert?
Die Frage lautete damals:

Jedes Rechteck ist ein …

A:	Rhombus	**B:**	Quadrat
C:	Trapez	**D:**	Parallelogramm

Die Auflösung wurde mit „D: Parallelogramm" angegeben. Daraufhin hagelte es Proteste von allen Seiten, weil natürlich auch die Antwort **„C: Trapez"** richtig gewesen wäre. Die Kandidatin hätte also theoretisch für die richtige Antwort eine fifty-fifty-Chance gehabt, ohne den entsprechenden Joker einzusetzen.
Sehr oft tun sich die Kandidaten in solchen Sendungen schwer mit Fragen zur Mathematik. Als beliebte Ausreden hört man dann „Mathe habe ich noch nie gekonnt" oder „Wozu brauche ich schon Mathematik?"
Dabei kann Mathematik nicht nur viel Geld bringen, sondern auch ganz schön spannend sein! Wusstest du z. B., dass große Primzahlen genutzt werden, um Nachrichten oder Banküberweisungen zu verschlüsseln? Oder dass man die Zahl π auf Milliarden von Nachkommastellen berechnet, weil dies die ideale Testaufgabe für neue Computer ist? Wenn also zwei verschiedene Computer unabhängig voneinander dieselbe Ziffernfolge dieser Zahl liefern, dann muss man bei einer Fülle von Milliarden Rechenoperationen davon ausgehen, dass beide richtig gerechnet haben. 1986 entdeckten Mathematiker auf diese Weise übrigens einen Fehler beim ersten Pentium-Prozessor (einem Bauteil für Computer).
Aber auch ganz alltägliche Dinge und Tätigkeiten, wie Geldbeträge beim Einkaufen, Uhrzeiten, Statistiken oder Fahrstrecken und Fahrzeiten, haben sehr viel mit Mathematik zu tun, ohne dass es uns immer bewusst ist.

Mathematik ist vor allem auch sehr einfach. Du musst nicht unbedingt jede Woche 50 neue Vokabeln lernen, wie im Englisch- oder Französischunterricht; du brauchst nur ein wenig Übung in den Grundrechenarten und ein paar Rechenregeln konsequent zu befolgen, dann kommst du mit vielen Dingen des täglichen Lebens leichter klar. Diese Mathe-Merk-Mappe wird dir dabei helfen, wichtige Rechenregeln und Sachverhalte zu verstehen und zu verinnerlichen. Zu jedem Themengebiet findest du zunächst einen Infokasten mit den wichtigsten Regeln und Beispielaufgaben, die dir zeigen, wie es funktioniert. Dann bist du selbst gefordert: Mithilfe verschiedener Aufgaben und den Lösungen im hinteren Teil des Buches kannst du feststellen, ob du alles verstanden hast oder welche Bereiche du noch mal üben musst. So wirst du immer sicherer und kannst dich bald zu den Matheprofis zählen!
Solltest du die Mathe-Merk-Mappe ganz durchgearbeitet haben, dann hebe sie gut auf, denn auch später kannst du sie zum Nachschlagen und Wiederauffrischen benutzen, wenn dir ein Thema nicht mehr geläufig ist oder du eine Regel vergessen hast. Die passenden Beispiele helfen dir, dich schnell wieder zu erinnern.

Viel Spaß beim Rechnen wünscht dir
der Verlag an der Ruhr und

Hans J. Schmidt

Einführende Beispiele (1/2)

Quadratische Funktionen haben eine Funktionsgleichung der Form
$y = ax^2 + bx + c$ ($a \neq 0$).
Den Graphen einer quadratischen Funktion nennt man eine **Parabel**.

- Für $a > 0$ ist die Parabel nach oben geöffnet,
- für $a < 0$ ist sie nach unten geöffnet.

Beispiel 1: $y = x^2 - 4x + 3$

x	–1	0	1	2	3	4	5
y	8	3	0	–1	0	3	8

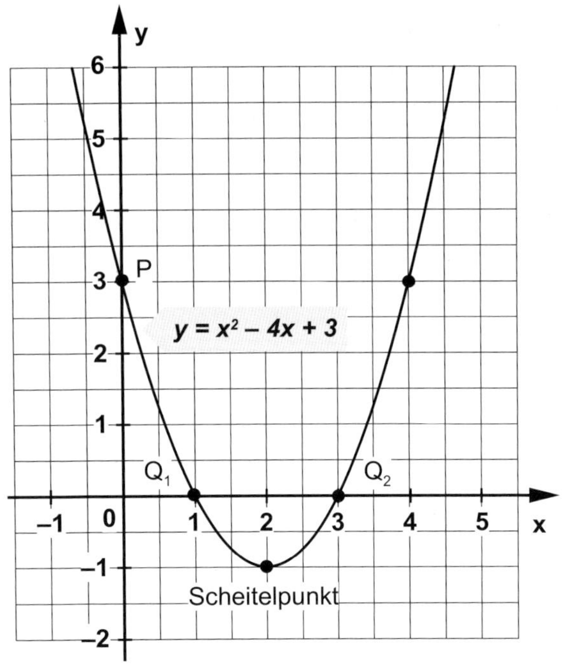

Aufgabe 1:

Setze für das Beispiel 1 die richtigen Wörter bzw. Zahlen ein:

a) Die Parabel ist nach __________ geöffnet.

b) Der Graph ist __________ zu einer Parallelen zur y-Achse.

c) Der Graph hat mit der y-Achse den Punkt P(__ | __) gemeinsam.

d) Die Koordinaten des __________ lauten (2|–1).

e) Der Graph hat gemeinsame Punkte Q_1(__ | __) und Q_2(__ | __) mit der x-Achse.

f) Der Scheitelpunkt ist der __________ Punkt des Graphen.

g) Der Graph __________ ständig bis zum Scheitelpunkt und __________ dann wieder an.

Scheitelpunkts *fällt* *tiefste* *1* *oben* *3* *0* *0* *symmetrisch* *3* *steigt* *0*

ISBN 978-3-8346-2518-2 | www.verlagruhr.de

Einführende Beispiele (2/2)

Quadratische Funktionen haben eine Funktionsgleichung der Form
$y = ax^2 + bx + c$ ($a \neq 0$).
Den Graphen einer quadratischen Funktion nennt man eine **Parabel**.

- Für $a > 0$ ist die Parabel nach oben geöffnet,
- für $a < 0$ ist sie nach unten geöffnet.

Beispiel 2: $y = -0{,}5x^2 - x + 2$

x	–4	–3	–2	–1	0	1	2
y	–2	0,5	2	2,5	2	0,5	–2

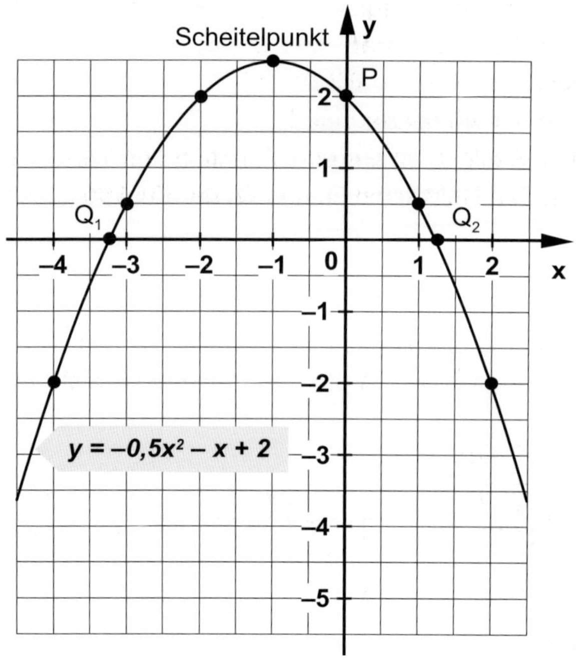

Aufgabe 2:

Setze für das Beispiel 2 die richtigen Wörter bzw. Zahlen ein:

a) Die Parabel ist nach ______ geöffnet.

b) Der Graph ist symmetrisch zu einer ______ zur y-Achse.

c) Der Graph hat mit der ______ den Punkt P(0|2) gemeinsam.

d) Die Koordinaten des Scheitelpunktes P lauten (___ | ___).

e) Der Graph hat gemeinsame Punkte Q_1 (≈ –3,2|0) und Q_2 (≈1,2|0) mit der ______.

f) Der Scheitelpunkt ist der ______ Punkt des Graphen.

g) Der Graph ______ ständig bis zum Scheitelpunkt und ______ dann wieder.

unten | steigt | Parallelen | fällt | x-Achse

höchste | 2,5 | y-Achse | –1

© Verlag an der Ruhr | Autor: Hans J. Schmidt
ISBN 978-3-8346-2518-2 | www.verlagruhr.de

Nullstellen quadratischer Funktionen

In der Funktionsgleichung **$y = ax^2 + bx + c$** ($a \neq 0$) nennt man
- **ax^2** das **quadratische Glied**,
- **bx** das **lineare Glied** und
- **c** das **absolute Glied**.

Die Stelle x, an der eine Funktion den Wert 0 annimmt, heißt **Nullstelle** der Funktion.
An den Nullstellen Q_1 und Q_2 der Funktion schneidet oder berührt der Graph die x-Achse.

Aufgabe 1:
Lege für die quadratische Funktion eine Wertetabelle an, zeichne den Graphen und bestimme die Nullstellen.

a) $y = x^2 - 2x - 3$

x	y
–3	
–2	
–1	
0	
1	
2	
3	
4	
5	

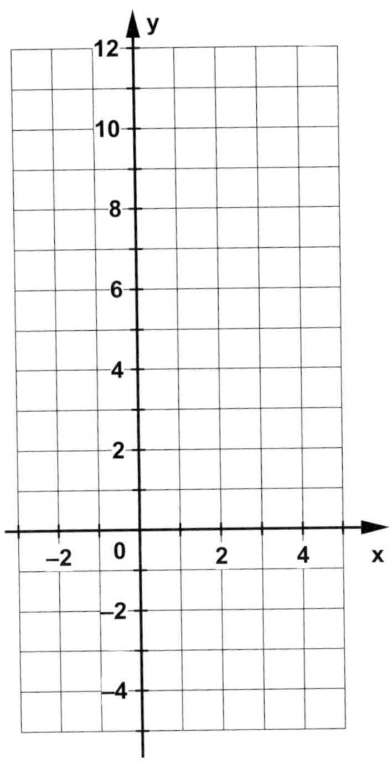

b) $y = 0{,}5x^2 - 4x + 3$

x	y
0	
1	
2	
3	
4	
5	
6	
7	
8	

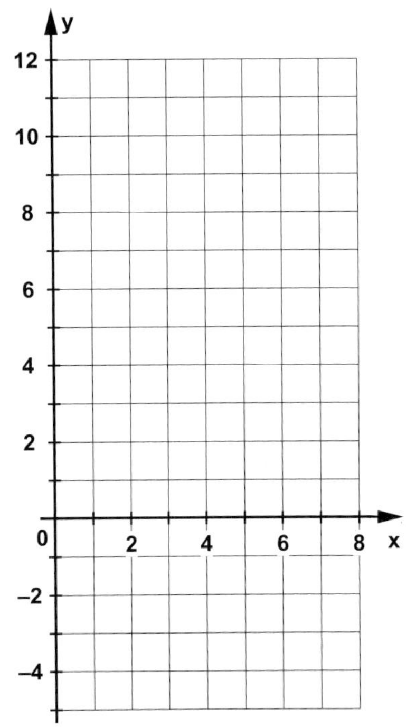

Aufgabe 2:
Lies die Nullstellen aus der Zeichnung ab.

a)

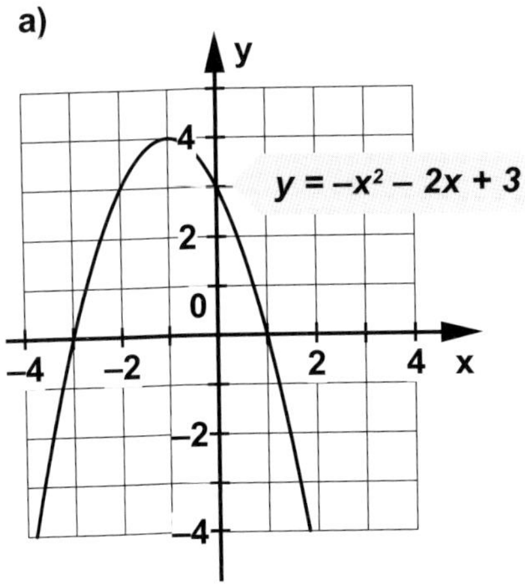

b)

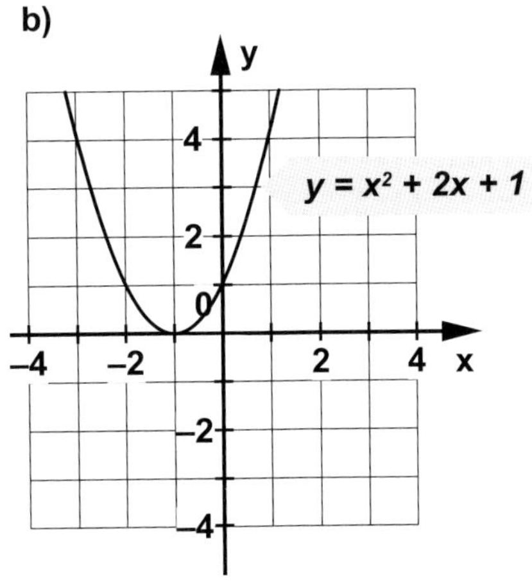

c)

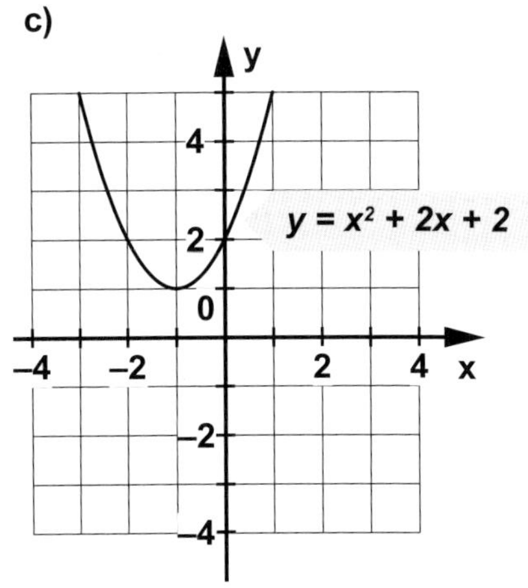

ISBN 978-3-8346-2518-2 | www.verlagruhr.de

Die quadratische Funktion $y = x^2$

Setzt man in der Funktionsgleichung $y = ax^2 + bx + c$ den Faktor $a = 1$, den Faktor $b = 0$ sowie die Konstante $c = 0$, so erhält man die Funktionsgleichung $\mathbf{y = x^2}$. Der Graph dieser Funktion heißt **Normalparabel**.

Beispiel: $y = x^2$

x	–3	–2,5	–2	–1,5	–1	–0,5	0	0,5	1	1,5	2	2,5	3
y	9	6,25	4	2,25	1	0,25	0	0,25	1	2,25	4	6,25	9

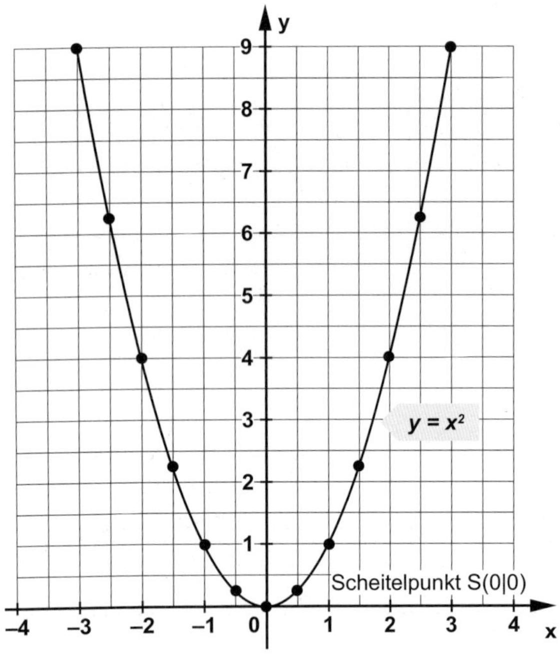

Für die Normalparabel gilt:

- Die Normalparabel mit der Funktion $y = x^2$ ist nach oben geöffnet. Sie fällt im 2. Quadranten bis zum Ursprung (0|0) und steigt dann im 1. Quadranten wieder an.
- Der Scheitelpunkt S ist der tiefste Punkt der Normalparabel. Der Scheitelpunkt ist identisch mit dem Ursprung (0|0).
- Die Normalparabel ist symmetrisch zur y-Achse.

Aufgabe 1:
Der Punkt P liegt auf der Normalparabel. Bestimme die fehlende Koordinate.
a) P(1,6|) **b)** P(|2,89) **c)** P(|1,69) **d)** P(0,9|) **e)** P(|3,61) **f)** P(–0,3|)

Aufgabe 2:
Lies näherungsweise an der Normalparabel ab.
a) $1{,}4^2 = ?$ **b)** $(-2{,}1)^2 = ?$ **c)** $0{,}8^2 = ?$ **d)** $(-2{,}8)^2 = ?$ **e)** $2{,}7^2 = ?$ **f)** $(-1{,}6)^2 = ?$

Aufgabe 3:
Gib zu den Punkten P(0,7|0,49), Q(–2,5|6,25), R(3,5|12,25) und S(–1,2|1,44) der Normalparabel den zur y-Achse symmetrischen Punkt
P'(|), Q'(|), R'(|), S'(|) an.

Aufgabe 4:
Löse die Gleichungen näherungsweise mit der Normalparabel. Jede Gleichung hat entweder zwei Lösungen, eine oder gar keine Lösung.
a) $x^2 = 6$ **b)** $x^2 = -4$ **c)** $x^2 = 0$ **d)** $x^2 = 2{,}5$ **e)** $x^2 = 8{,}2$ **f)** $x^2 = -1$

Aufgabe 5:
Liegt der Punkt P auf, oberhalb oder unterhalb der Normalparabel? Löse ohne zu zeichnen.
a) P(3,1|9,11) **b)** P(1,4|1,96) **c)** P(–0,4|0,164) **d)** P(–4,5|20,2) **e)** P(7,2|52) **f)** P(–2,4|5,764)

ISBN 978-3-8346-2518-2 | www.verlagruhr.de

Lösungen S. 79

Die quadratische Funktion $y = ax^2$ (1/2)

Die Graphen von quadratischen Funktionen der Form **$y = ax^2$** sind Parabeln mit dem Scheitelpunkt S(0|0). Sie sind symmetrisch zur y-Achse.

Es gilt:

- Die Parabeln sind für $a > 0$ nach **oben**, für $a < 0$ nach **unten** geöffnet.
- Jede Parabel mit $|a| > 1$ verläuft **steiler** als die Normalparabel → sie ist **gestreckt**.
- Jede Parabel mit $0 < |a| < 1$ verläuft **flacher** als die Normalparabel → sie ist **gestaucht**.
- Die Parabel mit der Funktionsgleichung **$y = -x^2$** entsteht durch Spiegeln der Normalparabel an der x-Achse.

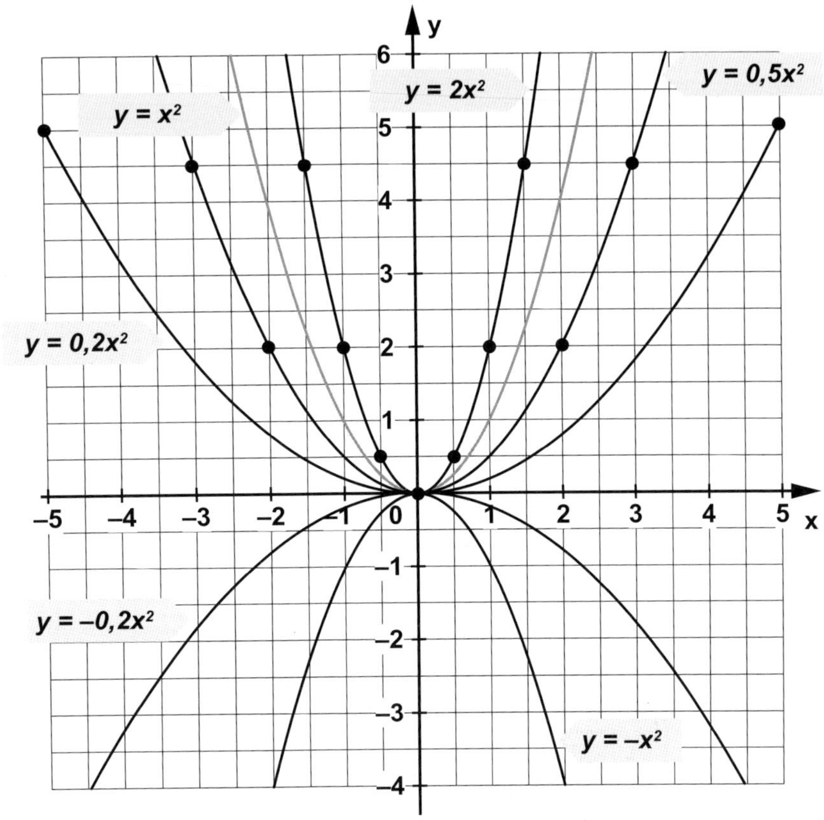

Aufgabe 1:

a) Fülle für die quadratische Funktion $y = -0{,}5x^2$ die Wertetabelle aus und zeichne den dazugehörigen Graphen.

b) Beschreibe den Verlauf des Graphen im Vergleich mit dem einer Normalparabel.

x	y
–4	
–3	
–2,5	
–2	
–1,5	
–1	
–0,5	
0	
0,5	
1	
2	
3	
4	

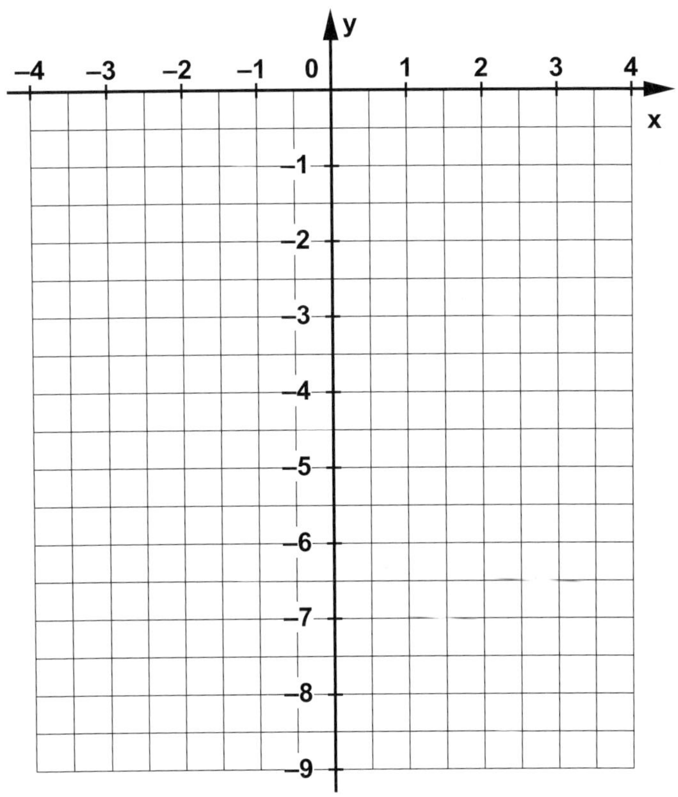

ISBN 978-3-8346-2518-2 | www.verlagruhr.de

Die quadratische Funktion $y = ax^2$ (2/2)

Aufgabe 2:

a) Lege für die quadratischen Funktionen $y = 0{,}5x^2$ und $y = 1{,}5x^2$ Wertetabellen an und zeichne die Graphen.

b) Vergleiche den Verlauf der Graphen mit dem der Normalparabel.

$y = 0{,}5x^2$

x	y
–3	
–2	
–1	
–0,5	
0	
0,5	
1	
2	
3	

$y = 1{,}5x^2$

x	y
–2	
–1,5	
–1	
–0,5	
0	
0,5	
1	
1,5	
2	

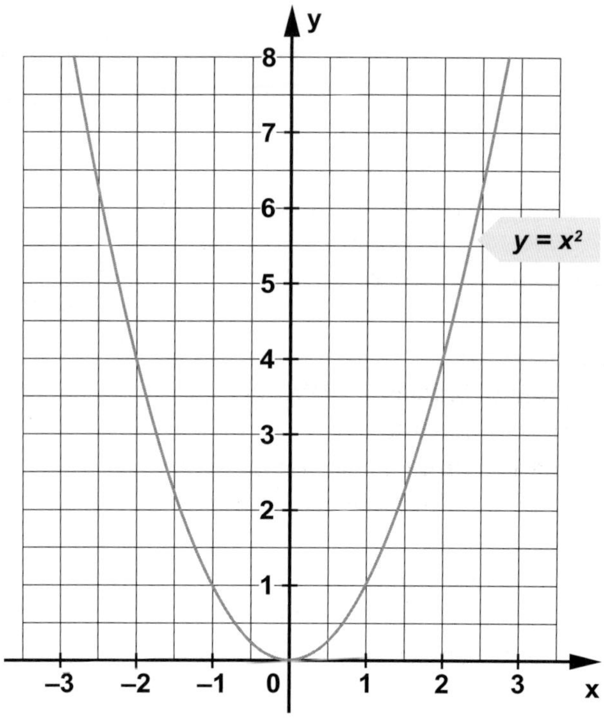

Aufgabe 3:

Wie groß muss der Faktor a sein, damit der Punkt P zum Graphen der Funktion mit der Gleichung $y = ax^2$ gehört?

a) P(1|–3) **b)** P(4|8) **c)** P(1,5|4,5) **d)** P(0,5|1)

Aufgabe 4:

Finde heraus, welcher der Punkte P_1(3|–18), P_2(–2,5|7,8125), P_3(1,5|9), P_4(–4|–8) auf dem Graphen welcher der folgenden Funktionsgleichungen liegt.

a) $y = -0{,}5x^2$ **b)** $y = -2x^2$ **c)** $y = 1{,}25x^2$ **d)** $y = 4x^2$

Aufgabe 5:

Welche Funktionsgleichung gehört zu dem dargestellten Graphen?

a)

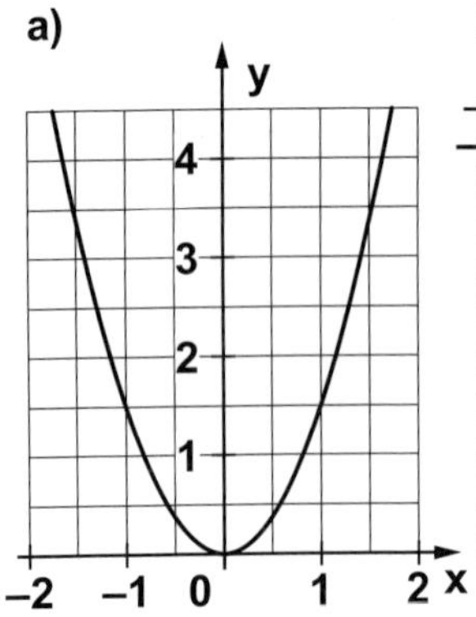

b)

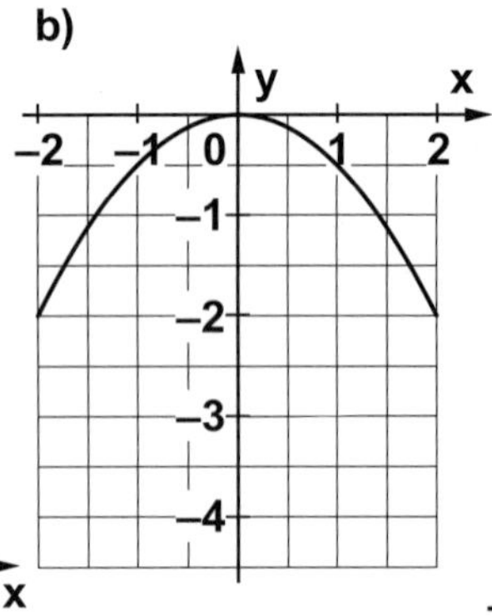

c)

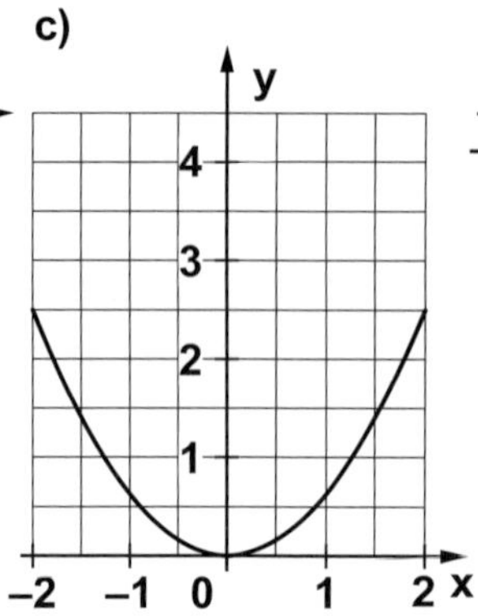

d)

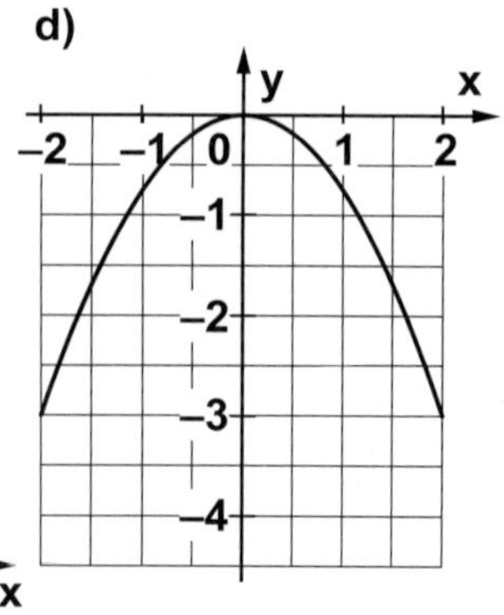

ISBN 978-3-8346-2518-2 | www.verlagruhr.de

Die quadratische Funktion $y = x^2 + e$

Den Graphen einer quadratischen Funktion der Form $\mathbf{y = x^2 + e}$ erhält man, indem man die **Normalparabel** um e Einheiten **in Richtung der y-Achse verschiebt**.

Beispiele:
- $y = x^2 + 2$
- $y = x^2 - 1$

Tipp: Zum Zeichnen der Graphen musst du keine Wertetabelle mehr erstellen. Du verschiebst einfach die Normalparabel entlang der y-Achse ***nach oben (e > 0)*** *oder* ***nach unten (e < 0)****!*

Es gilt:
- Die **Symmetrieachse** der Parabel ist identisch mit der **y-Achse**.
- Der **Scheitelpunkt** einer quadratischen Funktion der Form $y = x^2 + e$ hat die Koordinaten **(0|e)**.
- Bis zum Scheitelpunkt fällt die Parabel und steigt dann wieder an. Der **Scheitelpunkt** ist der **tiefste Punkt** der Parabel.

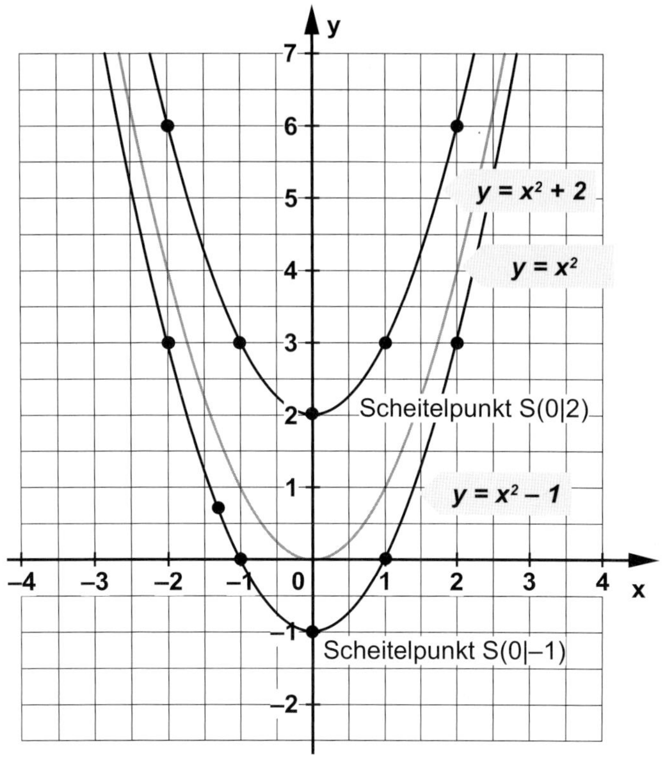

Aufgabe 1:
Gib die passenden Funktionsgleichungen zu den abgebildeten Graphen an.

a)

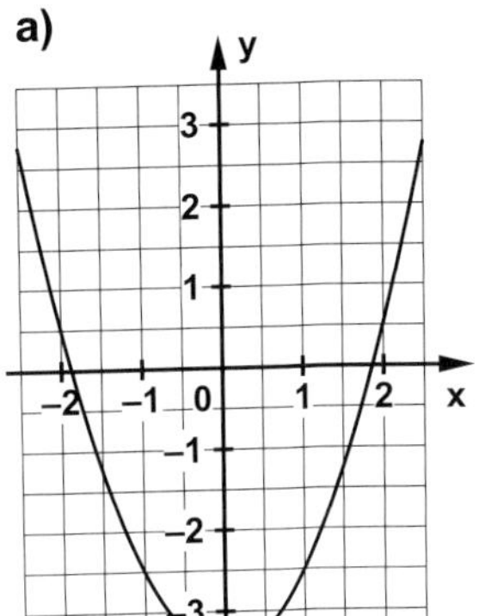

b)

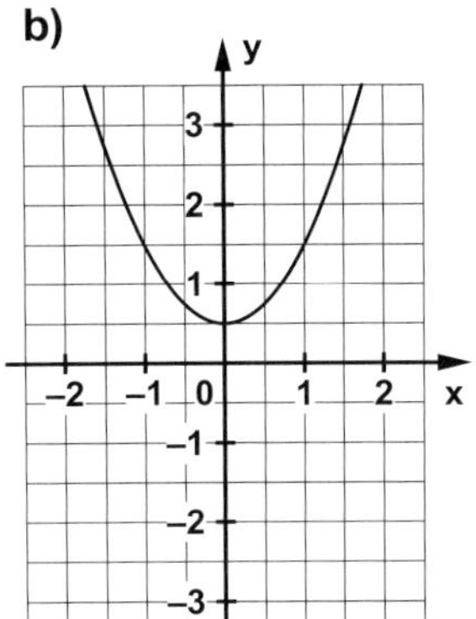

c)

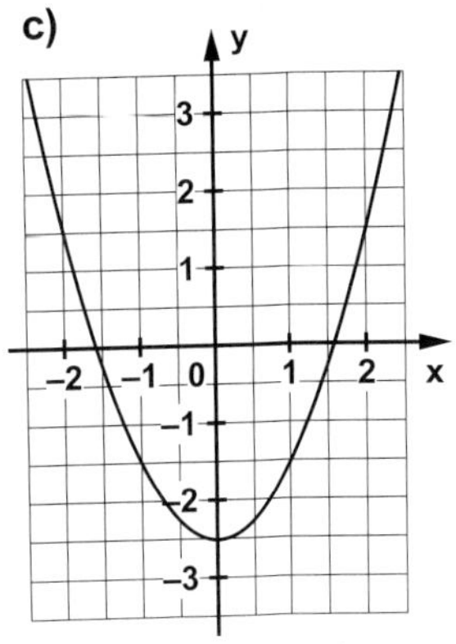

Aufgabe 2:
Die Normalparabel ist
a) um 3 Einheiten nach oben verschoben.
b) um 2,5 Einheiten nach unten verschoben.
Welche Funktionsgleichungen gehören zu diesen Graphen?

Aufgabe 3:
Bestimme die Funktionsgleichung der verschobenen Normalparabel.
a) Scheitelpunkt S(0|4,5)
b) Scheitelpunkt S(0|–0,75)

Aufgabe 4:
Gib die Koordinaten des Scheitelpunktes S an.
a) $y = x^2 - 6{,}8$
b) $y = x^2 + 2{,}2$

ISBN 978-3-8346-2518-2 | www.verlagruhr.de

Die quadratische Funktion $y = (x - d)^2$

Den Graphen einer quadratischen Funktion der Form $\mathbf{y = (x - d)^2}$ erhält man, indem man die **Normalparabel** um d Einheiten **in Richtung der x-Achse verschiebt**.

Beispiele:

- $y = (x - 2)^2$, $d = 2 \rightarrow$ die Normalparabel wird um 2 Einheiten nach rechts verschoben
- $y = (x + 3)^2$, $d = -3 \rightarrow$ die Normalparabel wird um 3 Einheiten nach links verschoben

*Tipp: Zum Zeichnen der Graphen musst du keine Wertetabelle mehr erstellen. Du verschiebst einfach die Normalparabel entlang der x-Achse **nach rechts (d > 0)** oder **nach links (d < 0)**!*

Es gilt:

- Der **Scheitelpunkt S** hat die Koordinaten **(d|0)**.
- Die **Symmetrieachse** ist eine **Parallele zur y-Achse durch** den Scheitelpunkt **S(d|0)**.
- Bis zum **Scheitelpunkt** fällt die Parabel und steigt dann wieder an. Der **Scheitelpunkt** ist der **tiefste Punkt** der Parabel.

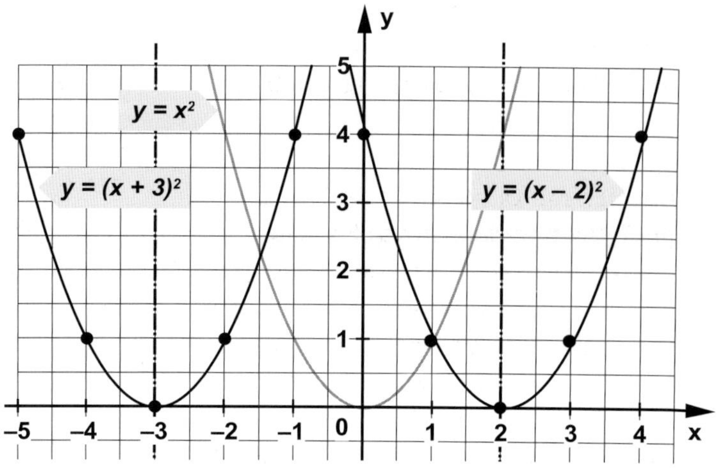

Aufgabe 1: Die Normalparabel ist

a) um 4 Einheiten nach links verschoben.
b) um 1 Einheit nach rechts verschoben.
c) um 1,5 Einheiten nach rechts verschoben.
d) um 3,5 Einheiten nach links verschoben.

Gib jeweils die Funktionsgleichung in der Form $y = (x - d)^2$ und $y = x^2 + px + q$ an.

Aufgabe 2: Eine Normalparabel ist in Richtung der x-Achse so verschoben worden, dass sie den Scheitelpunkt

a) S(−2,7|0) **b)** S(3,5|0)

hat. Gib die Funktionsgleichung an.

Aufgabe 3: Gib den Scheitelpunkt der längs der x-Achse verschobenen Normalparabel an.

a) $y = x^2 - 5x + 6{,}25$ **b)** $y = x^2 + 4x + 4$ **c)** $y = x^2 - 0{,}2x + 0{,}01$

Tipp: Die binomischen Formeln können dir helfen!

Aufgabe 4: Skizziere den Graphen zu der Funktionsgleichung.

a) $y = (x - 1)^2$

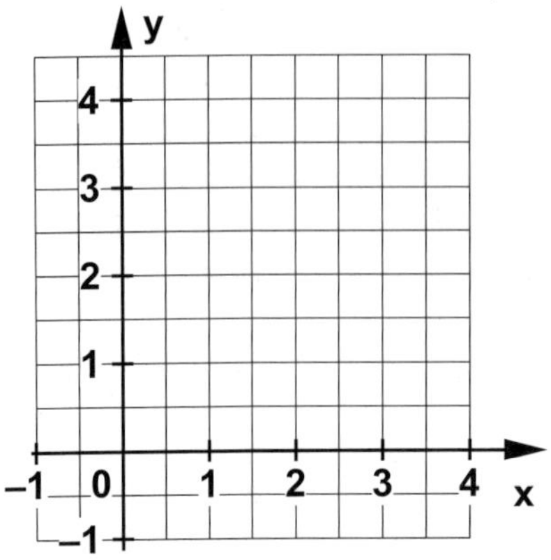

b) $y = (x + 1{,}5)^2$

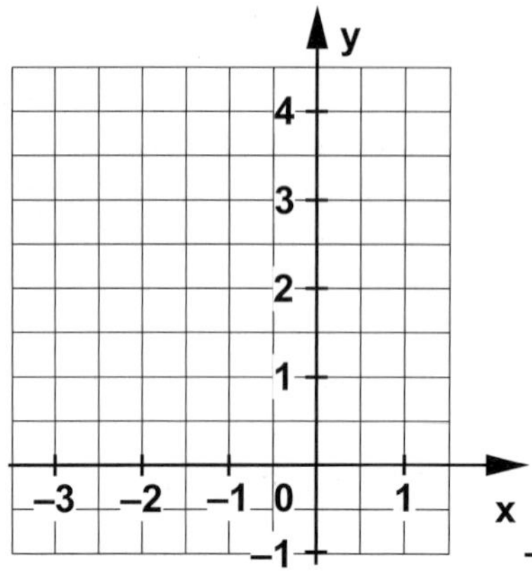

c) $y = (x - 3)^2$

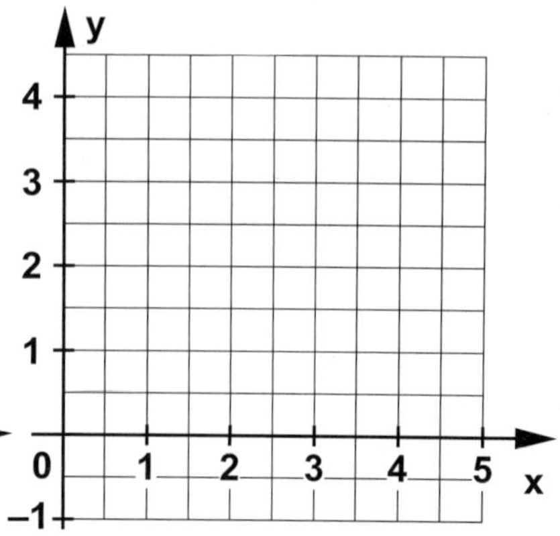

ISBN 978-3-8346-2518-2 | www.verlagruhr.de

Die quadratische Funktion $y = (x - d)^2 + e$

Den Graphen einer quadratischen Funktion der Form **$y = (x - d)^2 + e$** erhält man, indem man die Normalparabel um d Einheiten in Richtung der x-Achse und um e Einheiten in Richtung der y-Achse verschiebt.

Beispiele:

- $y = (x - 1)^2 + 2 \rightarrow$ die Normalparabel wird um 1 Einheit nach rechts und um 2 Einheiten nach oben verschoben
- $y = (x + 2)^2 - 1 \rightarrow$ die Normalparabel wird um 2 Einheiten nach links und um 1 Einheit nach unten verschoben

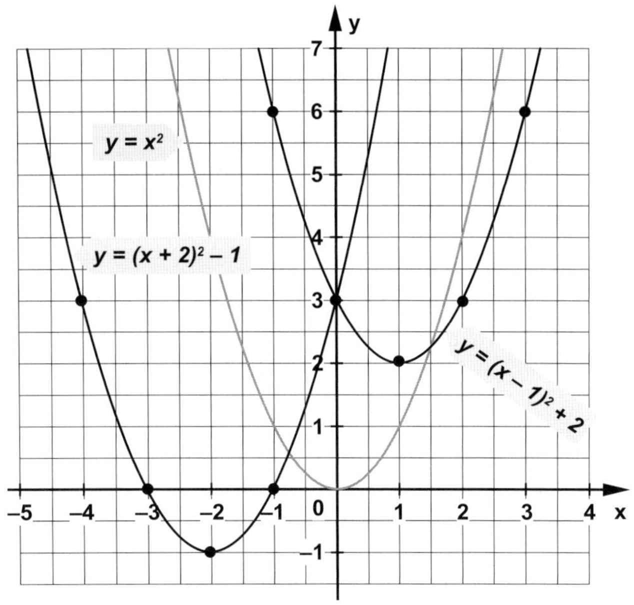

Es gilt:

- Der **Scheitelpunkt S** hat die Koordinaten **(d|e)**. Die Koordinaten des Scheitelpunkts lassen sich sofort aus der Gleichung $y = (x - d)^2 + e$ ablesen. Man nennt diese Gleichung deshalb **Scheitelpunktform**.
- Die **Symmetrieachse** ist eine **Parallele zur y-Achse durch** den Scheitelpunkt **S(d|e)**.
- Bis zum Scheitelpunkt fällt die Parabel und steigt dann wieder an. Der **Scheitelpunkt** ist der **tiefste Punkt der Parabel**.

Aufgabe 1: Die Normalparabel ist

a) um 3 Einheiten nach links und um 1 Einheit nach unten
b) um 2 Einheiten nach rechts und um 0,5 Einheiten nach unten
c) um 1,5 Einheiten nach rechts und um 3 Einheiten nach oben
d) um 3,5 Einheiten nach links und um 2 Einheiten nach oben

verschoben. Gib jeweils die Funktionsgleichung in der Form $y = (x - d)^2 + e$ und $y = x^2 + px + q$ an.

Aufgabe 2: Gib die Lage des Scheitelpunkts an.

a) $y = (x - 2)^2 + 3$ **b)** $y = (x + 3)^2 - 1$ **c)** $y = (x - 5)^2 - 2$ **d)** $y = (x + 1)^2 + 6$

Aufgabe 3: Gib die Funktionsgleichung des Graphen in der Scheitelpunktform an.

a)

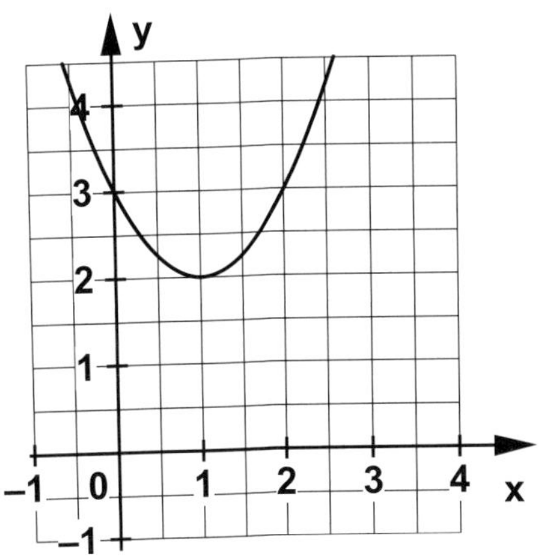

b)

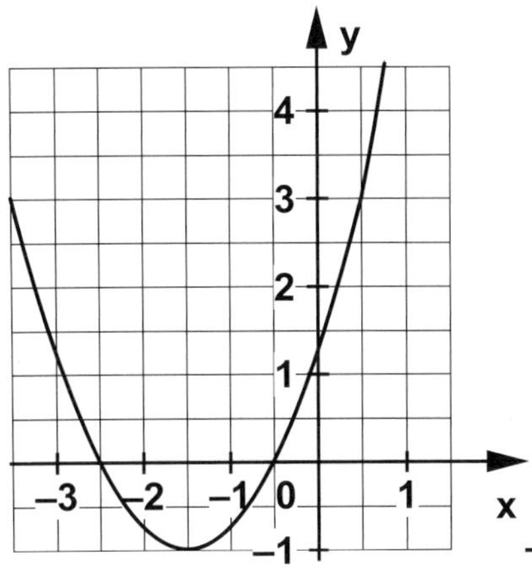

c)

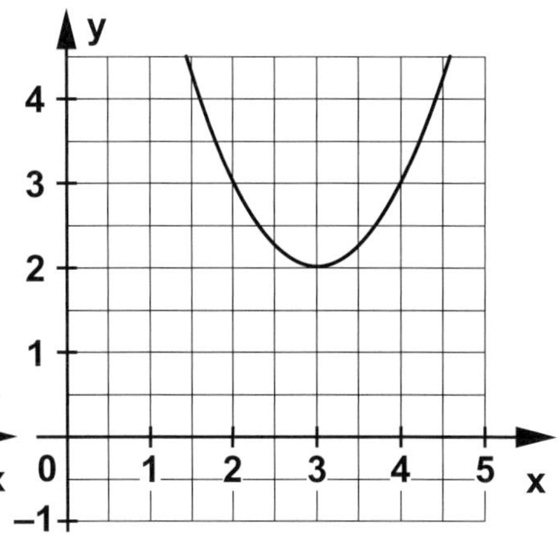

ISBN 978-3-8346-2518-2 | www.verlagruhr.de

Scheitelpunktform und Normalform

Aus quadratischen Funktionen der Form $\mathbf{y = (x - d)^2 + e}$ lassen sich sofort die Koordinaten des Scheitelpunkts ablesen. Diese Form der Gleichung nennt man daher **Scheitelpunktform**. Die Gleichung $\mathbf{y = x^2 + px + q}$ wird **Normalform** genannt.

Beispiele:

- $y = (x - 1)^2 + 4$ hat den Scheitelpunkt S(1|4).
  Durch Ausmultiplizieren erhältst du die entsprechende Normalform $y = x^2 - 2x + 5$.
- $y = (x + 2)^2 - 3$ hat den Scheitelpunkt S(–2|–3).
  Durch Ausmultiplizieren erhältst du die entsprechende Normalform $x^2 + 4x + 1$.

Von der Normalform einer Gleichung lässt sich der Scheitelpunkt nicht sofort ablesen. Daher versucht man, die Normalform in die Scheitelpunktform **umzuformen**.

Beispiel:

$y = x^2 + 6x + 1$ soll auf die Scheitelpunktform gebracht werden.

Tipp: Versuche, auf eine binomische Formel zu kommen. Das gelingt, wenn du den Koeffizienten von x (hier 6) halbierst, quadrierst, addierst und gleichzeitig wieder subtrahierst. Das klingt kompliziert, ist aber eigentlich ganz einfach! Schaue es dir in Ruhe an.

$y = x^2 + 6x + [\frac{6}{2}]^2 - [\frac{6}{2}]^2 + 1$

$y = \underbrace{x^2 + 6x + 9}\, - 9 + 1$ | *$x^2 + 6x + 9$ lässt sich umwandeln in $(x + 3)^2$*

$y = (x + 3)^2 - 9 + 1$

$y = (x + 3)^2 - 8 \rightarrow$ Scheitelpunkt S(–3|–8)

Aufgabe 1:

Forme die Funktionsgleichung in die Scheitelpunktform um, bestimme S und zeichne den dazugehörigen Graphen.

a) $y = x^2 + 4x + 5{,}5$
b) $y = x^2 - 3x + 3{,}25$
c) $y = x^2 - 6x + 7$
d) $y = x^2 + 6x + 6{,}5$

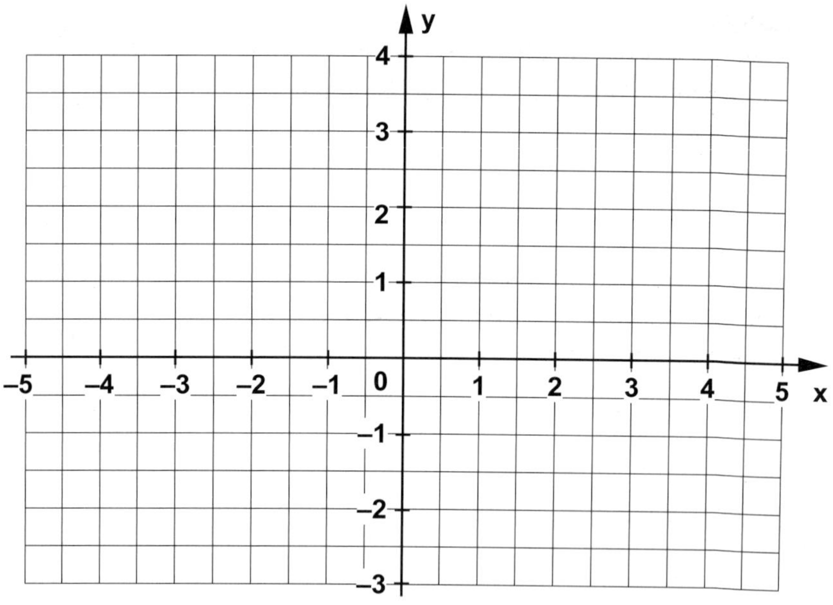

Aufgabe 2:

Ordne den neun Scheitelpunkten die zugehörigen Funktionsgleichungen in Normalform zu. Bei richtiger Lösung ergeben die Kennbuchstaben ein Wort.

a) $y = x^2 - 10x + 28$
b) $y = x^2 - 16x + 74$
c) $y = x^2 - 4$
d) $y = (x + 3)^2$
e) $y = x^2 + 8x + 18$
f) $y = x^2 - 4x + 8$
g) $y = x^2 + 8x + 16$
h) $y = x^2 + 4x + 8$
i) $y = x^2 + 6x + 4$

S(2|4) → R
S(8|10) → U
S(0|–4) → G
S(–3|0) → E
S(–4|2) → L
S(5|3) → K
S(–3|–5) → D
S(–4|0) → U
S(–2|4) → N

Lösungswort: ___ ___ ___ ___ ___ ___ ___ ___ ___
a) b) c) d) e) f) g) h) i)

ISBN 978-3-8346-2518-2 | www.verlagruhr.de

Die quadratische Funktion $y = ax^2 + bx + c$

Nicht nur quadratische Funktionen in der Normalform $y = x^2 + px + q$ lassen sich in die Scheitelpunktform umwandeln, auch Funktionen der Form $\mathbf{y = ax^2 + bx + c}$ können so umgeformt werden, dass man die Koordinaten des Scheitelpunkts ablesen und den Graphen relativ schnell zeichnen kann.

Beispiel:

$y = \frac{1}{4}x^2 - x - 2$ | $\frac{1}{4}$ *ausklammern*

$y = \frac{1}{4}(x^2 - 4x - 8)$ | *Normalform in der Klammer in die Scheitelpunktform umwandeln*

$y = \frac{1}{4}(x^2 - 4x + [\frac{4}{2}]^2 - [\frac{4}{2}]^2 - 8)$

$y = \frac{1}{4}(x^2 - 4x + 4 - 4 - 8)$

$y = \frac{1}{4}([x - 2]^2 - 4 - 8)$

$y = \frac{1}{4}([x - 2]^2 - 12)$ | *runde Klammer auflösen*

$y = \frac{1}{4}(x - 2)^2 - \frac{12}{4}$

$y = \frac{1}{4}(x - 2)^2 - 3$ → Scheitelpunkt S(2|−3)

Tipp: Zeichne die verschobene Normalparabel (hier $y = (x - 2)^2 - 3$) und stauche sie anschließend (hier mit dem Faktor $\frac{1}{4}$).

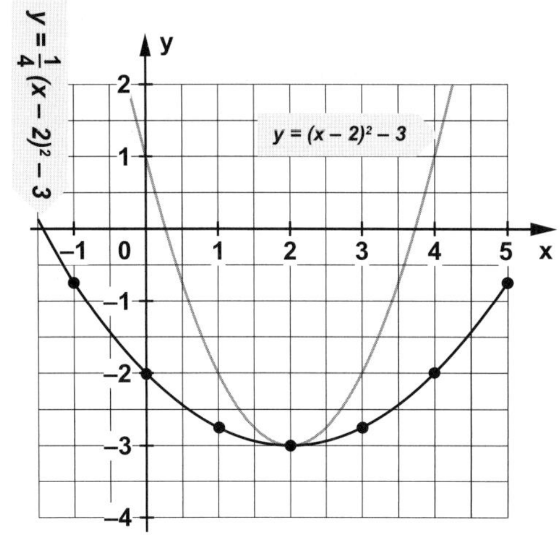

Aufgabe 1:
Bringe die Gleichung in die Scheitelpunktform und zeichne den dazugehörigen Graphen.
$y = -\frac{1}{2}x^2 + 3x - 2$

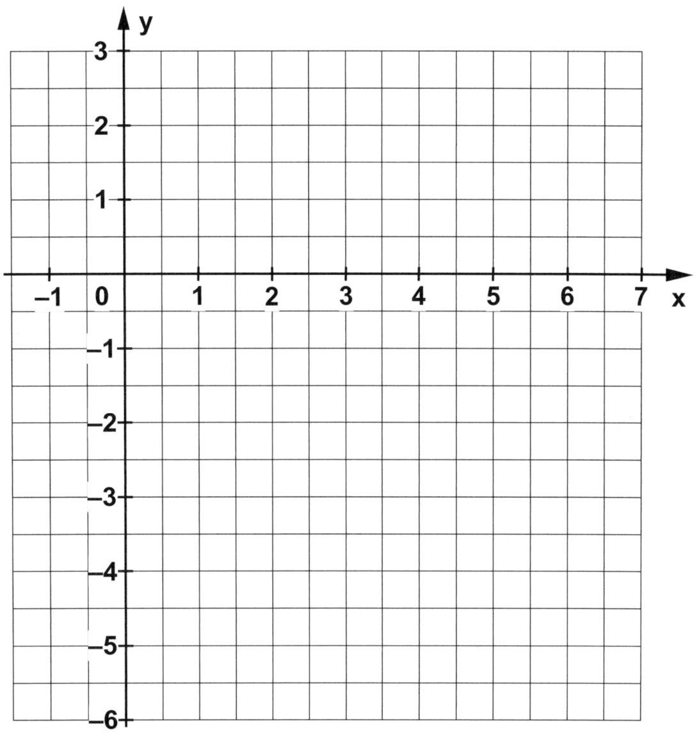

Aufgabe 2:
Ordne den acht Scheitelpunkten die zugehörigen Funktionsgleichungen in Normalform zu. Bei richtiger Lösung ergeben die Kennbuchstaben das griechische Wort für Siebeneck.

a) $y = \frac{1}{3}x^2 - 2x + 5$

b) $y = -2x^2 - 4x - 5$

c) $y = 0{,}5x^2 + 6x + 10$

d) $y = -0{,}25x^2 - 2x - 5$

e) $y = -x^2 + 6x - 3$

f) $y = 3x^2 + 3x + 2{,}75$

g) $y = -1{,}5x^2 + 12x - 18$

h) $y = 0{,}1x^2 + 1{,}6x + 4{,}4$

S(4|6) → O

S(−8|−2) → N

S(3|2) → H

S(−1|−3) → E

S(−6|−8) → P

S(3|6) → A

S(−0,5|2) → G

S(−4|−1) → T

Lösungswort: ___ ___ ___ ___ ___ ___ ___ ___
a) b) c) d) e) f) g) h)

ISBN 978-3-8346-2518-2 | www.verlagruhr.de

Lösungen S. 82

Teste dein Wissen: Quadratische Funktionen (1/3)

Aufgabe 1:

Fülle die Wertetabelle aus und zeichne die Parabel.

a) $y = x^2 - 2$

x	y
0	
0,5	
–0,5	
1	
–1	
1,5	
–1,5	
2	
–2	
3	
–3	

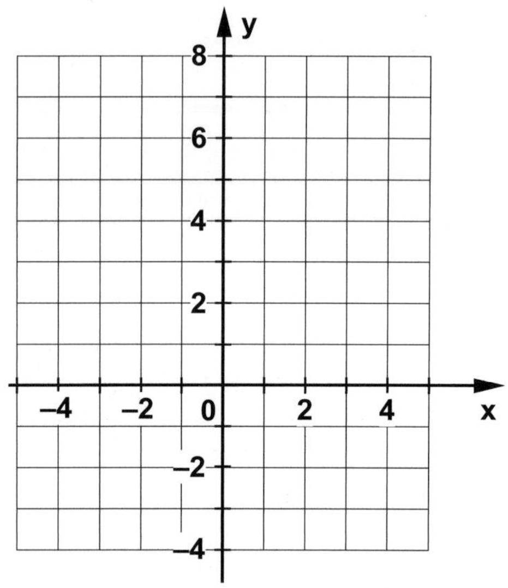

b) $y = \frac{1}{2}x^2 - 4$

x	y
0	
0,5	
–0,5	
1	
–1	
1,5	
–1,5	
2	
–2	
3	
–3	

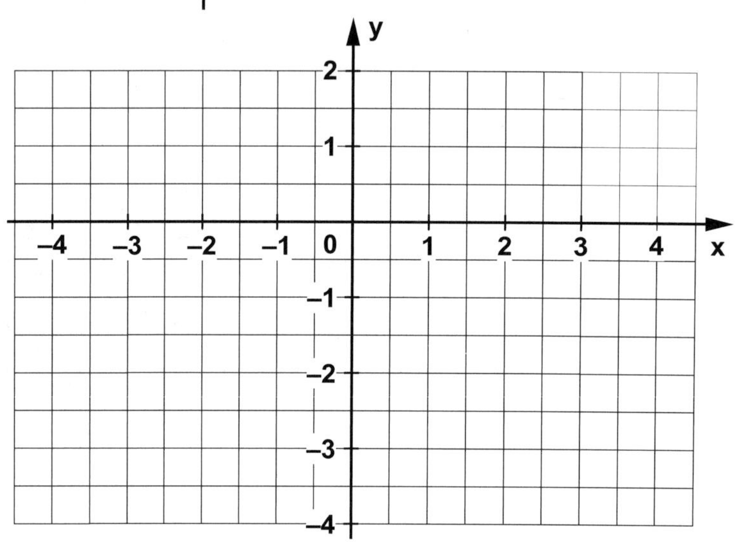

c) $y = -\frac{1}{2}x^2 + 4$

x	y
0	
0,5	
–0,5	
1	
–1	
1,5	
–1,5	
2	
–2	
4	
–4	

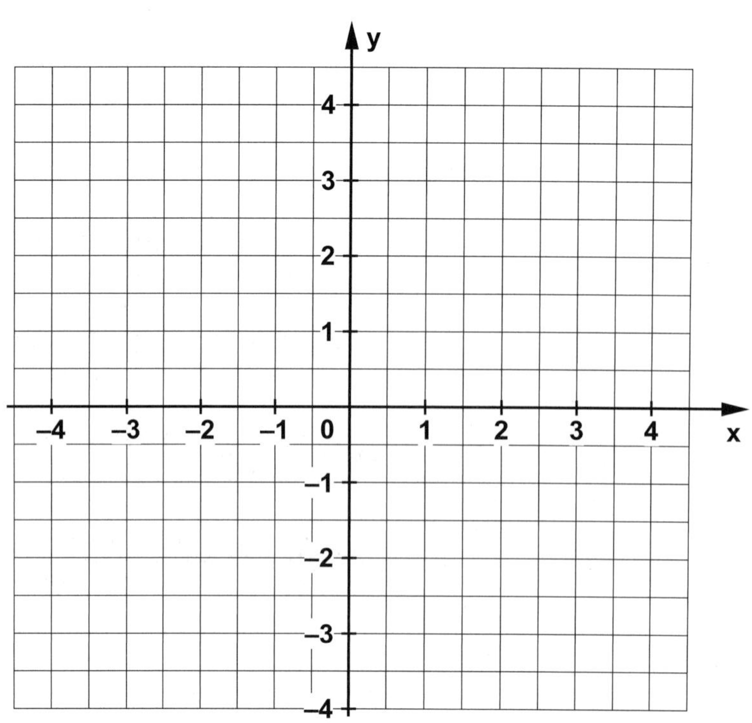

ISBN 978-3-8346-2518-2 | www.verlagruhr.de

Lösungen S. 82

Teste dein Wissen: Quadratische Funktionen (2/3)

Aufgabe 2:
Bestimme die Nullstellen der Funktionen.

a) $y = x^2 - 1$ **b)** $y = x^2 - 9$ **c)** $y = -x^2 + 4$
d) $y = x^2 + 4$ **e)** $y = x^2$ **f)** $y = -x^2 - 1$

Aufgabe 3:
Bringe $y = x^2 - 8x + 15$ auf die Scheitelpunktform. Zeichne dann den Graphen und lies aus deiner Zeichnung die Nullstellen Q_1 und Q_2 ab.

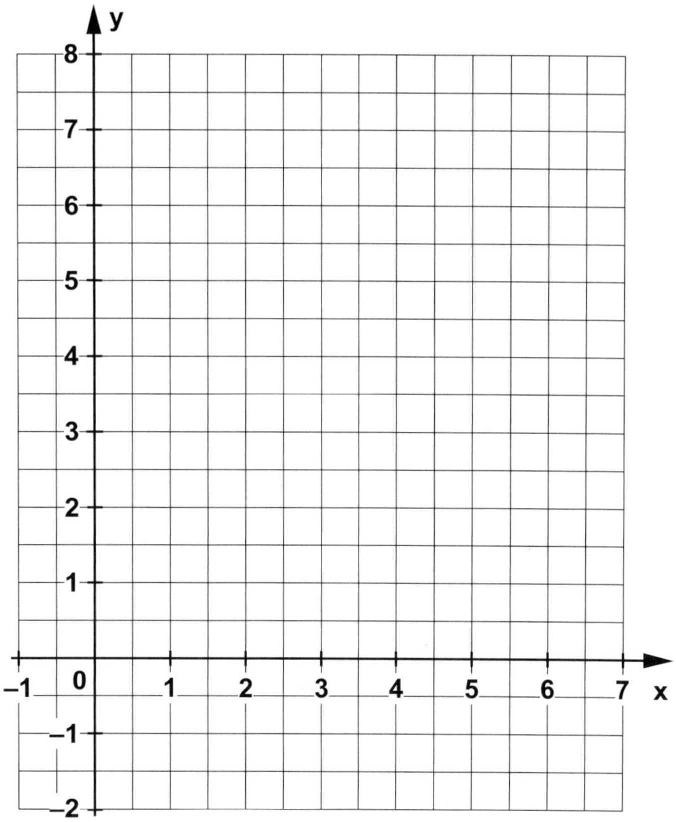

Aufgabe 4:
Schreibe die Funktionsgleichung in der Form $y = (x - d)^2$. Gib dann den Scheitelpunkt S an.

a) $y = x^2 + 6x + 9$
b) $y = x^2 + 14x + 49$
c) $y = x^2 - x + 0{,}25$
d) $y = x^2 - 4x + 4$
e) $y = x^2 + 0{,}8x + 0{,}16$
f) $y = x^2 - 2{,}4x + 1{,}44$

Aufgabe 5:
Eine Normalparabel wird
a) um 4 Einheiten nach rechts und um 3 Einheiten nach unten
b) um 2,5 Einheiten nach links und um 2 Einheiten nach oben
verschoben. Welche Funktionsgleichung gehört zu dieser Parabel?
Notiere in der Scheitelpunktform und in der Normalform.
Gib außerdem die Koordinaten des Scheitelpunkts S an.

Aufgabe 6:
Bringe die Funktionsgleichung auf die Scheitelpunktform und bestimme den Scheitelpunkt S.

a) $y = -x^2 - 8x - 15$ **b)** $y = -x^2 - 6x$
c) $y = -x^2 - 3x + 4$ **d)** $y = x^2 - \frac{4}{3}x - \frac{5}{9}$

Aufgabe 7:
Gib den Scheitelpunkt S an und entscheide dann, wie viele Nullstellen die Funktion hat.
Du musst weder zeichnen noch rechnen!

a) $y = (x + 1)^2 - 0{,}5$ **b)** $y = x^2 + 0{,}5$ **c)** $y = x^2 - 4$
d) $y = -(x + 2)^2$ **e)** $y = (x + 36)^2 + 2$ **f)** $y = (x - 18)^2$

ISBN 978-3-8346-2518-2 | www.verlagruhr.de

Teste dein Wissen: Quadratische Funktionen (3/3)

Aufgabe 8:
Welche Funktionsgleichung gehört zu welchem Graphen?

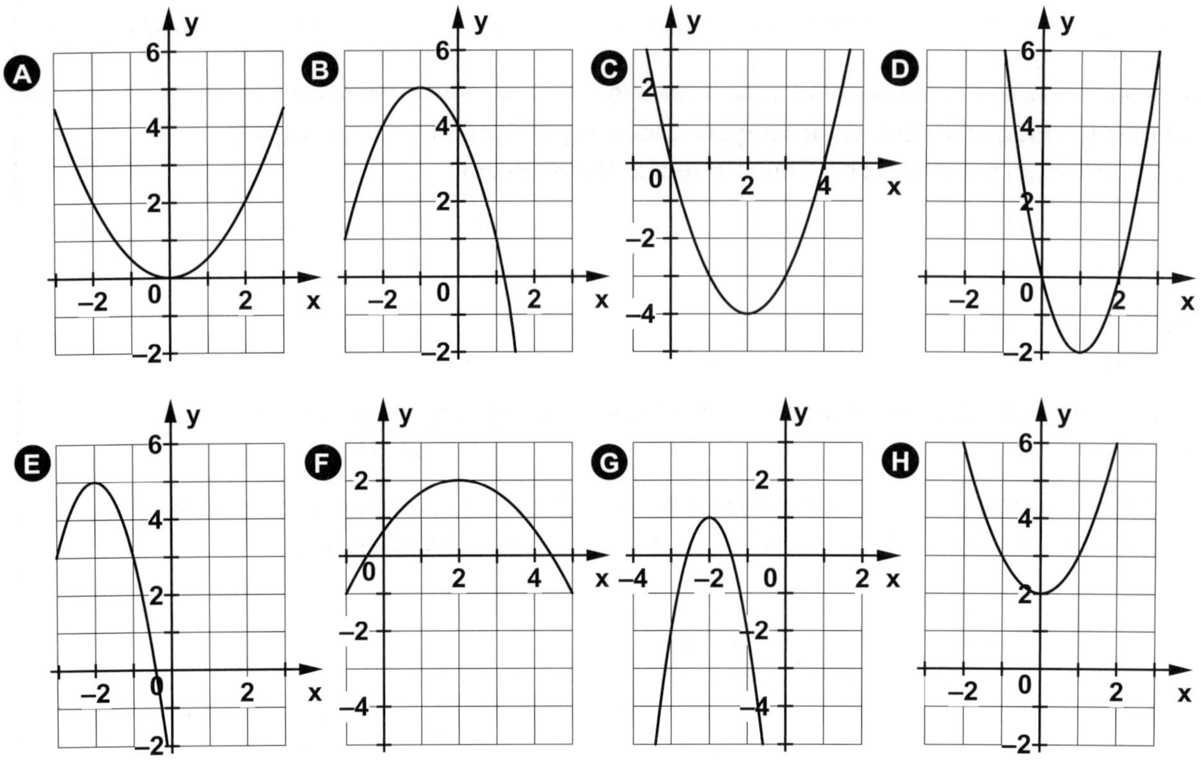

❶ $y = 2(x - 1)^2 - 2$ ❷ $y = -(x + 1)^2 + 5$ ❸ $y = -3(x + 2)^2 + 1$ ❹ $y = -\frac{1}{3}(x - 2)^2 + 2$

❺ $y = x^2 + 2$ ❻ $y = (x - 2)^2 - 4$ ❼ $y = -2(x + 2)^2 + 5$ ❽ $y = 0{,}5x^2$

Aufgabe 9:
Eine Parabel verläuft durch den Scheitelpunkt S(–2|1) und den Punkt P(–1|–1).

a) Bestimme die Funktionsgleichung in Scheitelpunktform und in Normalform.

b) Zeichne den Graphen.

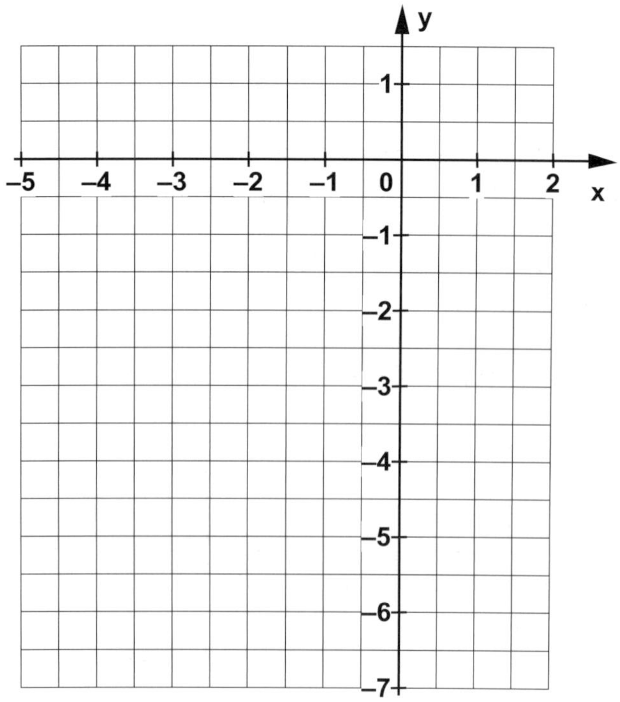

Die Mathe-Merk-Mappe Klasse 10
© Verlag an der Ruhr | Autor: Hans J. Schmidt
ISBN 978-3-8346-2518-2 | www.verlagruhr.de

Grafische Lösungen quadratischer Gleichungen – Teil 1

Gleichungen der Form **$ax^2 + bx + c = 0$ ($a \neq 0$)** heißen **quadratische Gleichungen** in **allgemeiner Form**.
ax^2 nennt man das **quadratische Glied**, **bx** ist das **lineare Glied** und **c** wird als das **absolute Glied** bezeichnet.
Gleichungen, die kein lineares Glied haben, wie z. B. $x^2 - 9 = 0$, $6x^2 = 24$ oder $x^2 = 144$, nennt man **reinquadratische Gleichungen**. Gleichungen der Form **$x^2 + px + q = 0$** (also $a = 1$) heißen **quadratische Gleichungen** in **Normalform**.

Quadratische Gleichungen löst du, indem du die Nullstellen der entsprechenden quadratischen Funktion ermittelst.

Beispiele:

a) $x^2 - 6x + 5 = 0$ **b)** $x^2 + 4x + 4 = 0$ **c)** $x^2 - 4x + 5 = 0$

Zunächst bringst du die quadratische Funktion in die Scheitelpunktform $y = (x - d)^2 + e$:

a) $y = (x - 3)^2 - 4$ **b)** $y = (x + 2)^2$ **c)** $y = (x - 2)^2 + 1$

Anschließend zeichnest du die verschobenen Normalparabeln und ermittelst zeichnerisch die Nullstellen. So erfährst du die Lösungsmenge der quadratischen Gleichung:

a)

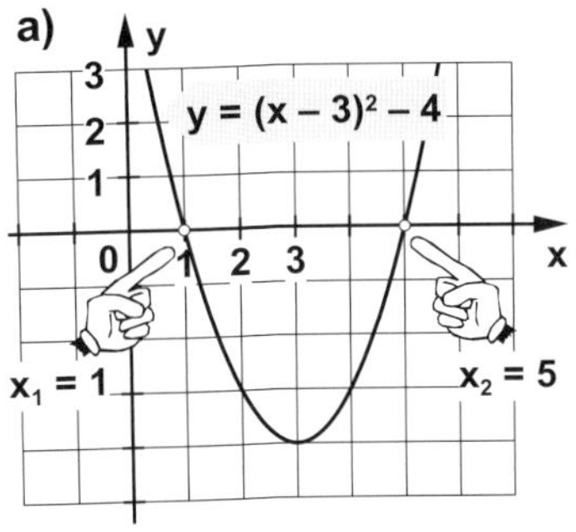

zwei Nullstellen
$L = \{1; 5\}$

b)

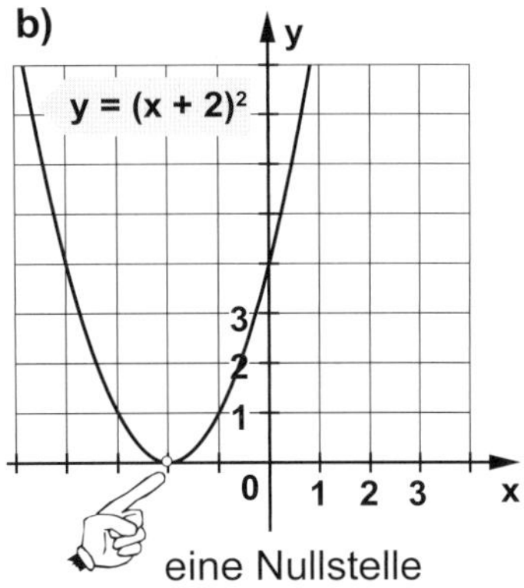

eine Nullstelle
$L = \{-2\}$

c)

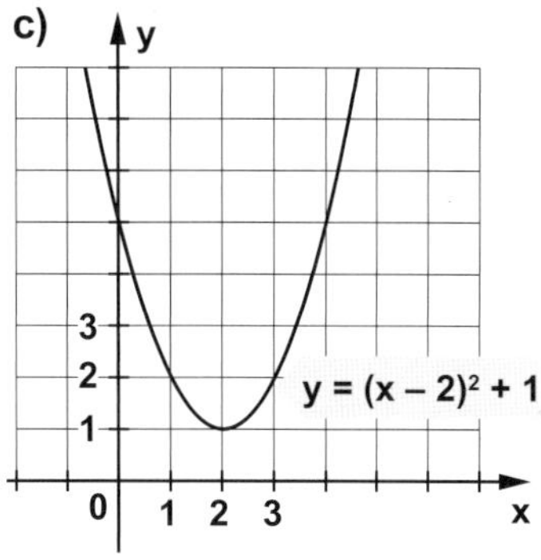

keine Nullstelle
$L = \{\ \}$

Eine quadratische Gleichung hat **entweder zwei Lösungen, eine oder keine Lösung**.

Aufgabe 1: Bringe die Gleichung auf die Normalform $x^2 + px + q = 0$.

a) $2(x + 3) + 4 = 3x^2 + 2$ **b)** $(x + 4)(x - 3) = 2x^2$ **c)** $(3x - 4)(2x - 5) = 18$

Aufgabe 2: Bringe die Gleichung auf die Scheitelpunktform $y = (x - d)^2 + e$.

a) $x^2 - 2x - 3 = 0$ **b)** $x^2 + 6x + 5 = 0$ **c)** $x^2 + 8x + 15 = 0$

Aufgabe 3: Löse die Gleichung und skizziere den Graphen.

a) $(x + 1)^2 - 4 = 0$

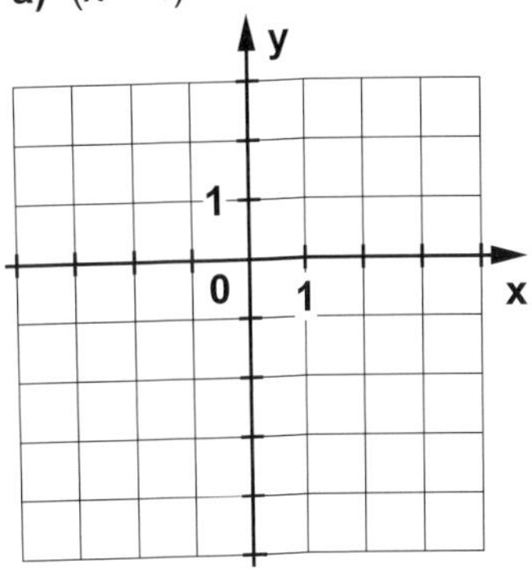

b) $(x - 2)^2 - 1 = 0$

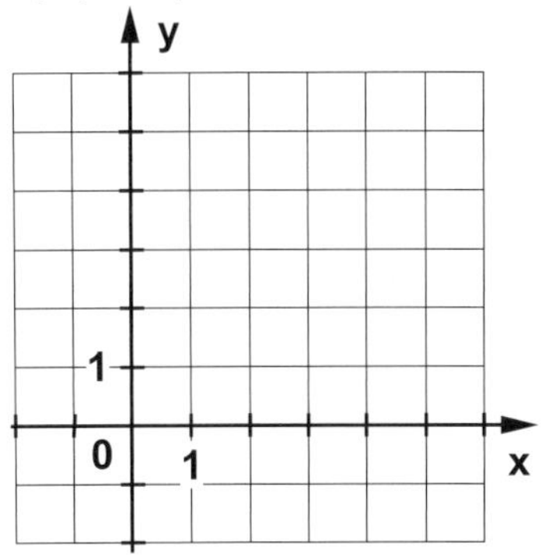

c) $(x + 4)^2 - 4 = 0$

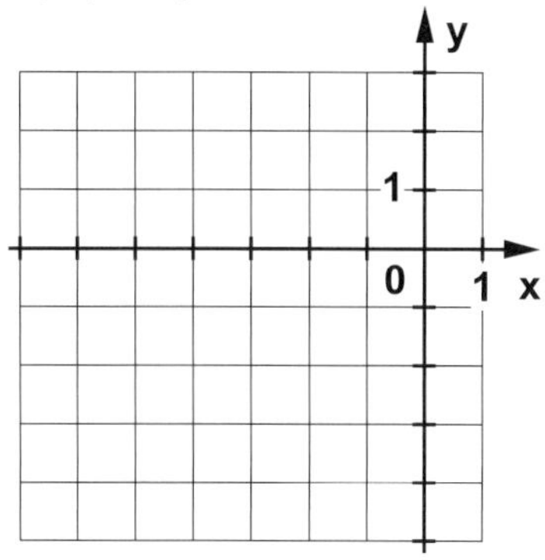

ISBN 978-3-8346-2518-2 | www.verlagruhr.de

Lösungen S. 86

Grafische Lösungen quadratischer Gleichungen – Teil 2 (1/2)

Quadratische Gleichungen lassen sich nicht nur über die Scheitelpunktform und die Nullstellen **grafisch lösen**, sondern auch, **indem man** die Gleichung $x^2 + px + q = 0$ **nach x^2 auflöst** ($x^2 = -px - q$) und die Punkte bestimmt, die die Normalparabel $y = x^2$ und die Gerade $y = -px - q$ gemeinsam haben.

Beispiel:

$x^2 - 0{,}5x - 3 = 0$ ($p = -0{,}5$; $q = -3$)

Schritt 1: Löse die Gleichung nach x^2 auf.
$x^2 = 0{,}5x + 3$

Schritt 2: Zeichne die Normalparabel $y = x^2$ und die Gerade $y = 0{,}5x + 3$.

Schritt 3: Bestimme die Punkte, die Parabel und Gerade gemeinsam haben, und lies die x-Koordinaten dieser Punkte ab.
$x_1 = -1{,}5$; $x_2 = 2$

Schritt 4: Führe die Probe durch, indem du x_1 und x_2 in die Gleichung einsetzt:

$(-1{,}5)^2 - 0{,}5 \cdot (-1{,}5) - 3 = 0$
$2{,}25 + 0{,}75 - 3 = 0$
$0 = 0$ ✓

$22 - 0{,}5 \cdot 2 - 3 = 0$
$4 - 1 - 3 = 0$
$0 = 0$ ✓

Schritt 5: Notiere die Lösungsmenge:
$L = \{-1{,}5; 2\}$

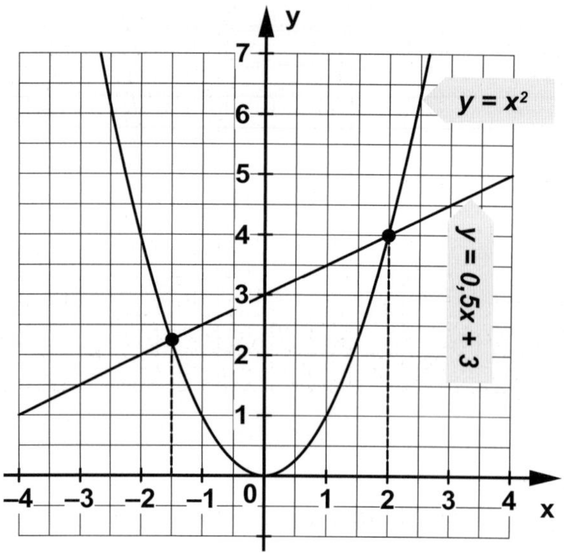

Merke: Eine quadratische Gleichung hat entweder

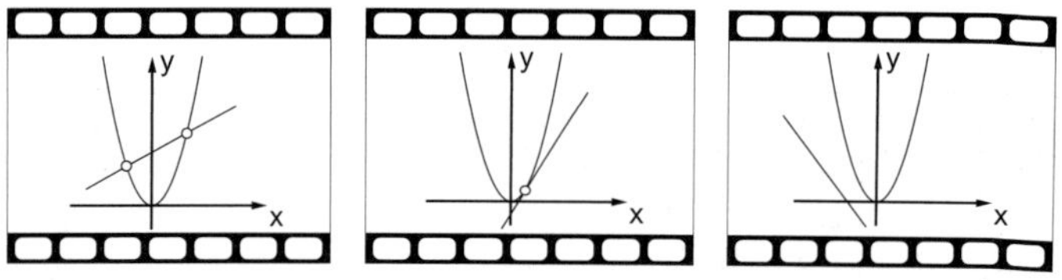

zwei Lösungen, eine Lösung oder keine Lösung.

Aufgabe 1:
Bestimme die Lösung der quadratischen Gleichung $x^2 - 0{,}25x - 0{,}75 = 0$ grafisch so genau wie möglich. Mache auch die Probe!

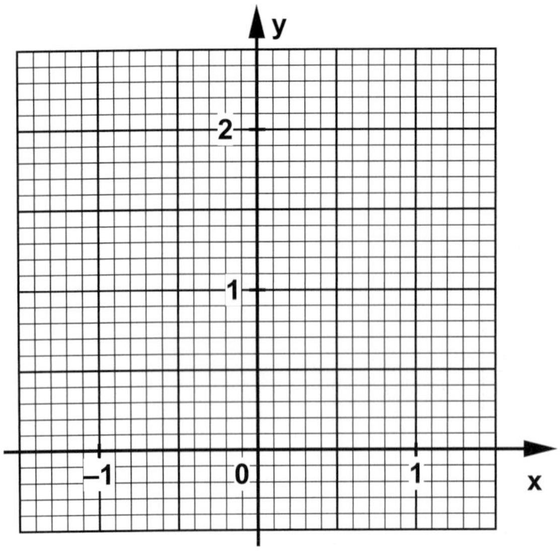

Aufgabe 2:
„Subtrahiert man eine Zahl vom Quadrat dieser Zahl, so erhält man 2.“
Stelle eine zu der Aussage passende Gleichung auf. Löse diese Gleichung dann grafisch und mache auch die Probe.
Tipp: $5^2 - 5 \neq 2$

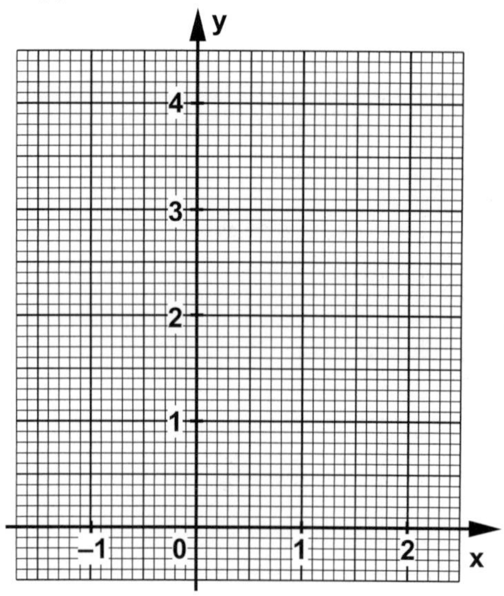

ISBN 978-3-8346-2518-2 | www.verlagruhr.de

Grafische Lösungen quadratischer Gleichungen – Teil 2 (2/2)

Aufgabe 3:

Gib eine quadratische Gleichung an, deren Lösungsmenge du aus dem Bild ablesen kannst.
Notiere die Gleichung in der Form $x^2 + px + q = 0$.

a) **b)** **c)** **d)**

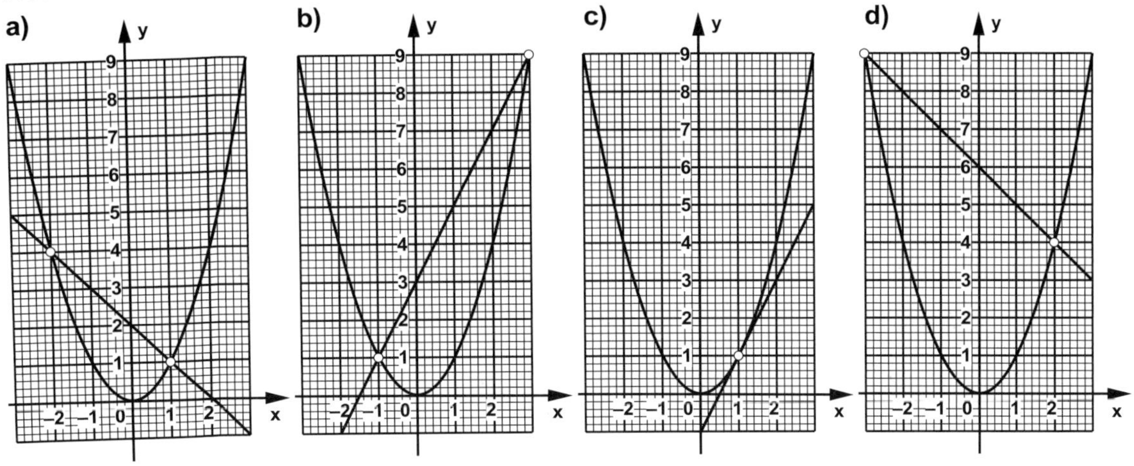

Aufgabe 4:

Löse grafisch mit Normalparabel und Gerade. Die Normalparabel ist als Hilfe schon eingezeichnet.

a) $x^2 = x + 2$

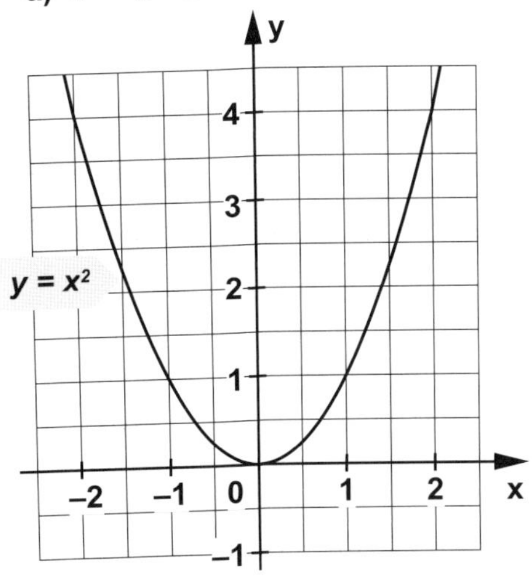

b) $x^2 + 1{,}5x - 1 = 0$

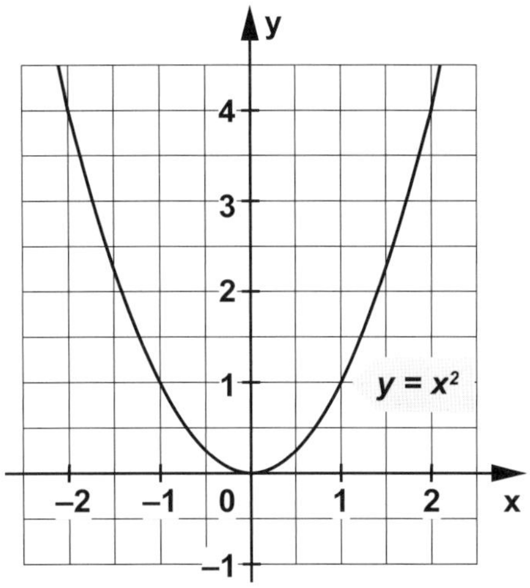

c) $x^2 + 0{,}5x - 0{,}5 = 0$

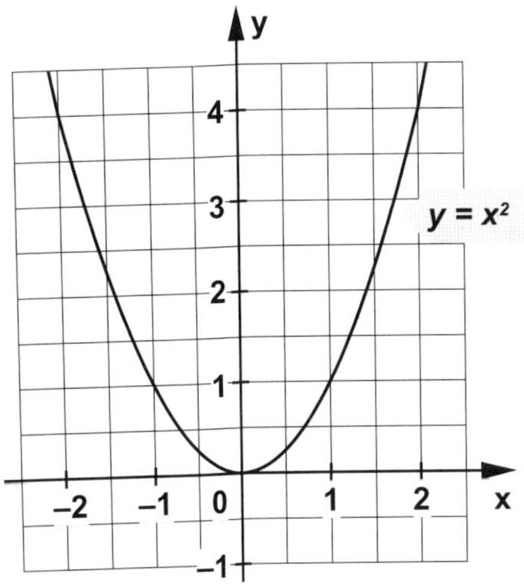

d) $-0{,}25x = 0{,}75 - x^2$

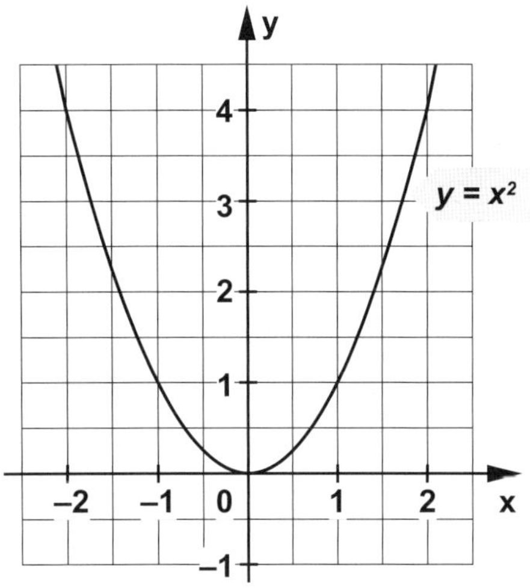

ISBN 978-3-8346-2518-2 | www.verlagruhr.de

Rechnerische Lösungen quadratischer Gleichungen – Teil 1

Quadratische Gleichungen lassen sich auch **rechnerisch lösen**. Diese rechnerischen Lösungen sind nicht so zeitaufwändig und außerdem **genauer als zeichnerische Lösungen**.

Zunächst einmal lernst du hier, **reinquadratische Gleichungen** rechnerisch zu lösen, also Gleichungen, bei denen das lineare Glied (also bx) fehlt.

Beispiel 1:

$3x^2 + 4 = 19 \quad | -19$

$3x^2 - 15 = 0 \quad | :3$

$x^2 - 5 = 0 \quad | -5$

$x^2 = 5$

$L = \{-\sqrt{5}; \sqrt{5}\}$,

Beispiel 2:

$\frac{4}{3}x^2 + 16 = 0 \quad | -16$

$\frac{4}{3}x^2 = -16 \quad | :\frac{4}{3}$

$x^2 = -12$

$L = \{\ \}$, weil das Quadrat einer Zahl nicht negativ sein kann

Beispiel 3:

$4x^2 - 25 = 0$ | *3. binomische Formel*

$(2x + 5)(2x - 5) = 0$

$(2x + 5) = 0$ oder $(2x - 5) = 0$ | *ein Produkt ist genau dann Null, wenn einer der Faktoren Null ist, also*

$2x_1 = -5$ oder $2x_2 = 5$

$x_1 = -\frac{5}{2}$ oder $x_2 = \frac{5}{2}$

$L = \{-2{,}5; 2{,}5\}$

Aufgabe 1: Löse rechnerisch und gib die Lösungsmenge an.

a) $x^2 = 36$ **b)** $0 = 9x^2 - \frac{1}{4}$ **c)** $x^2 = -0{,}01$

d) $4(x^2 - 9) = 28$ **e)** $x^2 = \frac{64}{9}$ **f)** $\frac{1}{4}x^2 = 0$

Aufgabe 2: Löse mithilfe der 3. binomischen Formel. Wie lautet die Lösungsmenge?

a) $x^2 - 0{,}04 = 0$ **b)** $\frac{1}{9}x^2 - 25 = 0$ **c)** $0 = 4x^2 - \frac{1}{9}$

d) $9x^2 - 16 = 0$ **e)** $4x^2 - 1 = 0$ **f)** $25x^2 - 49 = 0$

Aufgabe 3: Löse rechnerisch. Wie lautet die Lösungsmenge?

a) $13x^2 = 36 + 4x^2$ **b)** $11x^2 - 25 = 7x^2 - 25$ **c)** $11x^2 - 7 = 7x^2 + 2$

d) $7x^2 = 396 - 4x^2$ **e)** $(2x + 5)^2 = 146 + 20x$ **f)** $5x^2 - 20 = 5 - 20x^2$

Aufgabe 4: Löse rechnerisch und gib die Lösungsmenge an.

a) $x(x - 20) = 2(72 - 10x)$ **b)** $5x(x + 8) + 3x(x - 2) = 34x + 32$

c) $7x(5x - 4) - 8x(4x - 5) = 3(9 + x)$ **d)** $4x(12x - 13) + 11x(4 - 3x) = 16(15 - \frac{1}{2}x)$

Aufgabe 5: Gib zu der Lösungsmenge eine passende reinquadratische Gleichung an.

a) $L = \{-3; 3\}$ **b)** $L = \{0\}$ **c)** $L = \{\ \}$ **d)** $L = \{-\sqrt{7}; \sqrt{7}\}$

Aufgabe 6: Welche Zahlen sind gesucht?

a) Multipliziert man eine Zahl mit sich selbst und addiert zum Produkt 19, so erhält man 55.

b) Vermehrt man das Quadrat einer Zahl um 39, so erhält man 400.

ISBN 978-3-8346-2518-2 | www.verlagruhr.de

Rechnerische Lösungen quadratischer Gleichungen – Teil 2

Gleichungen der Form $\mathbf{x^2 + px = 0}$ und $\mathbf{(x - d)^2 + e = 0}$ (also quadratische Gleichungen, bei denen das absolute Glied c fehlt) lassen sich **durch Faktorisieren bzw. mithilfe der binomischen Formeln rechnerisch lösen**.

Beispiel 1:

$x^2 + 8x = 0$ | *faktorisieren*

$x(x + 8) = 0$

Ein Produkt ist genau dann Null, wenn einer der Faktoren Null ist.

$\rightarrow \underline{x_1 = 0}$

oder $x_2 + 8 = 0$ | -8

$\underline{x_2 = -8}$

$L = \{0; -8\}$

Beispiel 2:

$(x - 2)^2 - 16 = 0$ | $+16$

$(x - 2)^2 = 16$ | $\sqrt{\ }$

$x_1 - 2 = 4$

oder $x_2 - 2 = -4$

$\rightarrow \underline{x_1 = 6}$

oder $\underline{x_2 = -2}$

$L = \{-2; 6\}$

Beispiel 3:

$x^2 - 8x + 16 = 49$ | *2. binomische Formel*

$(x - 4)^2 = 49$ | $\sqrt{\ }$

$x_1 - 4 = 7$

oder $x_2 - 4 = -7$

$\rightarrow \underline{x_1 = 11}$

oder $\underline{x_2 = -3}$

$L = \{-3; 11\}$

Aufgabe 1: Löse rechnerisch.

a) $x^2 + 4x = 0$ **b)** $x^2 - 1{,}4x = 0$ **c)** $4x^2 + 12x = 0$ **d)** $x^2 - 2{,}5x = 0$

e) $7x^2 - 10{,}5x = 0$ **f)** $x^2 + \frac{4}{3}x = 0$ **g)** $\frac{1}{2}x^2 - 3x = 0$ **h)** $3x^2 + 3{,}9x = 0$

Aufgabe 2: Löse rechnerisch.

a) $0{,}8x^2 = 6{,}4x$ **b)** $2{,}7x^2 = -8{,}1x$ **c)** $0{,}2x^2 = 1{,}6x$ **d)** $0{,}01x^2 = 0{,}8x$

e) $0{,}6x^2 = -8{,}4x$ **f)** $\frac{3}{4}x^2 = -\frac{5}{6}x$ **g)** $\frac{1}{2}x^2 = -2x$ **h)** $-7\frac{4}{5}x^2 = -1\frac{6}{7}x$

Aufgabe 3: Schreibe mithilfe der 1. oder 2. binomischen Formel als Quadrat.

a) $x^2 + 12x + 36$ **b)** $x^2 - 6x + 9$ **c)** $x^2 - \frac{4}{5}x + \frac{4}{25}$ **d)** $x^2 - 7x + 12{,}25$

Aufgabe 4: Ergänze so, dass man eine binomische Formel anwenden kann.

a) $x^2 +$ ___ $+ 2{,}25$ **b)** $x^2 -$ ___ $+ 0{,}49$ **c)** $x^2 - \frac{3}{2}x +$ ___

d) $x^2 + 6x +$ ___ **e)** $x^2 -$ ___ $+ \frac{16}{25}$ **f)** $x^2 - \frac{4}{3}x +$ ___

Aufgabe 5: Bestimme die Lösungsmenge.

a) $(x - 3)^2 = 9$ **b)** $(x + 2)^2 = 0$ **c)** $(x - 0{,}6)^2 = 6{,}25$ **d)** $(x + 7)^2 = 144$

e) $(x - 0{,}2)^2 = 1{,}69$ **f)** $(x + 2)^2 = \frac{16}{25}$ **g)** $(x + \frac{1}{2})^2 = \frac{9}{16}$ **h)** $(x + 1{,}2)^2 = 0{,}81$

Aufgabe 6: Bestimme die Lösungsmenge.

a) $x^2 - 6x + 9 = 36$ **b)** $x^2 - 1{,}8x + 0{,}81 = 0{,}25$ **c)** $x^2 - 5x + 6{,}25 = 9$

d) $x^2 + 5x + \frac{25}{4} = \frac{81}{4}$ **e)** $x^2 - 1{,}2x + 0{,}36 = 1{,}69$ **f)** $x^2 - 7x + 12{,}25 = 16$

Aufgabe 7: Stelle eine Gleichung auf und bestimme die Lösungsmenge.

a) Wenn du eine Zahl um 5 vermehrst und das Ergebnis quadrierst, erhältst du 36.

b) Subtrahierst du vom Quadrat einer Zahl ihr Achtfaches, erhältst du –15.

c) Die Summe aus dem Quadrat einer Zahl und ihrem Dreifachen ist 70.

ISBN 978-3-8346-2518-2 | www.verlagruhr.de

Rechnerische Lösungen quadratischer Gleichungen – Teil 3

Quadratische Gleichungen der Form $\mathbf{ax^2 + bx + c = 0}$ ($a, b, c \in \mathbb{R}$, $a \neq 0$), also Gleichungen, die sowohl ein quadratisches als auch ein lineares und ein absolutes Glied haben, bringt man zur rechnerischen **Lösung** zunächst auf die **Normalform** $x^2 + px + q = 0$ und löst dann mithilfe der sogenannten **quadratischen Ergänzung**.

Beispiel:

$$3x^2 - 54x - 345 = 0 \quad |:3$$
$$x^2 - 18x - 115 = 0 \quad |+115$$
$$x^2 - 18x = 115$$

Tipp: Du musst versuchen, auf eine binomische Formel zu kommen. Dies gelingt, wenn du den Koeffizienten von x (hier also 18) halbierst ($\frac{18}{2}$), quadrierst ($[\frac{18}{2}]^2$) und auf beiden Seiten der Gleichung addierst ($[\frac{18}{2}]^2 = 9^2 = 81$).

Schaue es dir in Ruhe an:

$$x^2 - 18x = 115 \quad |+81$$ *das ist die quadratische Ergänzung*
$$x^2 - 18x + 81 = 115 + 81 \quad |$$ *2. binomische Formel*
$$(x - 9)^2 = 196 \quad |\sqrt{}$$
$$x_1 - 9 = 14 \quad \text{oder} \quad x_2 - 9 = -14$$
$$x_1 = 23 \quad \text{oder} \quad x_2 = -5$$
$$L = \{-5; 23\}$$

Probe:

$$3 \cdot 23^2 - 54 \cdot 23 - 345 = 0$$
$$1587 - 242 - 345 = 0$$
$$0 = 0 \checkmark$$
$$3 \cdot (-5)^2 - 54 \cdot (-5) - 345 = 0$$
$$75 + 270 - 345 = 0$$
$$0 = 0 \checkmark$$

Merke:

- Eine quadratische Gleichung $x^2 + px + q$ hat **zwei Lösungen**, wenn $(\frac{p}{2})^2 - q > 0$.
- Wenn $(\frac{p}{2})^2 - q = 0$, dann hat sie nur **eine Lösung**, nämlich $x = -\frac{p}{2}$.
- Wenn $(\frac{p}{2})^2 - q < 0$, dann hat sie **keine Lösung**.

Aufgabe 1: Bestimme jeweils die quadratische Ergänzung.

a) $x^2 + 6x +$ **b)** $x^2 - 3x +$ **c)** $x^2 + 2x +$ **d)** $x^2 - x +$

e) $x^2 + \frac{5}{8}x +$ **f)** $x^2 - 2\frac{2}{5}x +$ **g)** $x^2 + 0{,}1x +$ **h)** $x^2 + 5x +$

Aufgabe 2: Bestimme die Lösungsmenge mithilfe der quadratischen Ergänzung.

a) $x^2 + 10x + 24 = 0$ **b)** $x^2 - 7x - 8 = 0$ **c)** $x^2 - 2x - 35 = 0$

d) $x^2 + 6x - 27 = 0$ **e)** $x^2 - 2x - 63 = 0$ **f)** $x^2 - 8x + 15 = 0$

Aufgabe 3: Bestimme die Lösungsmenge mithilfe der quadratischen Ergänzung und runde das Ergebnis – wenn nötig – auf zwei Stellen nach dem Komma.

a) $x^2 - 2{,}5x + 1{,}56 = 0$ **b)** $x^2 - 1{,}1x + 0{,}24 = 0$ **c)** $x^2 + 9{,}5x - 8{,}4 = 0$

d) $x^2 - \frac{5}{6}x + \frac{1}{6} = 0$ **e)** $x^2 - \frac{5}{2}x + 1{,}5 = 0$ **f)** $x^2 - 1\frac{1}{20}x + 0{,}2 = 0$

Aufgabe 4: Bringe die Gleichungen zunächst auf die Normalform $x^2 + px + q = 0$ und löse dann.

a) $3x^2 + 12x - 63 = 0$ **b)** $3x^2 - 18x + 15 = 0$ **c)** $5x^2 + 10x - 120 = 0$

d) $2x^2 - 2x - 84 = 0$ **e)** $3x^2 + 6x - 24 = 0$ **f)** $4x^2 - 16x - 48 = 0$

Aufgabe 5: Wie viele Lösungen hat die Gleichung?

a) $x^2 - 12x + 32 = 0$ **b)** $x^2 - 4x + 9 = 0$ **c)** $x^2 + 4x + 4 = 0$

d) $x^2 - 2x + 1 = 0$ **e)** $x^2 + 10x - 6 = 0$ **f)** $x^2 - 5x + 15 = 0$

ISBN 978-3-8346-2518-2 | www.verlagruhr.de

Lösungen S. 89

Eulers p-q-Formel zur Berechnung gemischtquadratischer Gleichungen

Leonhard Euler (1707–1783) studierte in Basel Theologie, bevor er seine Liebe zur Mathematik und Physik entdeckte. In seinem Buch „Vollständige Anleitung zur Algebra“ beschreibt er, wie man **gemischtquadratische Gleichungen löst**:
Zunächst einmal müssen alle Gleichungen in die Form $\mathbf{x^2 + px + q = 0}$ gebracht werden.
Aus dieser Form entwickelte Euler die folgende Lösung:

$x^2 + px + q = 0$

$x^2 + px = -q$

$x^2 + px + [\frac{p}{2}]^2 = [\frac{p}{2}]^2 - q$ *quadratische Ergänzung*

$(x + [\frac{p}{2}])^2 = [\frac{p}{2}]^2 - q$ *binomische Formel*

$x_1 + [\frac{p}{2}] = \sqrt{[\frac{p}{2}]^2 - q}$

$x_2 + [\frac{p}{2}] = -\sqrt{[\frac{p}{2}]^2 - q}$

$\mathbf{x_1 = -[\frac{p}{2}] + \sqrt{[\frac{p}{2}]^2 - q}}$

$\mathbf{x_2 = -[\frac{p}{2}] - \sqrt{[\frac{p}{2}]^2 - q}}$

} **p-q-Lösungsformel**

Beispiel:

$x^2 - 12x - 108 = 0$

Du ermittelst zunächst p und q: $p = -12$; $q = -108$

Dann setzt du p und q in die eulersche Formel ein:

$x_1 = -[\frac{-12}{2}] + \sqrt{[\frac{-12}{2}]^2 - (-108)}$

$x_2 = -[\frac{-12}{2}] - \sqrt{[\frac{-12}{2}]^2 - (-108)}$

$x_1 = 6 + \sqrt{144}$	$x_2 = 6 - \sqrt{144}$
$x_1 = 6 + 12$	$x_2 = 6 - 12$
$x_1 = 18$	$x_2 = -6$

L = {–6; 18}

Aufgabe 1:

Bestimme die Koeffizienten p und q. Achte besonders auf die Vorzeichen.

a) $x^2 - 12x + 32 = 0$ **b)** $x^2 - 4x - 5 = 0$ **c)** $x^2 + 0{,}2x + 0{,}01 = 0$

d) $x^2 + 9x + 14 = 0$ **e)** $x^2 - 14x - 51 = 0$

Aufgabe 2:

Bringe die quadratische Gleichung in die Form $x^2 + px + q = 0$ und bestimme dann p und q.

a) $3x^2 + 36x - 39 = 0$ **b)** $2x^2 - 20x + 50 = 32$ **c)** $\frac{7}{4}x - x^2 + \frac{95}{64} = 0$

Aufgabe 3:

In der p-q-Formel wird der Wert unter der Wurzel als **Diskriminante D** bezeichnet (lat. *discriminare* = unterscheiden): $\mathbf{D = [\frac{p}{2}]^2 - q}$

Begründe folgende Aussagen:

a) Für $D > 0$ gilt: Die quadratische Gleichung hat genau zwei Lösungen.

b) Für $D = 0$ gilt: Die quadratische Gleichung hat genau eine Lösung.

c) Für $D < 0$ gilt: Die quadratische Gleichung hat keine Lösung (L = { }).

Aufgabe 4:

Löse die Gleichung mithilfe der p-q-Formel.

a) $x^2 + 8x + 15 = 0$ **b)** $x^2 - 3x - 10 = 0$ **c)** $x^2 + 7x - 120 = 0$

d) $x^2 - 12x + 36 = 0$ **e)** $x^2 + 6x + 12 = 0$

ISBN 978-3-8346-2518-2 | www.verlagruhr.de

Der Satz des Vieta

François Viète (lat. Vieta), der von 1540–1603 lebte, war nicht nur Rechtsanwalt in Paris und Rechtsberater zweier französischer Könige, sondern auch Mathematiker und einer der Mitbegründer der heutigen Algebra. Er stellte einen Zusammenhang her zwischen der quadratischen Gleichung $x^2 + px + q = 0$ und deren Lösungen x_1 und x_2.

Satz des Vieta: Sind x_1 und x_2 Lösungen einer quadratischen Gleichung $x^2 + px + q = 0$, dann gilt $p = -(x_1 + x_2)$ und $x_1 \cdot x_2 = q$.

Beispiele:

quadratische Gleichung	x_1	x_2	p	q	$x_1 + x_2$	$x_1 \cdot x_2$
$x^2 - 6x - 27 = 0$	9	–3	–6	–27	6	–27
$x^2 + 8x - 9 = 0$	1	–9	8	–9	–8	–9
$x^2 + 11x + 30 = 0$	–5	–6	11	30	–11	30

Mit dem Satz des Vieta kannst du ganz einfach die Probe bei quadratischen Gleichungen durchführen.
Beispiel: Kann die Lösung der quadratischen Gleichung $x^2 + 5x - 66 = 0$ $x_1 = 3$ und $x_2 = -22$ sein?
Nein: Zwar ergibt $x_1 \cdot x_2 = -66$, aber $-(x_1 + x_2) \neq 5$.

Du kannst auch durch systematisches Probieren an die Lösung quadratischer Gleichungen kommen.
Beispiel: $x^2 - 8x + 15 = 0$
Entsprechend dem Satz des Vieta suchst du zwei ganze Zahlen, die miteinander multipliziert 15 ergeben. Da gibt es nur diese Möglichkeiten: $1 \cdot 15$, $3 \cdot 5$, $(-1) \cdot (-15)$, $(-3) \cdot (-5)$.
Weil die Summe beider Lösungen aber 8 ergeben muss, kann als Lösung der quadratischen Gleichung $x^2 - 8x + 15$ nur $x_1 = 3$ und $x_2 = 5$ infrage kommen, also = {3; 5}.

Aufgabe 1:
Überprüfe mithilfe des Satzes von Vieta, ob die angegebenen Lösungen richtig sind.

a) $x^2 + 7x + 12 = 0$ $\quad L = \{3; 4\}$
b) $x^2 - 10x + 21 = 0$ $\quad L = \{3; 7\}$
c) $x^2 - 5x - 24 = 0$ $\quad L = \{3; 8\}$
d) $x^2 + 9x + 20 = 0$ $\quad L = \{4; 5\}$
e) $x^2 - 8x + 15 = 0$ $\quad L = \{3; 5\}$
f) $x^2 + 2x - 8 = 0$ $\quad L = \{-4; 2\}$

Aufgabe 2:
Bestimme die Lösungen mithilfe des Satzes von Vieta durch Probieren.

a) $x^2 - 4x + 3 = 0$
b) $x^2 - 21x + 20 = 0$
c) $x^2 + 2x - 80 = 0$
d) $x^2 - 9x + 14 = 0$
e) $x^2 + 6x + 8 = 0$
f) $x^2 + x - 6 = 0$

Aufgabe 3:
Welche quadratische Gleichung hat die angegebenen Lösungen?
Schreibe zunächst in Produktform und anschließend in der Form $x^2 + px + q = 0$.
Beispiel: $x_1 = 7; x_2 = -9$ → Produktform: $(x - 7)(x + 9) = 0$ $\quad x^2 + 2x - 63 = 0$

a) $x_1 = 7; x_2 = -9$
b) $x_1 = -3; x_2 = -5$
c) $x_1 = 2; x_2 = 5$
d) $x_1 = 0{,}2; x_2 = -4$
e) $x_1 = -0{,}5; x_2 = 3$
f) $x_1 = 6; x_2 = 5$
g) $x_1 = 7; x_2 = -5$
h) $x_1 = -1; x_2 = -2$

Aufgabe 4:
Ermittle die zweite Lösung x_2 sowie den Koeffizienten p und vervollständige die Gleichung.

a) $x^2 + px - 2 = 0$ $\quad x_1 = -1$
b) $x^2 + px + 8 = 0$ $\quad x_1 = -4$

Aufgabe 5:
Bestimme mithilfe des Satzes des Vieta den fehlenden Wert q.
$x^2 - 12x + q = 0$ $\quad x_1 = 4$

ISBN 978-3-8346-2518-2 | www.verlagruhr.de

Textaufgaben

Textaufgaben, die letztendlich auf das Lösen einer quadratischen Gleichung hinauslaufen, werden oft als sehr schwer empfunden, weil man Probleme, die umgangssprachlich dargestellt sind, **in die Sprache der Mathematik übersetzen** muss.

Beispiel 1:
„Die Summe aus dem Quadrat einer Zahl und ihrem Siebenfachen ist 5840."
Diese Aufgaben lässt sich wie folgt in die mathematische Sprache umsetzen:
$x^2 + 7x = 5840$

Beispiel 2:
„Die Zahl 42 ist in zwei Summanden zu zerlegen, deren Produkt 432 betragen soll."
Hier musst du schon etwas überlegen. Wenn du den ersten Summanden x nennst, dann bleibt für den zweiten Summanden nur 42 – x übrig.
$x(42 - x) = 432$

Beispiel 3:
„In einem Rechteck sind die Seiten 21 cm und 14 cm lang. Verkürzt man alle Seiten um dieselbe Länge, so ist der Flächeninhalt um 110,25 cm² kleiner als der Flächeninhalt des ursprünglichen Rechtecks. Um wie viele Zentimeter wurden die Seiten gekürzt?"
Hier ist eine Skizze hilfreich:

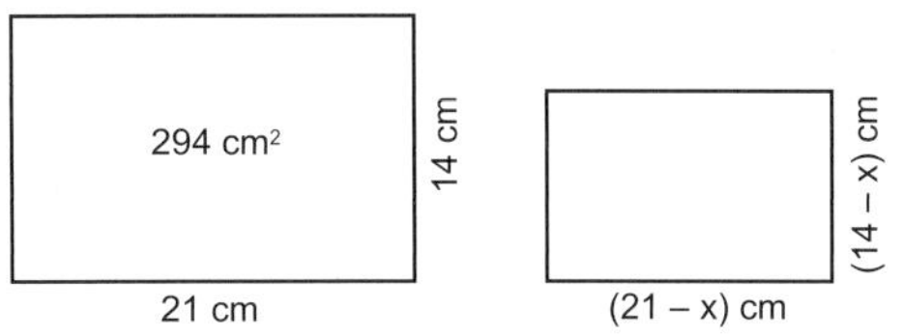

$$21 \cdot 14 - [(21 - x)(14 - x)] = 110{,}25$$
$$294 - [(21 - x)(14 - x)] = 110{,}25$$
$$(21 - x)(14 - x) = 183{,}75$$

Aufgabe 1:
a) Lies dir Beispiel 1 noch einmal durch und löse die Gleichung.
b) Lies dir Beispiel 2 noch einmal durch und löse die Gleichung.
c) Lies dir Beispiel 3 noch einmal durch und löse die Gleichung.

Aufgabe 2:
Das Produkt zweier aufeinanderfolgender Zahlen beträgt 342. Stelle eine Gleichung auf und löse sie.

Aufgabe 3:
Von zwei Zahlen ist die eine um 5 größer als die andere. Die Multiplikation beider Zahlen ergibt 204.

Aufgabe 4:
Ein Sportverein chartert einen Bus für 380 €. Zwei Mitglieder müssen die Fahrt jedoch krankheitsbedingt absagen. Dadurch erhöhte sich der Fahrpreis für die restlichen Teilnehmer um 0,50 €. Wie viele Sportler nehmen jetzt am Ausflug teil?

Aufgabe 5:
Die Diagonale eines Rechtecks ist 40 cm lang. Die eine Rechteckseite ist 8 cm länger als die andere. Welchen Flächeninhalt hat das Rechteck?
Tipp: Der Satz des Pythagoras hilft dir.

Aufgabe 6:
Bauer Q. Fladen hat eine rechteckige Wiese von 414 a, auf der er seine Kühe weiden lässt. Die Wiese ist 50 m länger als breit. Wie breit und wie lang ist die Wiese?

Aufgabe 7:
Eine quadratische Säule hat eine Oberfläche von 160 cm² bei einer Höhe von 8 cm. Wie lang ist die Kante a?

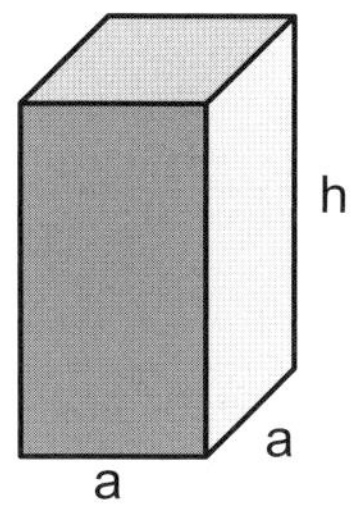

Aufgabe 8:
Die Kantenlängen zweier Würfel unterscheiden sich um 2 cm, die Volumina um 488 cm³. Welche Kantenlängen haben die beiden Würfel?

Aufgabe 9:
Gastwirt Willi Sorethroat bezieht 500 Flaschen Rotwein. Für den französischen Wein bezahlte er 2 100,00 €, für den badischen Wein bezahlte er 1 000,00 €. Der Wein aus Baden kostete 2,00 € weniger pro Flasche als der aus Frankreich. Wie viele Flaschen bezog der Wirt aus Frankreich und wie viele aus Baden?

ISBN 978-3-8346-2518-2 | www.verlagruhr.de

Teste dein Wissen: Quadratische Gleichungen (1/3)

Aufgabe 1: Löse zeichnerisch die quadratischen Gleichungen, indem du die Gleichung nach x^2 auflöst. Die Normalparabel ist als Hilfestellung schon eingezeichnet.

a) $x^2 + 2x + 1 = 0$

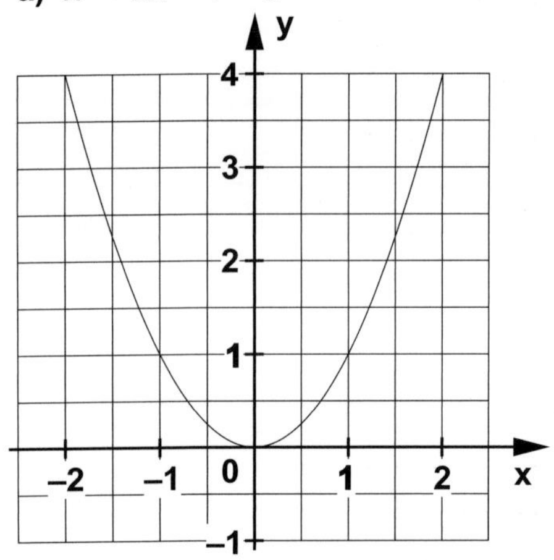

b) $x^2 - x - 0,75 = 0$

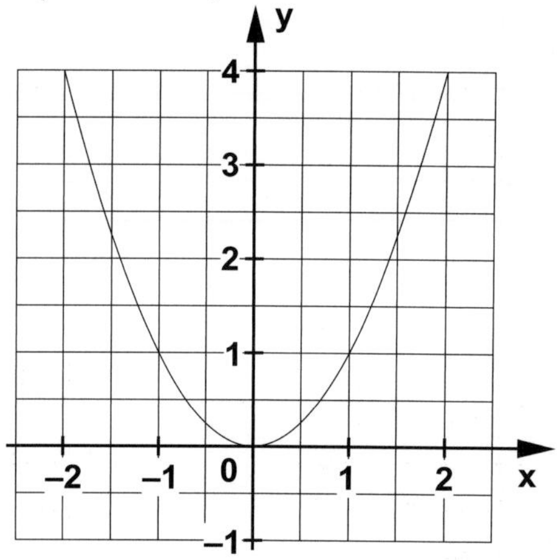

c) $x^2 + 0,5x - 1 = 0$

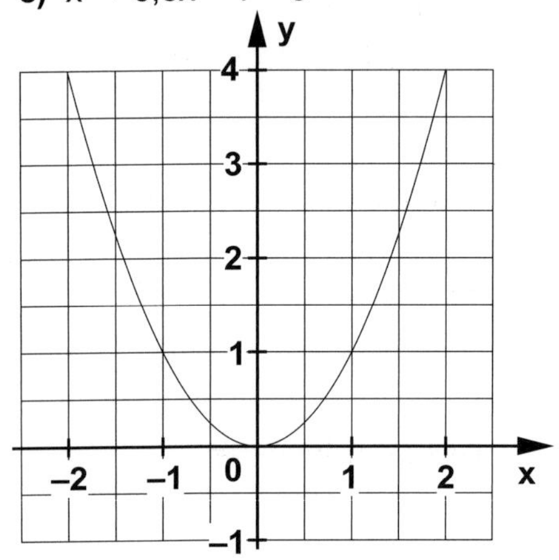

d) $x^2 - 0,5x - 3 = 0$

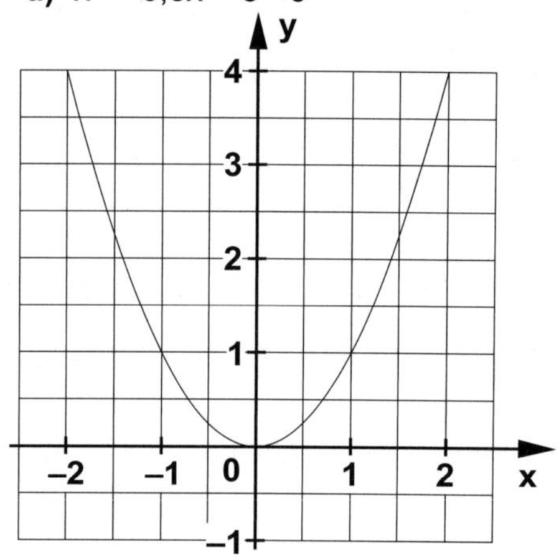

Aufgabe 2: Löse zeichnerisch die quadratische Gleichung $0,5x^2 - 3x + 2,5 = 0$, indem du die Wertetabelle erstellst und den Graphen zeichnest.

x	y
0	
0,5	
1	
1,5	
2	
2,5	
3	
4	
5	
6	
7	

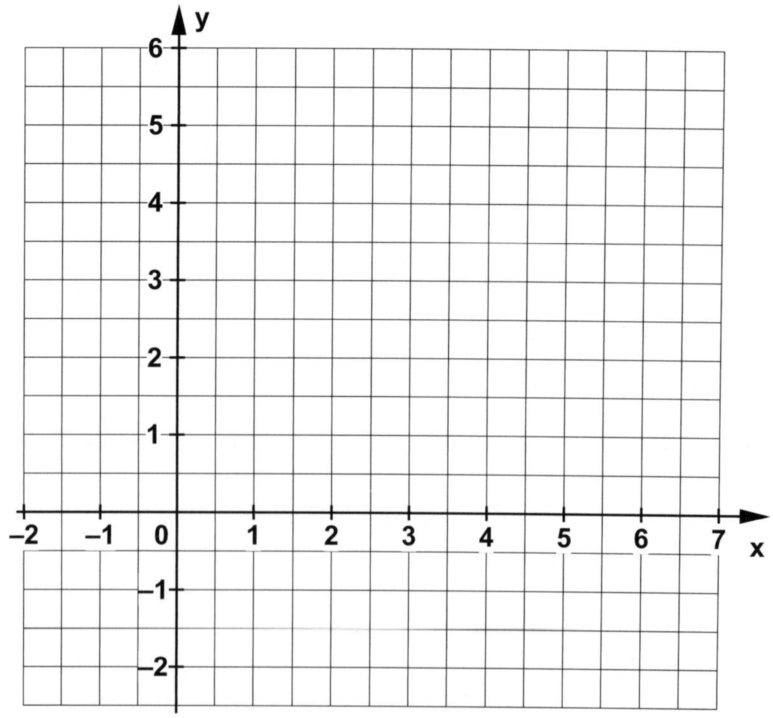

ISBN 978-3-8346-2518-2 | www.verlagruhr.de

Teste dein Wissen: Quadratische Gleichungen (2/3)

Aufgabe 3: Gib eine Gleichung an, deren Lösungsmenge aus dem Graphen ersichtlich ist.

a)

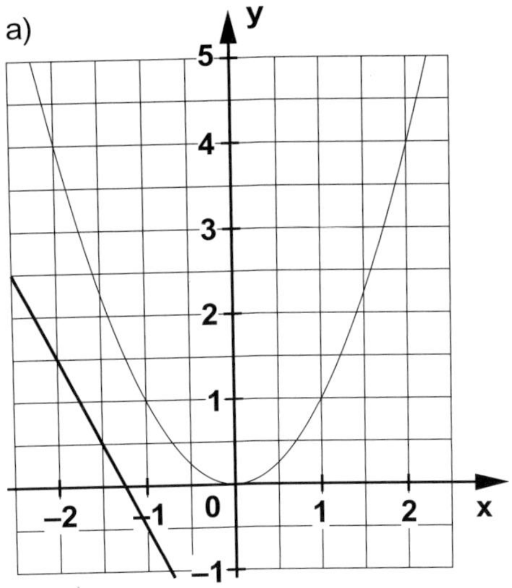

b)

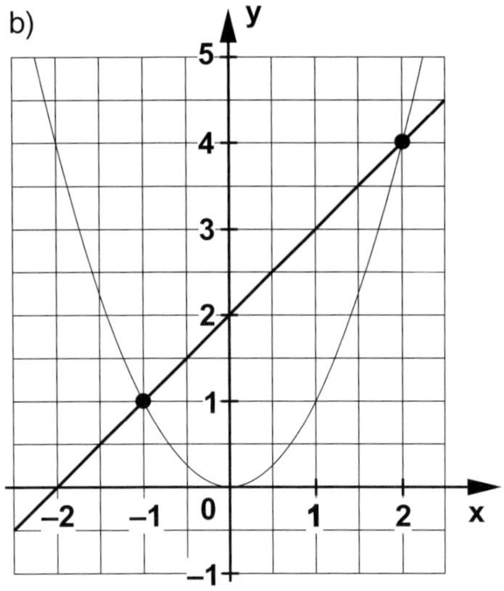

Aufgabe 4: Bestimme rechnerisch die Lösungsmenge der quadratischen Gleichung.

a) $x^2 + 2x = 0$ **b)** $x^2 + 72x = 0$ **c)** $x^2 = 0{,}5x$ **d)** $0{,}2x^2 - 1{,}6x = 0$

Aufgabe 5: Bestimme rechnerisch die Lösungsmenge der quadratischen Gleichung.

a) $x^2 + 4x + 4 = 0$ **b)** $(x - 2)^2 = 25$ **c)** $x^2 - 6x + 9 = 0$ **d)** $(x + 6)^2 = 49$

Aufgabe 6: Bestimme rechnerisch die Lösungsmenge der quadratischen Gleichung.

a) $\frac{3}{4}x^2 - 2x - 1\frac{2}{3} = 0$ **b)** $(4 - 3x)^2 - (3 - 2x)^2 = 3$

Aufgabe 7: Wie groß muss q in der Gleichung $x^2 - 8x + q = 0$ sein, damit die so entstandene quadratische Gleichung **a)** keine Lösung **b)** eine Lösung **c)** zwei Lösungen hat?

Aufgabe 8: Bestimme die Diskriminante D. Wie viele Lösungen hat die Gleichung?

a) $x^2 - 14x + 50 = 0$ **b)** $x^2 + 1{,}8x + 0{,}81 = 0$ **c)** $x^2 - 6x - 8 = 0$

Aufgabe 9: Bringe auf die Normalform und bestimme die Lösungsmenge mithilfe der p-q-Formel.

a) $0{,}6x^2 - 12x + 57{,}6 = 0$ **b)** $\frac{3}{4}x^2 - 2x - 1\frac{2}{3} = 0$

Aufgabe 10: Überprüfe mithilfe des Satzes des Vieta, ob die Lösungsmenge richtig angegeben ist.

a) $x^2 + 8x - 48 = 0$ $L = \{-12; 4\}$ **b)** $x^2 - 2x - 125 = 0$ $L = \{-25; 5\}$

c) $x^2 + 0{,}8x - 0{,}09 = 0$ $L = \{-0{,}9; 0{,}1\}$ **d)** $x^2 - \frac{4}{5}x - \frac{12}{25} = 0$ $L = \{-\frac{2}{5}; 1\frac{1}{5}\}$

Aufgabe 11: Gib mithilfe des Satzes des Vieta die fehlende zweite Lösung an.

a) $x^2 - 6x + 8 = 0$ $L = \{4; \quad\}$ **b)** $x^2 - 5x - 6 = 0$ $L = \{-1; \quad\}$

c) $x^2 - 20x - 69 = 0$ $L = \{-3; \quad\}$ **d)** $x^2 + \frac{1}{4}x - \frac{3}{4} = 0$ $L = \{\frac{1}{2}; \quad\}$

Aufgabe 12: Bauer Q. Fladen hat eine rechteckige Wiese mit einem Umfang von 134 m. Der Flächeninhalt beträgt 1 050 m². Wie lang und wie breit ist diese Wiese?

Aufgabe 13: Beim Regionalspiel 1. FC Schlacke gegen FC Portas waren 1 500 Fußballfans im Stadion. Erwachsene zahlten insgesamt 3 000 €, Jugendliche 3 600 €. Erwachsene zahlen 1 € pro Person mehr als Jugendliche. Wie viele Erwachsene und wie viele Jugendliche waren im Stadion?

ISBN 978-3-8346-2518-2 | www.verlagruhr.de

Teste dein Wissen: Quadratische Gleichungen (3/3)

Aufgabe 14:
Löse die quadratischen Gleichungen, um herauszufinden, welches englische Sprichwort sich hinter den 20 Silben und Buchstaben verbirgt. Wie du das machst, bleibt dir überlassen. Die Ergebnisse liefern dir die Silben und Buchstaben, die du aneinanderketten musst, um zum Lösungssatz zu gelangen.

bed {–2|–9}	**ly** {–2}	**kes** {3|–3}	**ly** {–1}	**thy** {–5|–6}
heal {5|–5}	**to** { }	**weal** {–3|4}	**wi** {10|–12}	**a** {9|–7}
thy {–3|–4}	**ear** {2|–4}	**and** {–1|–3}	**ma** {0|–2}	**and** {6|–4}
rise {25|–15}	**se** {4|18}	**man** {8}	**to** {–4,5}	**ear** {0,5|–2,5}

	Ergebnis	Silben
1. $x^2 + 2x - 8 = 0$		
2. $x^2 + 2x + 1 = 0$		
3. $x^2 + 9x + 20,25 = 0$		
4. $x^2 + 11x + 18 = 0$		
5. $x^2 - 2x - 24 = 0$		
6. $x^2 + 2x - 2,5 = 0$		
7. $x^2 + 4x + 4 = 0$		
8. $x^2 + 2x + 4 = 0$		
9. $x^2 - 10x - 375 = 0$		
10. $x^2 + 2x = 0$		
11. $x^2 - 9 = 0$		
12. $x^2 - 2x - 63 = 0$		
13. $x^2 - 16x + 64 = 0$		
14. $x^2 - 25 = 0$		
15. $x^2 + 7x + 12 = 0$		
16. $x^2 - x - 12 = 0$		
17. $x^2 + 11x + 30 = 0$		
18. $x^2 + 4x + 3 = 0$		
19. $x^2 + 2x - 120 = 0$		
20. $x^2 - 22x + 72 = 0$		

ISBN 978-3-8346-2518-2 | www.verlagruhr.de

Potenzen

Ein Produkt, das aus gleichen Faktoren besteht, nennt man **Potenz**.

Beispiele: $7 \cdot 7 = 7^2$ $(-3) \cdot (-3) \cdot (-3) \cdot (-3) = (-3)^4$ $\frac{3}{4} \cdot \frac{3}{4} \cdot \frac{3}{4} \cdot \frac{3}{4} \cdot \frac{3}{4} = (\frac{3}{4})^5$

allgemein: $\underbrace{a \cdot a \cdot a \cdot a \cdot a \cdot \ldots \cdot a \cdot a}_{\text{n gleiche Faktoren}} = a^n$

a^n – n ist der Exponent; a nennt man Basis

Merke: $a^1 = a$

Große Zahlen schreibt man als **Produkt aus einem Dezimalbruch und einer Zehnerpotenz**.
Beispiele: $567\,000\,000 = 5{,}67 \cdot 10^8$ $340\,000\,000\,000 = 3{,}4 \cdot 10^{11}$

Für Potenzen mit **Null oder einer negativen Zahl als Exponent** gelten folgende Vereinbarungen:

$a^0 = 1$ $a^{-1} = \frac{1}{a}$ $a^{-n} = \frac{1}{a^n}$

Beispiele: $3^{-3} = \frac{1}{3^3} = \frac{1}{27}$ $5^{-1} = \frac{1}{5^1} = \frac{1}{5}$ $10^{-3} = \frac{1}{10^3} = \frac{1}{1000} = 0{,}001$ $(\frac{2}{3})^{-2} = (\frac{3}{2})^2 = \frac{9}{4}$

Auch kleine Zahlen schreibt man als **Produkt aus einem Dezimalbruch und einer Zehnerpotenz**.
Beispiele: $0{,}00045 = 4{,}5 \cdot 10^{-4}$ $0{,}00000743 = 7{,}43 \cdot 10^{-6}$

Aufgabe 1: Schreibe als Produkt und berechne im Kopf.

a) 3^4 **b)** 2^3 **c)** $(\frac{1}{4})^2$ **d)** $(-5)^3$ **e)** -7^3

f) $(-0{,}5)^2$ **g)** 4^3 **h)** $(\frac{1}{3})^3$ **i)** $(\frac{3}{4})^4$

Aufgabe 2: Ergänze die fehlende Zahl.
a) $\square^3 = 64$ **b)** $\square^3 = 0{,}027$ **c)** $\square^4 = 16$ **d)** $\square^5 = 1$ **e)** $\square^2 = 144$

Aufgabe 3: Schreibe die Zahl als Potenz mit einer ganzen Zahl als Basis.
a) 400 **b)** 625 **c)** –27 **d)** 10 000 **e)** 512

Aufgabe 4: Schreibe als Bruch mit positivem Exponenten und berechne im Kopf.

a) 5^{-2} **b)** 2^{-3} **c)** $(\frac{1}{4})^{-3}$ **d)** $(-5)^{-1}$ **e)** 7^{-1} **f)** 10^{-4}

Aufgabe 5: Schreibe mit negativem Exponenten.

a) $\frac{1}{3^2}$ **b)** $\frac{1}{9^3}$ **c)** $\frac{1}{2^4}$ **d)** $\frac{1}{8^5}$ **e)** $\frac{1}{25^2}$

Aufgabe 6: Ergänze die fehlende Zahl.

a) $2^{\square} = \frac{1}{16}$ **b)** $3^{\square} = \frac{1}{3}$ **c)** $5^{\square} = 1$ **d)** $5^{\square} = 0{,}04$ **e)** $\square^{-3} = \frac{1}{125}$

Aufgabe 7: Schreibe ohne Zehnerpotenz.
a) $1{,}6 \cdot 10^3$ **b)** $2{,}7 \cdot 10^{-5}$ **c)** $1{,}5 \cdot 10^9$ **d)** $7{,}5 \cdot 10^{-6}$ **e)** $6{,}8^2 \cdot 10^7$

Aufgabe 8: Schreibe als Produkt aus einem Dezimalbruch und einer Zehnerpotenz.
a) 345 000 **b)** 0,000000001 **c)** 0,0382 **d)** 67 000 000 **e)** 0,000068

ISBN 978-3-8346-2518-2 | www.verlagruhr.de

Multiplikation und Division von Potenzen

Potenzen mit gleicher Basis ($a \neq 0$) werden **multipliziert**, indem man ihre Exponenten addiert.
Beispiele: $4^2 \cdot 4^3 = 4 \cdot 4 \cdot 4 \cdot 4 \cdot 4 = 4^5$ $\quad 2^5 \cdot 2^3 = 2^{5+3} = 2^8$
Merke allgemein: $a^m \cdot a^n = a^{m+n}$

Potenzen mit gleicher Basis ($a \neq 0$) werden **dividiert**, indem man ihre Exponenten subtrahiert.
Beispiele: $4^6 : 4^4 = \frac{4 \cdot 4 \cdot \cancel{4} \cdot \cancel{4} \cdot \cancel{4} \cdot \cancel{4}}{\cancel{4} \cdot \cancel{4} \cdot \cancel{4} \cdot \cancel{4}} = 4^{6-4} = 4^2$ $\quad 2^9 : 2^4 = 2^{9-4} = 2^5$
Merke allgemein: $a^m : a^n = a^{m-n}$

Aufgabe 1: Schreibe als eine Potenz und berechne.
a) $3^4 \cdot 3^2$ b) $6^6 : 6^4$ c) $8^6 : 8^7$ d) $8^2 \cdot 8^1$ e) $2^4 : 2^0$
f) $3^4 \cdot 3^{-2}$ g) $5^{-3} : 5^{-5}$ h) $2^3 : 2^{-2}$ i) $4^5 \cdot 4^{-3}$ j) $9^4 \cdot 9^0$
k) $0^7 \cdot 0^8$ l) $1^4 \cdot 1^9$ m) $1{,}5^3 : 1{,}5^2$ n) $(-1)^5 \cdot (-1)^4$ o) $10^4 \cdot 10^2$

Aufgabe 2: Schreibe als eine Potenz.
a) $x^2 \cdot x^3$ b) $b^2 \cdot b \cdot b^5$ c) $a^6 \cdot a^7$ d) $z \cdot z^3$ e) $q^4 \cdot q^5$

Aufgabe 3: Setze den passenden Term ein.
a) $2x^2 \cdot \square = 10x^5$ b) $3z^5 \cdot \square = 60z^8$ c) $4y^3 \cdot \square = 20y^5$
d) $7b^3 \cdot \square = 28b^5$ e) $15q^3 \cdot \square = 60q^7$ f) $24a^6 \cdot \square = 120a^8$

Aufgabe 4: Löse die Klammer auf.
a) $(x^4 - x^3) \cdot x^2$ b) $(2x^2 - 3x^4) \cdot 1{,}5x$ c) $3a^2(4a^5 - 2a^3) \cdot x^2$ d) $(z^4 - z) \cdot z^3$

Potenzen mit unterschiedlichen Basen ($a, b \neq 0$), aber gleichen Exponenten, werden **multipliziert**, indem man die Basen miteinander multipliziert und den gemeinsamen Exponenten beibehält.
Beispiele: $4^3 \cdot 5^3 = (4 \cdot 5)^3 = 20^3$ $\quad 2^2 \cdot 8^2 = (2 \cdot 8)^2 = 16^2$
Merke allgemein: $a^n \cdot b^n = (a \cdot b)^n$

Potenzen mit unterschiedlichen Basen ($a, b \neq 0$), aber gleichen Exponenten, werden **dividiert**, indem man die Basen durcheinander dividiert und den gemeinsamen Exponenten beibehält.
Beispiele: $8^7 : 4^7 = (8 : 4)^7 = 2^7$ $\quad 12^9 : 4^9 = (12 : 4)^9 = 3^9$
Merke allgemein: $a^n : b^n = (a : b)^n$

Aufgabe 5: Berechne.
a) $2^3 \cdot 50^3$ **b)** $34^6 : 17^6$ **c)** $16^4 : 4^4$ **d)** $2{,}5^4 \cdot 4^4$ **e)** $(-18)^4 : 9^4$

Aufgabe 6: Ergänze die fehlende Zahl.
a) $\frac{2^7}{4^7} = \square^7$ **b)** $\frac{\square^5}{3^5} = 2^5$ **c)** $\frac{8^{12}}{\square^{12}} = 4^{12}$ **d)** $3^5 \cdot \square^5 = 18^5$

Aufgabe 7: Forme um.
a) $2^m \cdot 4^m$ **b)** $3^{2n} \cdot 5^{2n}$ **c)** $2^{n+1} \cdot 1{,}5^{n+1}$ **d)** $6^{3x+1} \cdot 4^{3x+1}$

Aufgabe 8: Vereinfache.
a) $(\frac{3}{4})^4 \cdot (\frac{2}{3})^4$ **b)** $(\frac{a}{b})^5 \cdot (\frac{b}{a})^5$ **c)** $(\frac{5x}{7y})^3 \cdot (\frac{7y}{10x})^3$ **d)** $(\frac{3m}{10n})^4 \cdot (\frac{5n}{6m})^4$

Aufgabe 9: Berechne ohne Taschenrechner.
a) $4^3 \cdot 4^2 \cdot 25^5$ **b)** $1{,}25^3 \cdot 8^3 \cdot 10^4$ **c)** $\frac{6^5 \cdot 6^3 \cdot 7{,}5^8}{45^7}$ **d)** $\frac{9^7 \cdot 7^9 \cdot 9^5}{21^9 \cdot 3^7 \cdot 3^7}$

ISBN 978-3-8346-2518-2 | www.verlagruhr.de

Potenzieren von Potenzen

Potenzen werden potenziert, indem man die **Exponenten multipliziert** und die **Basis beibehält**.

Beispiele: $(4^3)^2 = 4^3 \cdot 4^3 = 4^{3+3} = 4^6$ $\quad ((\frac{2}{3})^{-2})^4 = (\frac{2}{3})^{-2} \cdot (\frac{2}{3})^{-2} \cdot (\frac{2}{3})^{-2} \cdot (\frac{2}{3})^{-2} = (\frac{2}{3})^{-2-2-2-2} = (\frac{2}{3})^{-8}$

Merke allgemein: $(a^m)^n = \underbrace{a^m \cdot a^m \cdot a^m \cdot a^m \cdot \ldots \cdot a^m}_{\text{n gleiche Faktoren}} = a^{m+m+m+m+\ldots+m} = a^{m \cdot n}$ $(a \neq 0)$

Aufgabe 1: Forme um.

a) $(3^2)^3$ **b)** $(2^3)^4$ **c)** $((\frac{1}{4})^2)^3$

d) $(10^3)^4$ **e)** $-(7^2)^2$ **f)** $((-0{,}5)^2)^4$

g) $(5^2)^{-2}$ **h)** $((\frac{1}{3})^3)^5$ **i)** $((\frac{3}{4})^4)^3$

Aufgabe 2: Ergänze den fehlenden Exponenten.

a) $(4^3)^{\square} = 4^6$ **b)** $(2^5)^{\square} = 2^{-10}$ **c)** $(10^5)^{-2} = 10^{\square}$ **d)** $(7^5)^{\square} = 7^0$ **e)** $(4^{\square})^{-4} = 4^8$

Aufgabe 3: Schreibe als Potenz mit möglichst kleiner Basis.
Beispiel: $16^3 = (2^4)^3 = 2^{4 \cdot 3} = 2^{12}$

a) 25^3 **b)** 27^2 **c)** 49^4 **d)** 100^3 **e)** 64^3

Aufgabe 4: Schreibe das Produkt als Potenz mit möglichst kleiner Basis.
Beispiel: $4 \cdot 2^3 = 2^2 \cdot 2^3 = 2^{4+3} = 2^7$

a) $2^4 \cdot 32$ **b)** $3^6 \cdot 9^2$ **c)** $3^2 \cdot 27$ **d)** $4^3 \cdot 256$ **e)** $25^4 \cdot 125^5$

Aufgabe 5: Forme um.

a) $(x^2)^3$ **b)** $(a^3)^4$ **c)** $((\frac{x}{y})^3)^4$ **d)** $[(-x)^3]^4$ **e)** $(-z^2)^4$

f) $(-2x^2)^2$ **g)** $-(k^2)^{-5}$ **h)** $((\frac{1}{b})^3)^2$ **i)** $(2^x)^3$

Aufgabe 6: Vereinfache, indem du den Zähler oder den Nenner umformst.

Beispiel: $\frac{25^3}{5^2} = \frac{(5^2)^3}{5^2} = \frac{5^6}{5^2} = 5^{6-2} = 5^4$

a) $\frac{27^2}{3^5}$ **b)** $\frac{128^3}{2^{17}}$ **c)** $\frac{256^2}{4^3}$ **d)** $\frac{(4a^2)^3}{(2a)^4}$ **e)** $\frac{(27a^3)^3}{(3a)^8}$

Aufgabe 7: Drücke den Term ohne Klammern aus.

a) $(a^3 \cdot b^4)^2$ **b)** $(3a^2 \cdot b)^3$ **c)** $(x^2 \cdot y \cdot z^4)^2$ **d)** $(x^{3m+2})^2$ **e)** $(a^{2n+1})^2$

Aufgabe 8: Schreibe als Potenz mit negativem Exponenten. Finde alle Möglichkeiten.

a) $\frac{1}{27}$ **b)** $\frac{1}{32}$ **c)** $\frac{1}{225}$ **d)** $\frac{1}{625}$ **e)** $\frac{1}{729}$

Aufgabe 9: Klammere gemeinsame Faktoren aus und vereinfache so weit wie möglich.

a) $\frac{x^3 + x^5}{x^4 + x^6}$ **b)** $\frac{a^2 + ab}{ab^2 + b^3}$ **c)** $\frac{a^3 - 4a}{a^3 + 2a^2}$ **d)** $\frac{x^3y^2 - x^3}{x^2y + x^2}$ **e)** $\frac{2x^2 + 2x^3y}{4x^4 + 4x^5y}$

ISBN 978-3-8346-2518-2 | www.verlagruhr.de

n-te Wurzel

Unter der **dritten Wurzel** (der sogenannten „Kubikwurzel“) aus einer nichtnegativen Zahl a versteht man die nichtnegative Zahl, die mit 3 potenziert die Zahl a ergibt.

Beispiele: $\sqrt[3]{27} = 3$, denn $3^3 = 27$ *[sprich: dritte Wurzel aus 27]*

$\sqrt[3]{216} = 6$, denn $6^3 = 216$ *[sprich: dritte Wurzel aus 216]*

Wurzelexponent $\sqrt[3]{27} = 3$ Wert der 3. Wurzel

Radikand

Es gilt: $(\sqrt[3]{a})^3 = a$ und $\sqrt[3]{a^3} = a$ für alle $a \geq 0$

Beispiele: $(\sqrt[3]{5})^3 = 5$ $\sqrt[3]{4^3} = 4$

Unter der **n-ten Wurzel** aus einer nichtnegativen Zahl a versteht man die nichtnegative Zahl, die mit n potenziert die Zahl a ergibt.

Beispiele: $\sqrt[5]{32} = 2$, denn $2^5 = 32$ *[sprich: fünfte Wurzel aus 32]*

$\sqrt[7]{2187} = 3$, denn $3^7 = 2187$ *[sprich: siebte Wurzel aus 2187]*

Es gilt: $(\sqrt[n]{a})^n = a$ und $\sqrt[n]{a^n} = a$ für alle $a \geq 0$

Beispiele: $(\sqrt[4]{9})^4 = 9$ $\sqrt[8]{2^8} = 2$

Aufgabe 1: Berechne im Kopf.

a) $\sqrt[3]{8}$ **b)** $\sqrt[3]{27\,000}$ **c)** $\sqrt[3]{125}$ **d)** $\sqrt[3]{524}$ **e)** $\sqrt[3]{1331}$

Aufgabe 2: Vereinfache.

a) $\sqrt[3]{x^3}$ **b)** $\sqrt[3]{0{,}343p^3}$ **c)** $\sqrt[3]{8b^3}$ **d)** $\sqrt[3]{m^3 \cdot n^3}$ **e)** $\sqrt[3]{64x^3y^3}$

Aufgabe 3: Zwischen welchen ganzen Zahlen liegen die Kubikwurzeln?

a) ___ $< \sqrt[3]{4} <$ ___ **b)** ___ $< \sqrt[3]{60} <$ ___ **c)** ___ $< \sqrt[3]{500} <$ ___

Aufgabe 4: Berechne im Kopf.

a) $\sqrt[5]{32}$ **b)** $\sqrt[4]{625}$ **c)** $\sqrt[4]{0{,}0081}$ **d)** $\sqrt[5]{243}$ **e)** $\sqrt[7]{1}$

Aufgabe 5: Vereinfache.

a) $(\sqrt[6]{8})^6$ **b)** $\sqrt[4]{16p^4}$ **c)** $\sqrt[9]{19^9}$ **d)** $\sqrt[6]{a^6b^6}$ **e)** $\sqrt[5]{32x^5y^5}$

Aufgabe 6: Prüfe durch Potenzieren, ob die Aussage wahr ist.

a) $\sqrt[6]{64} = 2$ **b)** $\sqrt[7]{128} = 4$ **c)** $\sqrt[3]{64} = 8$ **d)** $\sqrt[4]{0{,}0001} = 0{,}1$ **e)** $\sqrt[3]{343} = 7$

Aufgabe 7: Gib den Wert der Wurzel an.

a) $\sqrt[8]{\frac{1}{256}}$ **b)** $\sqrt[6]{\frac{64}{729}}$ **c)** $\sqrt[4]{\frac{625}{1296}}$ **d)** $\sqrt[3]{\frac{64}{125}}$ **e)** $\sqrt[4]{\frac{1}{81}}$

Aufgabe 8: Vervollständige die Tabelle.

Radikand	512	625			14641	0,0001
Wurzelexponent	9	4	3	5		
Wert der Wurzel			7	1	11	0,1

ISBN 978-3-8346-2518-2 | www.verlagruhr.de

Potenzieren mit rationalen Exponenten

Jede Wurzel lässt sich als **Potenz mit rationalem Exponenten** schreiben.

Beispiele: $\sqrt[3]{a^{27}} = a^9 = a^{\frac{27}{3}}$ $\quad \sqrt[3]{a^9} = a^3 = a^{\frac{9}{3}}$ $\quad \sqrt[3]{a^3} = a^1 = a^{\frac{3}{3}}$ $\quad \sqrt[3]{a^1} = a^{\frac{1}{3}}$

$\sqrt[3]{a^{18}} = a^6 = a^{\frac{18}{3}}$ $\quad \sqrt[3]{a^6} = a^2 = a^{\frac{6}{3}}$ $\quad \sqrt[3]{a^2} = a^{\frac{2}{3}}$

Merke allgemein: $a^{\frac{m}{n}} = \sqrt[n]{a^m}$ $\quad a \in \mathbb{R}^+;\ n \in \mathbb{N}\backslash\{0\};\ m \in \mathbb{Z}$

$a^{\frac{1}{n}} = \sqrt[n]{a}$ $\quad a \in \mathbb{R}+;\ n \in \mathbb{N}\backslash\{0\}$

Alle Potenzgesetze gelten auch für Potenzen mit rationalen Exponenten:

- Du ziehst aus einem Produkt die Wurzel, indem du aus jedem Faktor die Wurzel ziehst und die Ergebnisse dividierst:
  $\sqrt[n]{a \cdot b} = \sqrt[n]{a} \cdot \sqrt[n]{b}$ $\quad$ für $a \geq 0,\ b \geq 0$
- Du ziehst aus einem Bruch die Wurzel, indem du aus Zähler und Nenner die Wurzel ziehst und die Ergebnisse multiplizierst:
  $\sqrt[n]{\frac{a}{b}} = \frac{\sqrt[n]{a}}{\sqrt[n]{b}}$ $\quad$ für $a \geq 0,\ b \geq 0$
- Du ziehst die Wurzel aus einer Wurzel, indem du die Wurzelexponenten multiplizierst und dann die Wurzel ziehst:
  $\sqrt[m]{\sqrt[n]{a}} = \sqrt[m \cdot n]{a}$ $\quad$ für $a \geq 0$

Aufgabe 1: Schreibe als Wurzel.

a) $5^{\frac{1}{3}}$ **b)** $7^{\frac{2}{3}}$ **c)** $97^{\frac{3}{2}}$ **d)** $8^{\frac{1}{2}}$ **e)** $100^{\frac{5}{6}}$

f) $a^{\frac{2}{3}}$ **g)** $(ab)^{\frac{m}{n}}$ **h)** $b^{\frac{4}{5}}$ **i)** $b^{-\frac{3}{4}}$ **j)** $e^{0,8}$

Aufgabe 2: Schreibe als Potenz mit rationalem Exponenten.

a) $\sqrt[2]{8}$ **b)** $\sqrt[5]{7}$ **c)** $\sqrt[7]{4}$ **d)** $\sqrt[6]{3^4}$ **e)** $\sqrt[4]{\frac{1}{5^2}}$

f) $\sqrt[3]{x^2}$ **g)** $\sqrt[4]{x \cdot y}$ **h)** $\sqrt[5]{(a \cdot b)^2}$ **i)** $\sqrt[6]{(a-b)^5}$ **j)** $\sqrt[4]{(\frac{a}{c})^3}$

Aufgabe 3: Berechne ohne Taschenrechner.

a) $27^{\frac{1}{3}}$ **b)** $16^{\frac{1}{4}}$ **c)** $256^{0,5}$ **d)** $(\frac{1}{64})^{\frac{1}{2}}$ **e)** $(\frac{9}{16})^{-1,5}$

Aufgabe 4: Schreibe in Potenzform und berechne.

a) $\sqrt[4]{a^4}$ **b)** $\sqrt[5]{b^{10}}$ **c)** $\sqrt[4]{c^{12}}$ **d)** $(\sqrt[5]{c})^5$ **e)** $\sqrt[4]{\frac{x^4}{b^8}}$

Aufgabe 5: Berechne.

a) $\sqrt[3]{5} \cdot \sqrt[3]{25}$ **b)** $\sqrt[5]{4} \cdot \sqrt[5]{8}$ **c)** $\sqrt[5]{a^3} \cdot \sqrt[5]{a^2}$ **d)** $\sqrt[4]{2a^3} \cdot \sqrt[4]{8a}$ **e)** $\sqrt[7]{a^4} \cdot \sqrt[7]{a^3}$

Aufgabe 6: Berechne.

a) $\frac{\sqrt[3]{54}}{\sqrt[3]{2}}$ **b)** $\frac{\sqrt[4]{32}}{\sqrt[4]{2}}$ **c)** $\frac{\sqrt[3]{1,2}}{\sqrt[3]{9,6}}$ **d)** $\frac{\sqrt[3]{500}}{\sqrt[3]{4}}$ **e)** $\frac{\sqrt[4]{512}}{\sqrt[4]{2}}$

Aufgabe 7: Berechne.

a) $\sqrt{\sqrt[3]{64}}$ **b)** $\sqrt[3]{\sqrt{729}}$ **c)** $\sqrt[3]{\sqrt{4096}}$ **d)** $\sqrt[4]{\sqrt[3]{c^{24}}}$ **e)** $\sqrt[4]{\sqrt{b^8}}$

ISBN 978-3-8346-2518-2 | www.verlagruhr.de

Potenzfunktionen $y = x^n$ (1/3)

Eine Funktion mit der Gleichung **$y = x^n$** heißt **Potenzfunktion**. Der Exponent **n** heißt **Grad** oder **Ordnung** der Potenzfunktion. Ist n eine natürliche Zahl ($a \neq 0$), dann heißen die Graphen **Parabeln n-ter** Ordnung ($y = x^4$ ist also eine Parabel vierter Ordnung, $y = x^7$ ist eine Parabel siebter Ordnung).

Aufgabe 1:
Parabeln zweiter Ordnung hast du bereits als **Normalparabel** kennengelernt.
Fülle die Wertetabellen für $y = x^4$ und $y = x^6$ aus und zeichne die beiden Graphen.
Runde die Werte auf zwei Stellen nach dem Komma.

$y = x^2$

x	0	0,5	–0,5	1	–1	1,5	–1,5	2	–2	2,5	–2,5	3	–3
y	0	0,25	0,25	1	1	2,25	2,25	4	4	6,25	6,25	9	9

$y = x^4$

x	0	0,7	–0,7	1	–1	1,5	–1,5	1,6	–1,6	1,7	–1,7	1,8	–1,8
y													

$y = x^6$

x	0	0,5	–0,5	0,7	–0,7	0,9	–0,9	1	–1	1,1	–1,1	1,4	–1,4
y													

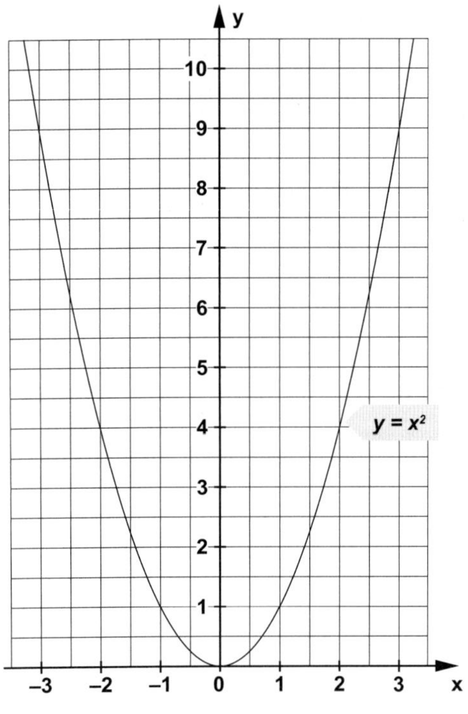

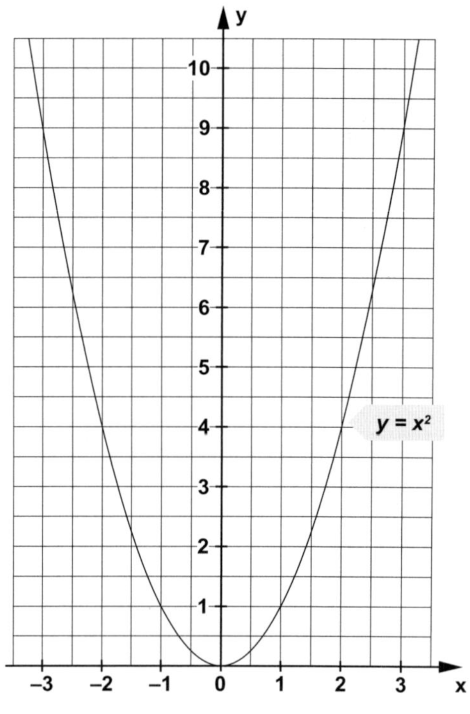

Aufgabe 2:
Fülle die Lücken:
Die Graphen der Potenzfunktionen $y = x^n$ mit geradem Exponenten n sind ______ zur y-Achse.
Sie verlaufen alle durch die Punkte (__ | __), (__ | __) und (__ | __).

Aufgabe 3:
Beide Punkte P_1 und P_2 gehören zum Graphen derselben Potenzfunktion $y = x^n$.
Bestimme ihren Exponenten n und den fehlenden Wert.

a) $P_1(4|4096)$, $P_2(2|$ __ $)$ **b)** $P_1(3|6561)$, $P_2(-2|$ __ $)$ **c)** $P_1(\frac{1}{2}|\frac{1}{16})$, $P_2(2|$ __ $)$

ISBN 978-3-8346-2518-2 | www.verlagruhr.de

Potenzfunktionen $y = x^n$ (2/3)

Aufgabe 4:
Parabeln erster Ordnung hast du bereits als **lineare Funktion** kennengelernt.
Fülle die Wertetabellen für $y = x^3$ und $y = x^5$ aus und zeichne die beiden Graphen.
Runde die Werte auf zwei Stellen nach dem Komma.

$y = x^1$

x	0	0,5	–0,5	1	–1	1,5	–1,5	2	–2	2,5	–2,5	3	–3
y	0	0,5	–0,5	1	–1	1,5	–1,5	2	–2	2,5	–2,5	3	–3

$y = x^3$

x	0	0,7	–0,7	1	–1	1,5	–1,5	1,6	–1,6	1,7	–1,7	1,8	–1,8
y													

$y = x^5$

x	0	0,5	–0,5	0,7	–0,7	0,9	–0,9	1	–1	1,1	–1,1	1,3	–1,3
y													

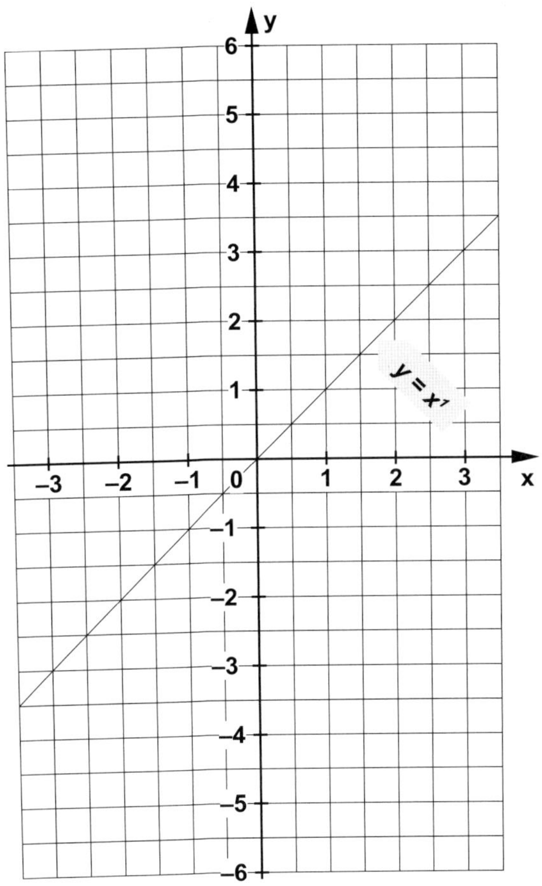

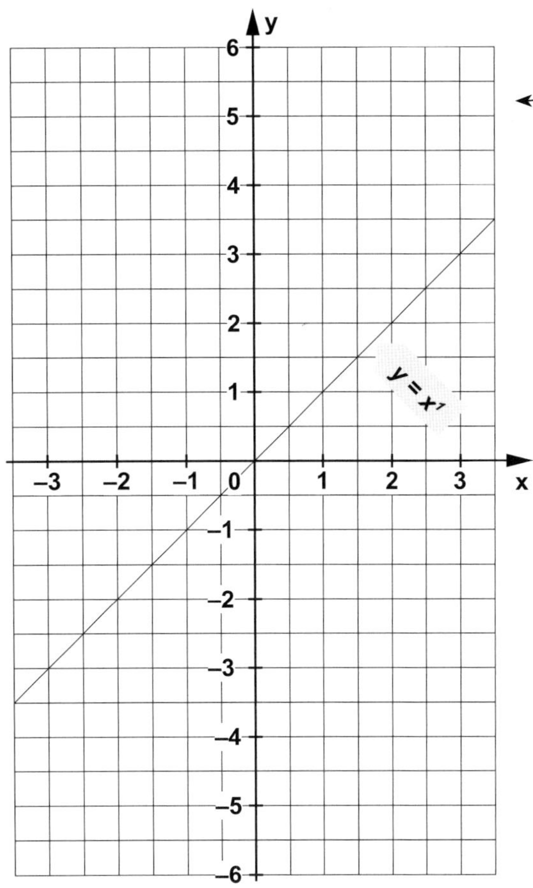

Aufgabe 5:
Fülle die Lücken:
Die Graphen der Potenzfunktionen $y = x^n$ mit ungeradem Exponenten n sind ______ zur y-Achse.
Sie verlaufen alle durch die Punkte (|), (|) und (|).

Aufgabe 6:
Beide Punkte P_1 und P_2 gehören zum Graphen derselben Potenzfunktion $y = x^n$.
Bestimme ihren Exponenten n und den fehlenden Wert.

a) $P_1(4|1024)$, $P_2(2|\;\;)$ **b)** $P_1(2|512)$, $P_2(-3|\;\;)$ **c)** $P_1(\frac{1}{2}|\frac{1}{128})$, $P_2(2|\;\;)$

d) $P_1(5|25)$, $P_2(7|\;\;)$ **e)** $P_1(\frac{1}{2}|\frac{1}{32})$, $P_2(6|\;\;)$ **f)** $P_1(\frac{1}{3}|\frac{1}{27})$, $P_2(-4|\;\;)$

ISBN 978-3-8346-2518-2 | www.verlagruhr.de

Potenzfunktionen $y = x^n$ (3/3)

Aufgabe 7:

Besonders im Bereich des Ursprungs lohnt es sich, Potenzfunktionen etwas genauer zu betrachten. Fülle die Wertetabellen aus und zeichne die entsprechenden Graphen in ein Koordinatensystem. Runde die Werte auf drei Nachkommastellen.

$y = x^2$

x	0,2	−0,2	0,4	−0,4	0,6	−0,6	0,8	−0,8	1	−1	1,16	−1,16
y												

$y = x^3$

x	0,4	−0,4	0,6	−0,6	0,8	−0,8	1	−1	1,04	−1,04	1,08	−1,08
y												

$y = x^4$

x	0,2	−0,2	0,4	−0,4	0,6	−0,6	0,8	−0,8	1	−1	1,04	−1,04
y												

$y = x^5$

x	0,5	−0,5	0,6	−0,6	0,7	−0,7	0,8	−0,8	0,9	−0,9	1,04	−1,04
y												

$y = x^6$

x	0,6	−0,6	0,7	−0,7	0,8	−0,8	0,9	−0,9	1	−1	1,04	−1,04
y												

$y = x^7$

x	0,5	−0,5	0,6	−0,6	0,7	−0,7	0,8	−0,8	0,9	−0,9	1,04	−1,04
y												

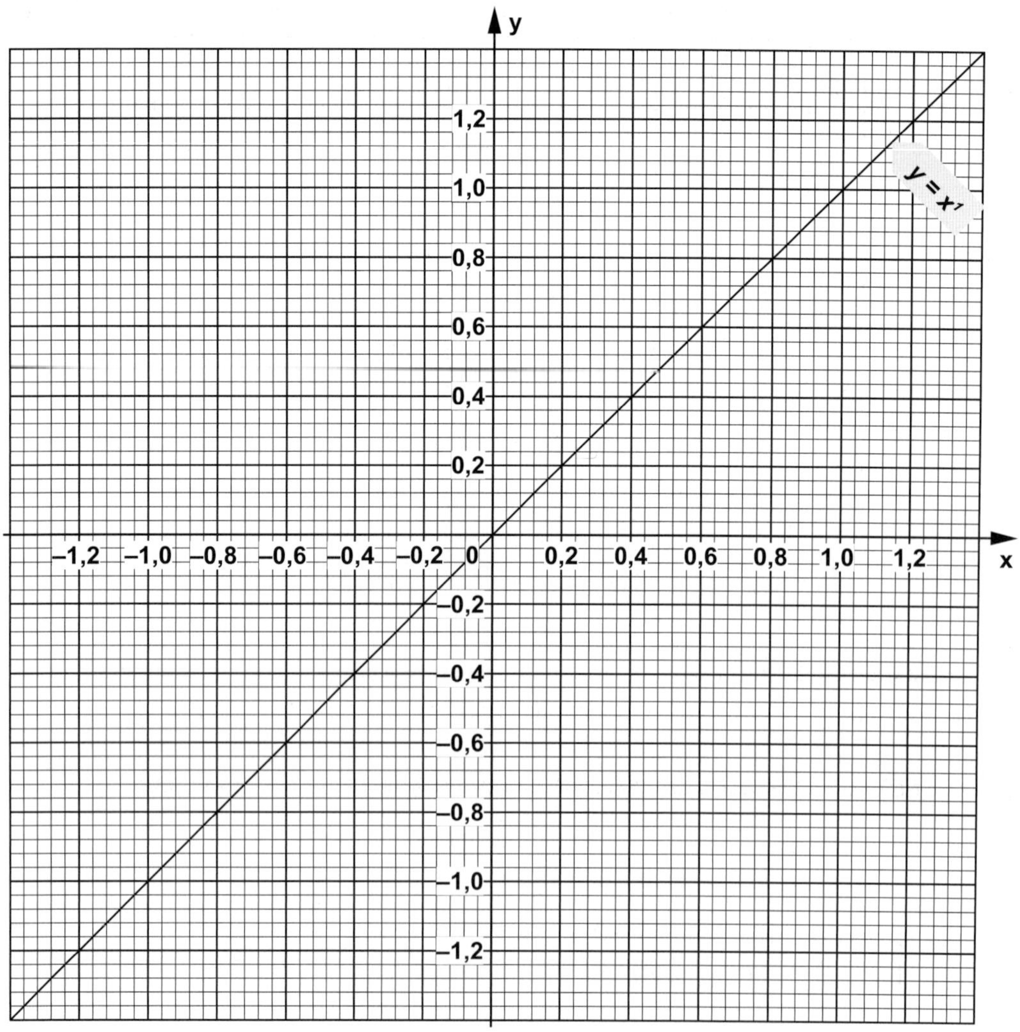

ISBN 978-3-8346-2518-2 | www.verlagruhr.de

Potenzfunktionen $y = x^{-n}$ (1/2)

Funktionen mit der Gleichung **$y = x^{-n}$** ($n \in \mathbb{N} \setminus \{0\}$) nennt man ebenfalls **Potenzfunktionen**.
Wegen $x^{-n} = \frac{1}{x^n}$ darfst du für x nicht Null einsetzen.

Aufgabe 1:
Fülle die Wertetabellen für $y = x^{-1}$, x^{-3} und x^{-5} aus und zeichne die Graphen.
Runde die Werte auf zwei Nachkommastellen.

$y = x^{-1}$

x	0,3	–0,3	0,4	–0,4	0,5	–0,5	0,8	–0,8	1	–1	2	–2	2,5	–2,5
y														

$y = x^{-5}$

x	y
0,8	
–0,8	
0,9	
–0,9	
1	
–1	
1,2	
–1,2	
1,3	
–1,3	
1,5	
–1,5	
2	
–2	

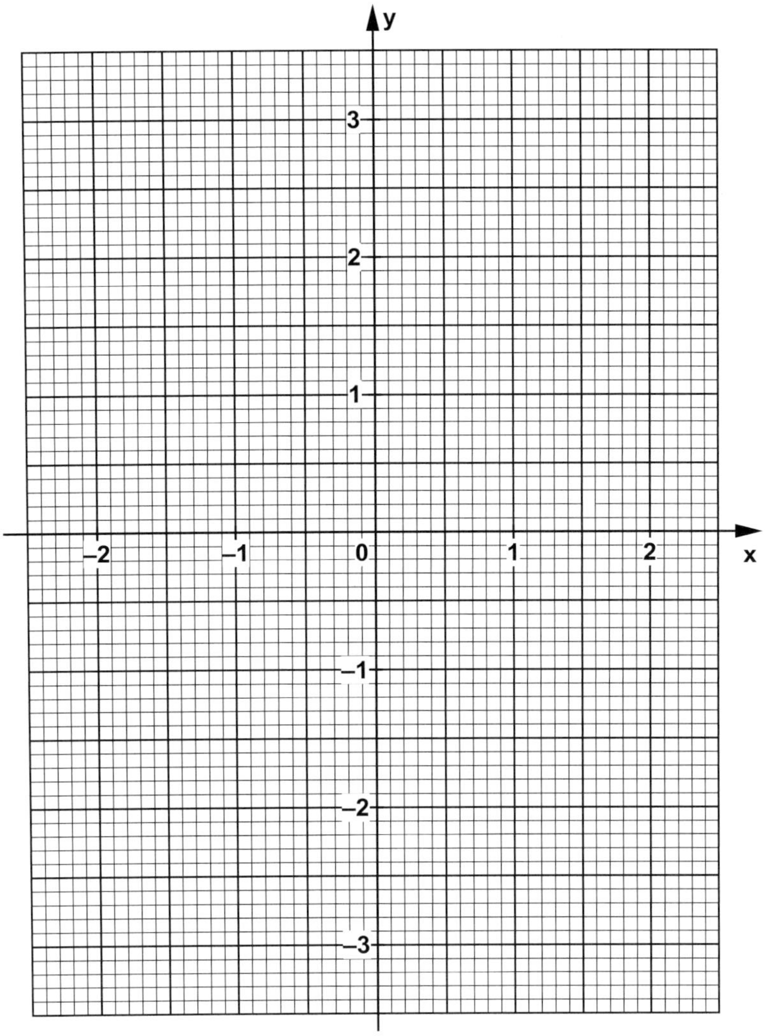

$y = x^{-3}$

x	y
0,7	
–0,7	
0,8	
–0,8	
0,9	
–0,9	
1	
–1	
1,5	
–1,5	
2	
–2	
2,5	
–2,5	

Aufgabe 2:
Fülle die Lücken:
Die Graphen der Potenzfunktionen $y = x^{-n}$ (n ungerade) bestehen aus ______ Zweigen.
Sie verlaufen alle durch den ____ und ____ Quadranten und enthalten die Punkte (____ | ____) und (____ | ____).
Sie erreichen weder die x-Achse noch die y-Achse, kommen ihnen aber beliebig nahe.

Aufgabe 3:
Beide Punkte P_1 und P_2 gehören zum Graphen derselben Potenzfunktion $y = x^{-n}$.
Bestimme ihren Exponenten n und den fehlenden Wert.
a) $P_1(0{,}2|3125)$, $P_2(5|$ ______ $)$ **b)** $P_1(0{,}5|8)$, $P_2(-2|$ ______ $)$ **c)** $P_1(\frac{1}{2}|128)$, $P_2(\frac{1}{3}|$ ______ $)$

ISBN 978-3-8346-2518-2 | www.verlagruhr.de

Lösungen S. 100

Potenzfunktionen $y = x^{-n}$ (2/2)

Aufgabe 4:
Fülle die Wertetabellen für $y = x^{-2}$, x^{-4} und x^{-6} aus und zeichne die Graphen.
Runde die Werte auf zwei Nachkommastellen.

$y = x^{-2}$

x	0,4	–0,4	0,5	–0,5	0,7	–0,7	1	–1	1,2	–1,2	2	–2	2,5	–2,5
y														

$y = x^{-6}$

x	y
0,7	
–0,7	
0,8	
–0,8	
0,9	
–0,9	
1	
–1	
1,1	
–1,1	
1,2	
–1,2	
2	
–2	

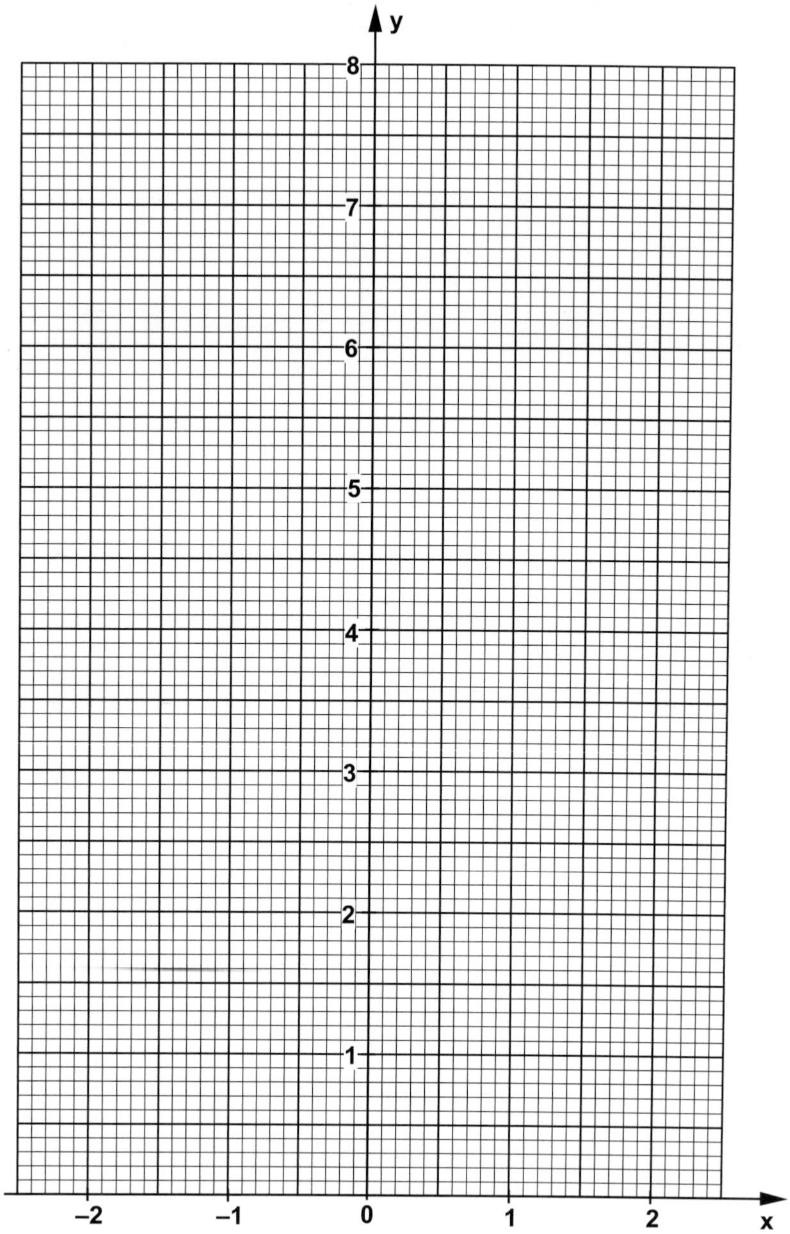

$y = x^{-4}$

x	y
0,6	
–0,6	
0,7	
–0,7	
0,8	
–0,8	
1	
–1	
1,1	
–1,1	
1,2	
–1,2	
2	
–2	

Aufgabe 5:
Fülle die Lücken:
Die Graphen der Potenzfunktionen $y = x^{-n}$ (n gerade) bestehen aus ______ Zweigen.
Sie verlaufen alle durch den ____ und ____ Quadranten und enthalten die Punkte (____ | ____) und (____ | ____). Sie kommen der x-Achse und der y-Achse beliebig nahe, erreichen sie aber nicht.

Aufgabe 6:
Beide Punkte P_1 und P_2 gehören zum Graphen derselben Potenzfunktion $y = x^{-n}$.
Bestimme ihren Exponenten n und den fehlenden Wert.
a) $P_1(0{,}2|625)$, $P_2(2|$ ____ $)$ **b)** $P_1(\frac{1}{2})$, $P_2(\frac{1}{3}|$ ____ $)$ c) $P_1(0{,}5|256)$, $P_2(-0{,}25\,|$ ____ $)$

ISBN 978-3-8346-2518-2 | www.verlagruhr.de

Lösungen S. 102

Wurzelfunktionen

Funktionen mit der Gleichung $\mathbf{y = \sqrt{x}}$, $\mathbf{y = \sqrt[3]{x}}$, $\mathbf{y = \sqrt[4]{x}}$ … nennt man **Wurzelfunktionen**.
Sie sind die Umkehrungen der Potenzfunktionen $y = x^2$, $y = x^3$, $y = x^4$ … für $x \geq 0$.
Ihre Werte sind stets ≥ 0.

Aufgabe 1:
Fülle die Wertetabellen für $y = \sqrt{x}$, $\sqrt[3]{x}$ und $\sqrt[4]{x}$ aus und zeichne die Graphen.
Runde die Werte auf zwei Nachkommastellen.

$y = \sqrt{x}$

x	0	0,3	0,5	1	1,5	2	2,5	3	3,5	4	4,5	5	5,5
y													

$y = \sqrt[3]{x}$

x	0	0,1	0,3	0,5	1	1,5	2	2,5	3	3,5	4	5	5,5
y													

$y = \sqrt[4]{x}$

x	0	0,1	0,3	0,5	1	1,5	2	2,5	3,5	4	4,5	5	5,5
y													

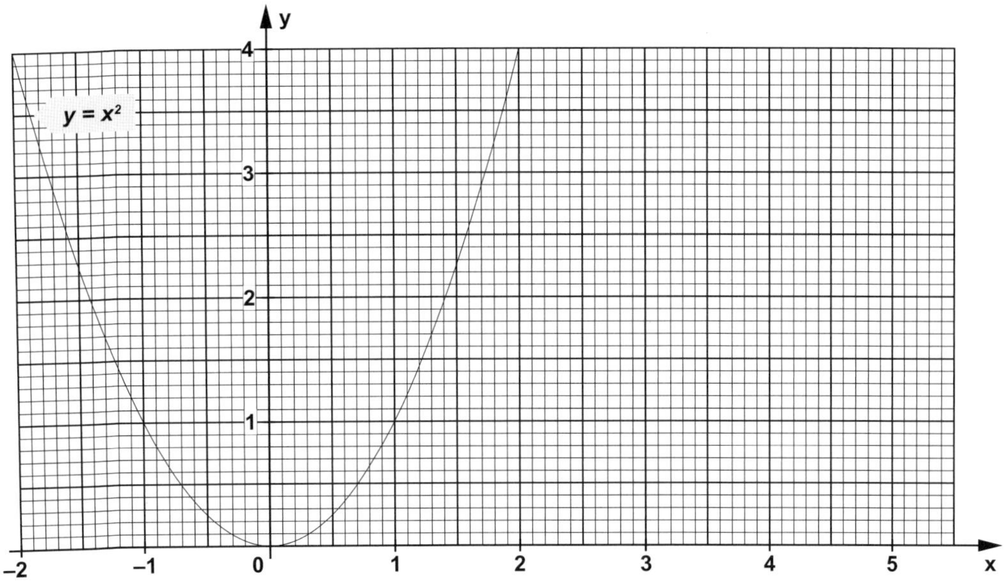

Aufgabe 2:
Fülle die Lücken:
Die Graphen der Wurzelfunktionen $y = \sqrt[n]{x}$ verlaufen alle durch den ______ Quadranten
und enthalten die Punkte (___ | ___) und (___ | ___).

Aufgabe 3:
Überprüfe, ob die Punkte zu dem Graphen gehören, und kreuze die passenden an.

a) $y = \sqrt{x}$	A(16|4) ☐	B(–4|2) ☐	C(1,69|1,3) ☐	D(16|–4) ☐
b) $y = \sqrt[3]{x}$	A(8|2) ☐	B(18|3) ☐	C(64|4) ☐	D(27|3) ☐
c) $y = \sqrt[4]{x}$	A(1|1) ☐	B(81|3) ☐	C(90|4) ☐	D(16|2) ☐
d) $y = \sqrt[5]{x}$	A(0|0) ☐	B(9|1,5) ☐	C(–1|–1) ☐	D(32|2) ☐

Aufgabe 4:
Beide Punkte P_1 und P_2 gehören zum Graphen derselben Wurzelfunktion $y = \sqrt[n]{x}$.
Bestimme den Wurzelexponenten n und den fehlenden Wert.

a) $P_1(27|3)$, $P_2(64|$ ___ $)$ **b)** $P_1(0,25|0,5)$, $P_2(0,81|$ ___ $)$ **c)** $P_1(32|2)$, $P_2(243|$ ___ $)$

ISBN 978-3-8346-2518-2 | www.verlagruhr.de

Lösungen S. 103

Teste dein Wissen: Potenzen und Wurzeln

Aufgabe 1: Berechne im Kopf.

a) 8^1 **b)** 1^8 **c)** 5^0 **d)** 0^{12} **e)** -5^3 **f)** $(-5)^2$
g) $0{,}5^2$ **h)** $0{,}1^4$ **i)** $144^{0,5}$ **j)** $81^{0,25}$ **k)** $9^{0,5}$ **l)** 2^{-2}

Aufgabe 2: Schreibe als eine Potenz.

a) $6^4 \cdot 6^3$ **b)** $10^7 : 10^9$ **c)** $2^7 \cdot 2^8$ **d)** $8^3 \cdot 8^2$ **e)** $x^a \cdot y^a$ **f)** $x^n : x$
g) $20^4 \cdot 0{,}1^4$ **h)** $3^5 \cdot 2^5$ **i)** $(2^3)^4$ **j)** $5^8 \cdot 0{,}4^8$ **k)** $24^5 : 8^5$ **l)** $y^3 \cdot y^{-7}$

Aufgabe 3: Schreibe als Produkt aus einem Dezimalbruch und einer Zehnerpotenz.

a) Oberfläche der Erde: 509 900 000 km^2
b) Durchmesser eines Wasserstoffatoms: 0,00 000 001 cm
c) Masse der Erde: 5 974 000 000 000 000 000 000 t

Aufgabe 4: Schreibe mit einem Dezimalbruch als Maßzahl.

a) Wellenlänge des Natriumlichts (gelb): $5{,}89 \cdot 10^{-9}$ cm
b) Durchmesser eines roten Blutkörperchens: $7 \cdot 10^{-4}$ cm
c) Volumen der Erde: $1{,}083 \cdot 10^{12}$ km^3

Aufgabe 5: Wende die Potenzgesetze an.

a) $(a^2 \cdot b^2)^2$ **b)** $2x^3(5x + 7x^2)$ **c)** $(a^2 \cdot a^{-2})^3$ **d)** $2a^5 \cdot 0{,}3b^2 \cdot a^3$
e) $a^2 \cdot (a \cdot b)^4$ **f)** $(2x^n - 3a^m) \cdot a^n$ **g)** $(x^6)^m$ **h)** $(p^1q^1)^{n+2}$

Aufgabe 6: Ergänze die fehlenden Zahlen.

a) $4^{\square} \cdot 4^4 = 4^{10}$ **b)** $5^{\square} : 5^6 = 5^{-2}$ **c)** $4^3 \cdot \square^3 = 20^3$ **d)** $32^5 \cdot \square^5 = 8^5$

Aufgabe 7: Welche Potenzfunktion $y = x^n$ hat den Punkt in ihrem Graphen?

a) (2|8) **b)** (4|16) **c)** (–2|16) **d)** (–5|625) **e)** (3|243)

Aufgabe 8: Berechne im Kopf

a) $\sqrt[3]{27}$ **b)** $\sqrt[3]{512\,000}$ **c)** $\sqrt[5]{243}$ **d)** $\sqrt[3]{216}$ **e)** $\sqrt[5]{4\,096}$

Aufgabe 9: Vereinfache.

a) $\sqrt[3]{x^9}$ **b)** $\sqrt[3]{0{,}008a^3}$ **c)** $\sqrt[3]{27y^6}$ **d)** $\sqrt[4]{m^{12}n^8}$ **e)** $\sqrt[3]{125a^3b^6}$

Aufgabe 10: Schreibe als Potenz mit negativem Exponenten. Finde alle Möglichkeiten.

a) $\frac{1}{81}$ **b)** $\frac{1}{128}$ **c)** $\frac{1}{256}$ **d)** $\frac{1}{512}$ **e)** $\frac{1}{216}$

Aufgabe 11: Berechne.

a) $\sqrt[3]{2} \cdot \sqrt[3]{32}$ **b)** $\sqrt[5]{4} \cdot \sqrt[5]{256}$ **c)** $\sqrt[7]{a^9} \cdot \sqrt[7]{a^5}$ **d)** $\sqrt[3]{3a^5} \cdot \sqrt[3]{9a}$ **e)** $\sqrt[5]{a^6} \cdot \sqrt[5]{a^4}$

Aufgabe 12: Berechne.

a) $\frac{\sqrt[3]{192}}{\sqrt[3]{3}}$ **b)** $\frac{\sqrt[4]{2\,048}}{\sqrt[4]{8}}$ **c)** $\frac{\sqrt[3]{1{,}5}}{\sqrt[3]{12}}$ **d)** $\frac{\sqrt[5]{486}}{\sqrt[5]{2}}$ **e)** $\frac{\sqrt[6]{2\,187}}{\sqrt[6]{3}}$

Aufgabe 13: Berechne.

a) $\sqrt[3]{\sqrt{729}}$ **b)** $\sqrt[3]{\sqrt[3]{512}}$ **c)** $\sqrt[3]{\sqrt[4]{4\,096}}$ **d)** $\sqrt[5]{\sqrt{c^{10}}}$ **e)** $\sqrt[3]{\sqrt{b^6}}$

ISBN 978-3-8346-2518-2 | www.verlagruhr.de

Das Volumen von Pyramiden (1/2)

Denke dir ein Prisma, bei dem die Deckfläche zu einem Punkt geschrumpft ist. Liegt dieser Punkt senkrecht über dem Mittelpunkt des Umkreises der Grundfläche, so erhältst du eine **gerade Pyramide**. Wenn die Grundfläche dann noch ein regelmäßiges Vieleck ist, bezeichnet man den Körper als **regelmäßige Pyramide**.

Beispiele für gerade Pyramiden:

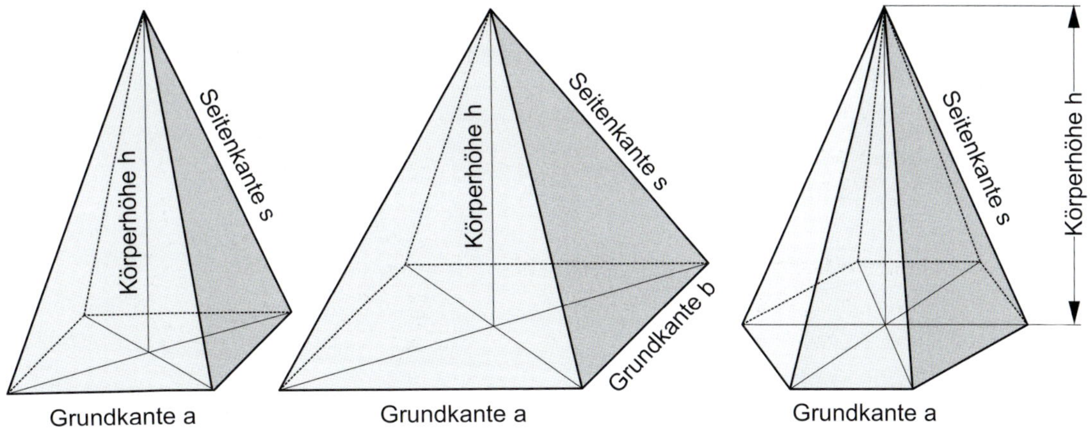

Grundfläche → Quadrat | **Grundfläche → Rechteck** | **Grundfläche → regelmäßiges Sechseck**

Für das **Volumen von Pyramiden** gilt allgemein: $\mathbf{V = \frac{1}{3} \cdot G \cdot h}$ (G = Grundfläche, h = Körperhöhe)

Aufgabe 1:
Berechne das Volumen der quadratischen Pyramide.

a) $G = 39{,}69\,cm^2$, $h = 14\,cm$
b) $G = 60{,}84\,cm^2$, $h = 10{,}5\,cm$
c) $a = 12{,}3\,cm$, $h = 18{,}6\,cm$
d) $a = 15\,cm$, $h = 27\,cm$

Aufgabe 2:
Wie hoch ist die quadratische Pyramide?

a) $G = 42{,}25\,cm^2$, $V = 266{,}175\,cm^3$
b) $V = 260\,l$, $a = 7{,}2\,dm$
c) $V = 882{,}4\,cm^3$, $a = 9{,}5\,cm$
d) $V = 81{,}12\,dm^3$, $a = 5{,}2\,dm$

Aufgabe 3:
Welche Länge hat die Grundkante a?

a) $V = 580\,cm^3$, $h = 15{,}8\,cm$
b) $V = 1{,}5\,l$, $h = 4{,}2\,dm$
c) $V = 126{,}36\,cm^3$, $h = 13\,cm$
d) $V = 100\,dm^3$, $h = 12\,dm$

Aufgabe 4:
Berechne das Volumen einer Pyramide mit rechteckiger Grundfläche und a = 6 cm, b = 4 cm und einer Höhe von 17 cm.

Aufgabe 5:
Die Höhe der Cheopspyramide in Ägypten betrug früher 146,5 m, jetzt misst sie 137 m.
Die Kante der quadratischen Grundfläche betrug 232,5 m, jetzt misst die Grundkante nur noch 227,5 m.
Wie viel Material ist im Laufe der Jahrhunderte durch Regen, Wind und Sonne verwittert?
Runde jeweils auf volle m^3.

Aufgabe 6:
Ein Würfel und eine quadratische Pyramide haben beide ein Volumen von $729\,cm^3$.
Beide Körper haben dieselbe Grundkante a. Wie hoch ist die Pyramide?

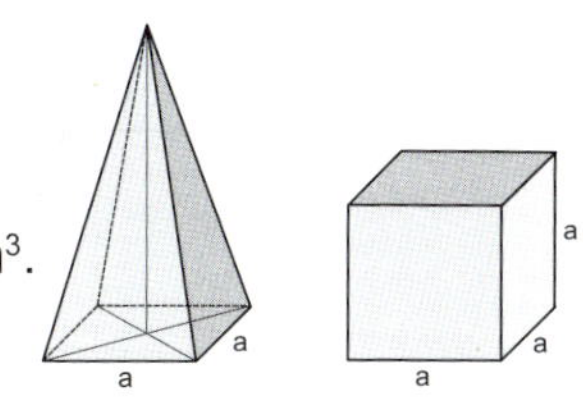

ISBN 978-3-8346-2518-2 | www.verlagruhr.de

Das Volumen von Pyramiden (2/2)

Aufgabe 7:
Berechne das Volumen der abgebildeten regelmäßigen Pyramide.
$a = 8\,\text{cm}$, Körperhöhe $h = 12\,\text{cm}$

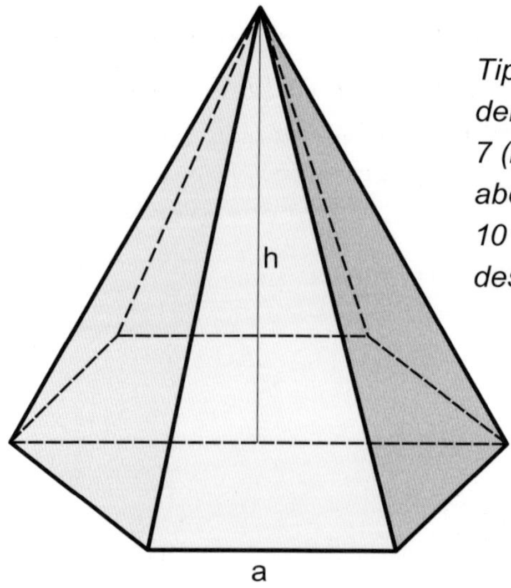

Tipp: Bei der Berechnung der Grundfläche in Aufgabe 7 (regelmäßiges Sechseck), aber auch für die Aufgaben 10 bis 12 hilft dir der Satz des Pythagoras!

Aufgabe 8:
Wie groß ist das Volumen der Pyramide mit rechteckiger Grundfläche?
a) $a = 12\,\text{cm}$, $b = 17\,\text{cm}$, $h = 42\,\text{cm}$
b) $a = 6\,\text{dm}$, $b = 4\,\text{dm}$, $h = 9\,\text{dm}$

Aufgabe 9:
Wie ändert sich das Volumen einer Pyramide, wenn …
a) die Größe der Grundfläche verdoppelt wird?
b) die Höhe halbiert wird?
c) die Größe der Grundfläche halbiert und die Höhe verdoppelt wird?

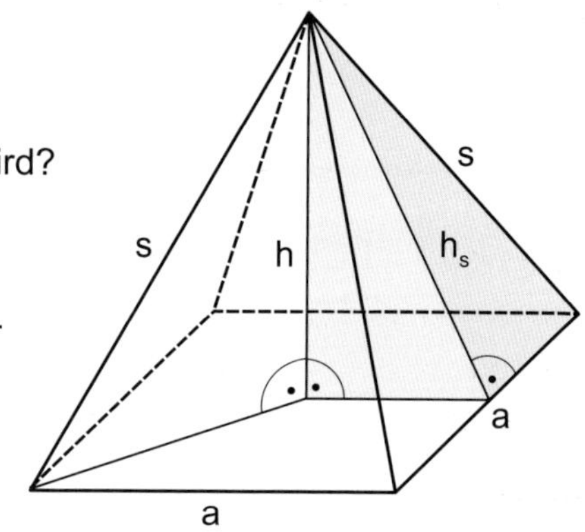

Aufgabe 10:
Berechne das Volumen der abgebildeten quadratischen Pyramide.
a) $a = 15\,\text{cm}$, $h_s = 18\,\text{cm}$ **b)** $h = 7{,}8\,\text{cm}$, $h_s = 9{,}4\,\text{cm}$

Aufgabe 11:
Die quadratische Grundfläche einer Pyramide hat eine Diagonale $e = 6{,}1\,\text{cm}$.
Die Seitenkante s beträgt 10,6 cm. Berechne das Volumen.

Aufgabe 12:
Eine Pyramide mit quadratischer Grundfläche hat eine Höhe $h = 6{,}8\,\text{cm}$.
Die Seitenkanten sind 7,6 cm lang. Berechne das Volumen.

Aufgabe 13:
Aus Holzwürfeln mit den Kantenlängen $a = 30\,\text{cm}$ wurden im Technikunterricht verschiedene Pyramiden herausgeschnitten. Berechne jeweils das Volumen der einzelnen Pyramiden.

a)

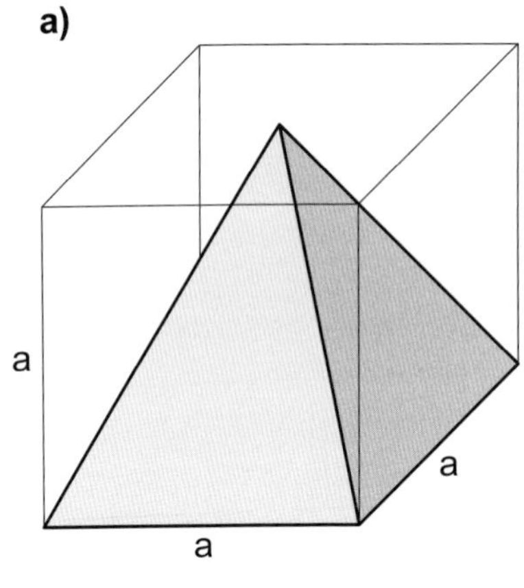

b)

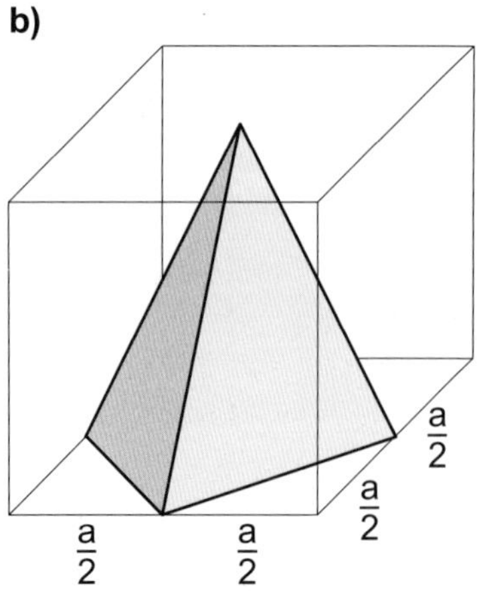

c)

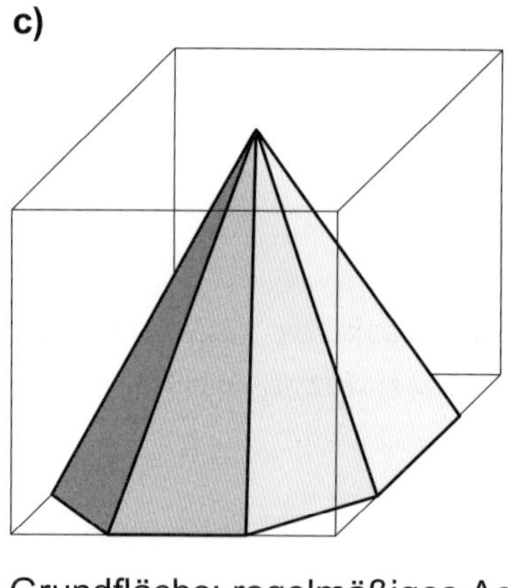

Grundfläche: regelmäßiges Achteck

ISBN 978-3-8346-2518-2 | www.verlagruhr.de

Die Oberfläche von Pyramiden

Denke dir eine innen hohle quadratische Pyramide aus Papier, die du aufschneiden kannst. Wie sieht das aufgeschnittene Gebilde aus? Sicherlich so oder ähnlich:

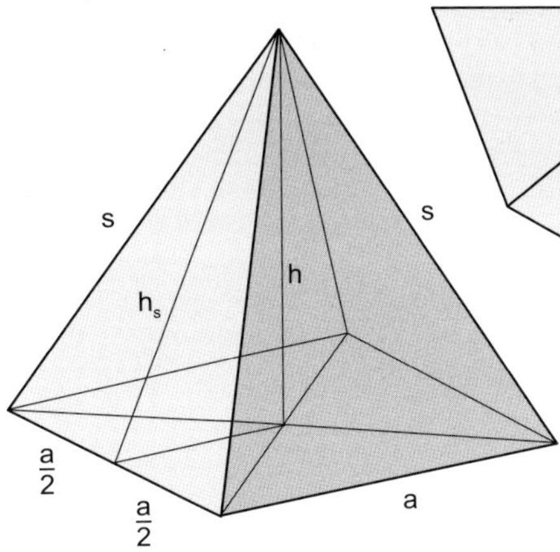

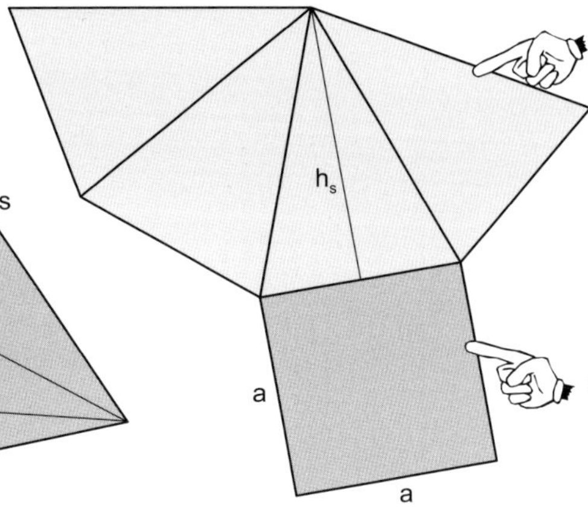

M (Mantel) → Er besteht aus vier kongruenten gleichseitigen Dreiecken mit der Basis a und der Höhe h_s.

G (Grundfläche)

Für die **Oberfläche O einer quadratischen Pyramide** gilt:

$$\mathbf{O = G + M}$$

$$\mathbf{G = a^2 \qquad M = 2 \cdot a \cdot h_s}$$

$$\rightarrow \mathbf{O = a^2 + 2ah_s} \text{ oder } \mathbf{O = a(a + 2h_s)}$$

Aufgabe 1:

Berechne die Oberfläche der quadratischen Pyramide.

a) a = 7 cm, h_s = 11 cm
b) G = 36 cm², h_s = 8,2 cm
c) G = 169 m², h_s = 18 m
d) a = 5,9 dm, h_s = 8,4 dm

Aufgabe 2:

Hier siehst du zwei Netze von Pyramiden. Berechne jeweils die Oberfläche.

a)

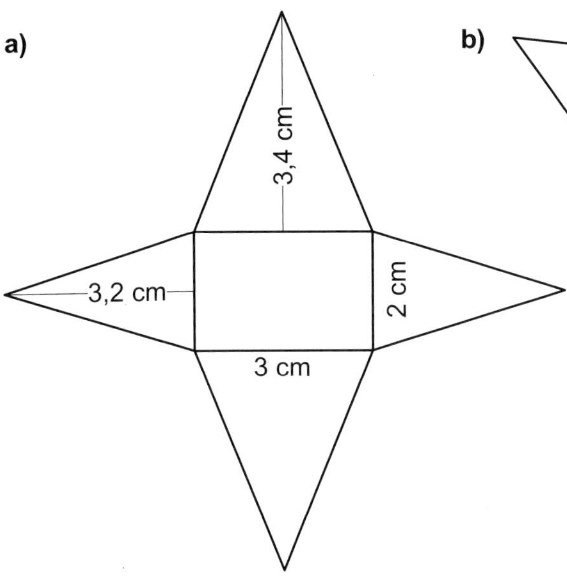

b)

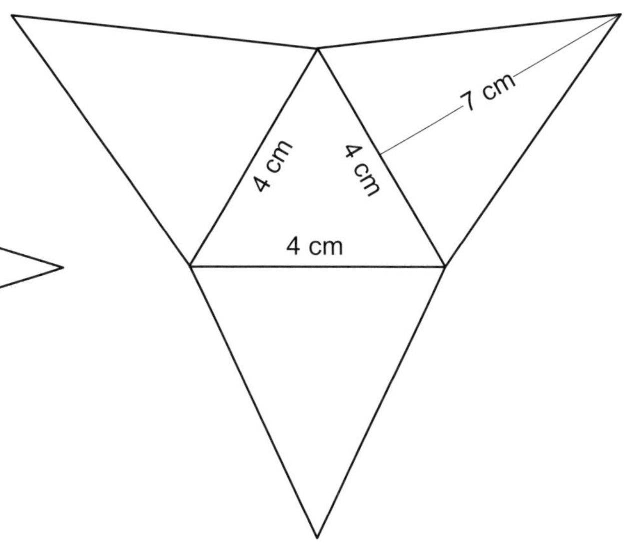

Aufgabe 3:

Berechne die Oberfläche der quadratischen Pyramide.

Tipp: Wende zur Berechnung fehlender Längenangaben den Satz des Pythagoras an!

a) a = 7,8 cm, s = 9,5 cm
b) a = 29,5 cm, s = 40,8 cm
c) a = 6,2 m, h = 8,5 m
d) h = 1,12 dm, h_s = 1,28 dm

Die Mathe-Merk-Mappe Klasse 10
© Verlag an der Ruhr | Autor: Hans J. Schmidt
ISBN 978-3-8346-2518-2 | www.verlagruhr.de

Das Volumen von Kegeln

Für das **Volumen von Kegeln** gilt allgemein: $\mathbf{V = \frac{1}{3} \cdot G \cdot h}$ (G = Grundfläche, h = Körperhöhe)

$\rightarrow \mathbf{V = \frac{1}{3} \cdot r^2 \cdot \pi \cdot h} \quad \mathbf{h = \frac{3 \cdot V}{r^2 \cdot \pi}} \quad \mathbf{r = \sqrt{\frac{3 \cdot V}{h \cdot \pi}}}$

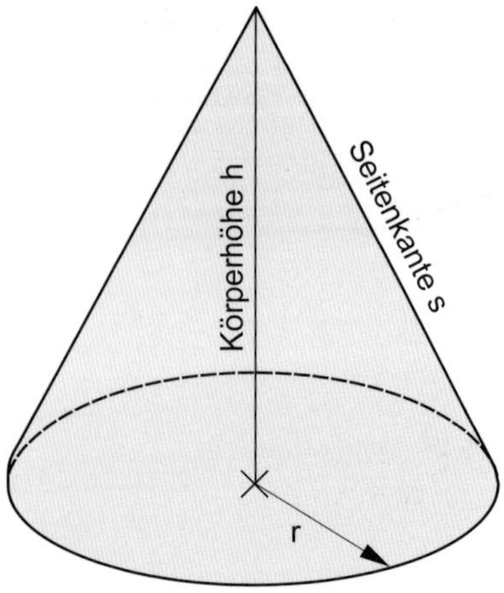

Beispiel 1: Berechne das Volumen des Kegels mit dem Radius r = 6 cm und der Höhe h = 12 cm.

$V = \frac{1}{3} \cdot 6^2 \cdot \pi \cdot 12$

$V \approx 452{,}4\,cm^3$

Beispiel 2: Wie hoch ist ein Kegel mit einem Volumen von $85{,}1\,cm^3$ und dem Radius r = 4,2 cm?

$h = \frac{3 \cdot 85{,}1}{4{,}2^2 \cdot \pi}$

$h \approx 4{,}6\,cm$

Aufgabe 1:
Berechne das Volumen der abgebildeten Kegel.

a)

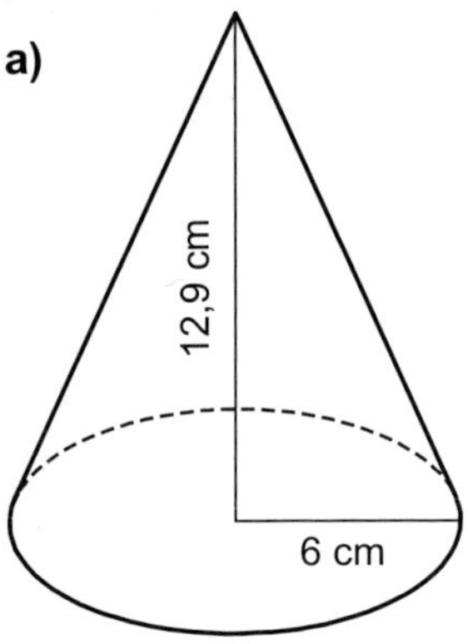

b)

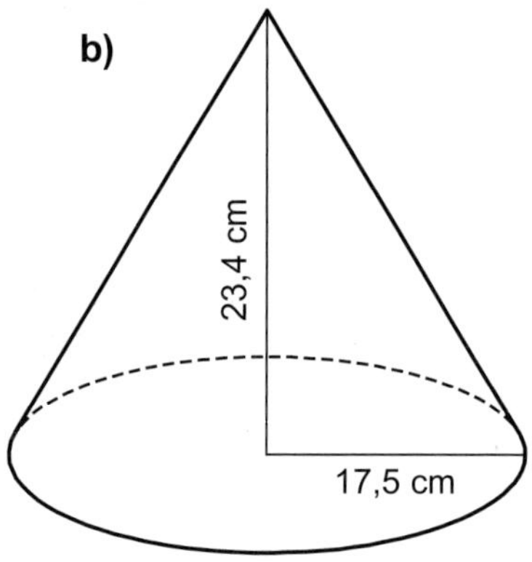

c)

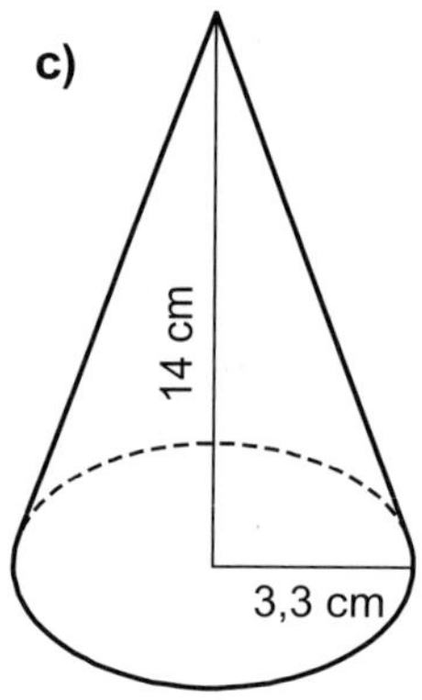

Aufgabe 2:
Ein Bagger hat einen kegelförmigen Sandhaufen mit 4,50 m Durchmesser und 2,825 m Höhe aufgeschüttet. Mit wie vielen Fuhren kann der Sand mit einem Lastwagen abgefahren werden, wenn dieser Lkw jeweils $2{,}5\,m^3$ transportieren kann?

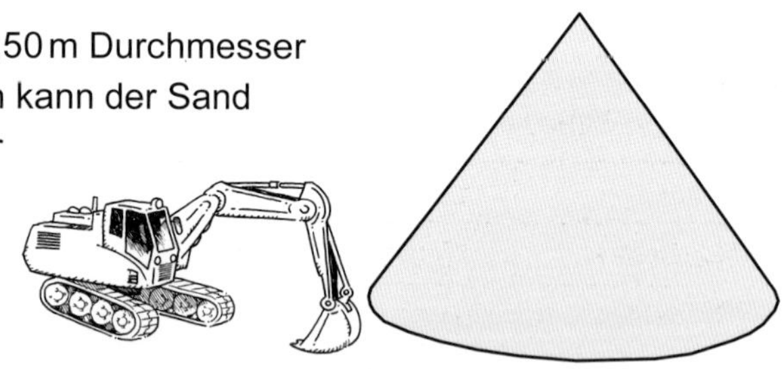

Aufgabe 3:
Berechne die fehlenden Größen des Kegels.

	a)	b)	c)	d)	e)	f)
Radius r	8,3 cm	4,7 cm				6,9 cm
Höhe h	7,2 cm		5,6 cm	5,42 cm		15,4 cm
Grundfläche G				$46{,}75\,cm^2$	$12{,}3\,cm^2$	
Volumen V		$289{,}2\,cm^3$	$67{,}8\,cm^3$		$24{,}2\,cm^3$	

Aufgabe 4:
Wie ändert sich das Volumen eines Kegels, wenn man den Radius verdoppelt?

ISBN 978-3-8346-2518-2 | www.verlagruhr.de

Lösungen S. 106

Die Oberfläche von Kegeln

Denke dir bei einem Kegel die Grundfläche weg. Was übrig bleibt, ist der sogenannte **Mantel**. Wenn du diesen Mantel ausrollst, erhältst du einen Kreisausschnitt mit dem **Radius der Seitenkante s** des Kegels und der **Bogenlänge b**, die genau so groß ist wie der Umfang der Grundfläche des Kegels.

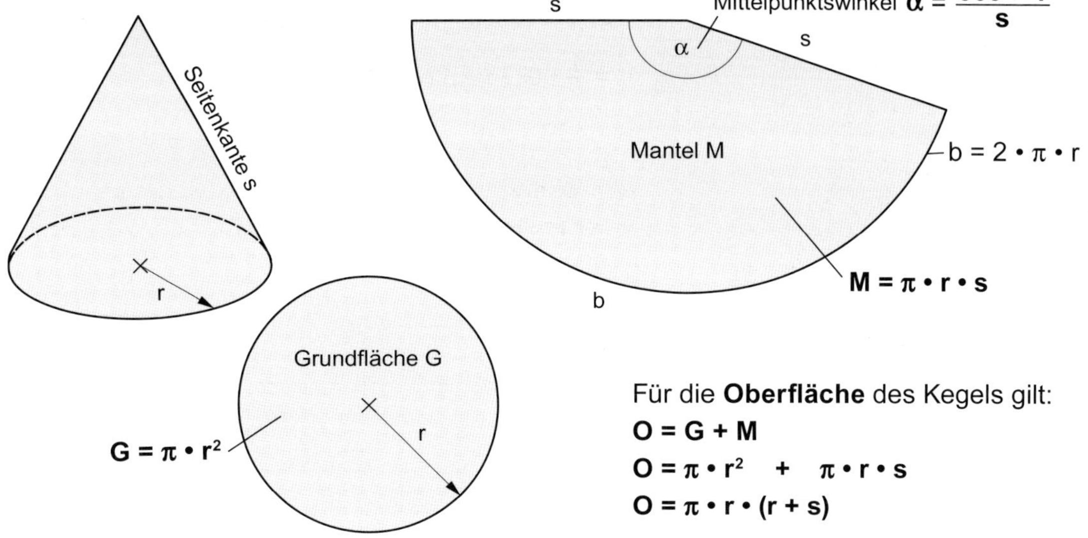

Für die **Oberfläche** des Kegels gilt:

$O = G + M$

$O = \pi \cdot r^2 \quad + \quad \pi \cdot r \cdot s$

$O = \pi \cdot r \cdot (r + s)$

Aufgabe 1:

Berechne die Mantelfläche des Kegels.

a) r = 5 cm, s = 8 cm
b) r = 16 mm, s = 58 mm
c) r = 2,5 dm, s = 6,3 dm

Aufgabe 2:

Berechne die Oberfläche des Kegels. Berechne fehlende Größen mit dem Satz des Pythagoras.

a) r = 6 cm, h = 8 cm
b) d = 6,4 dm, h = 9,1 dm
c) s = 7,4 mm, h = 4,2 mm

Aufgabe 3:

Ergänze die Tabelle.

	a)	b)	c)	d)	e)	f)
Radius r	12 cm		4,5 cm			
Höhe h	9 cm	8 cm		5 cm		
Seitenkante s		11 cm	5,7 cm			15,4 cm
Grundfläche G				22,9 cm²	172 cm²	
Mantel M						290,3 cm²
Oberfläche O					379 cm²	

Aufgabe 4:

Eine Boje hat die Gestalt eines Doppelkegels. Sie hat einen Durchmesser von 80 cm und eine Gesamthöhe (von Spitze zu Spitze) von 1,20 m.
Die beiden Höhen verhalten sich wie 1 : 4. Berechne die Oberfläche der Boje.

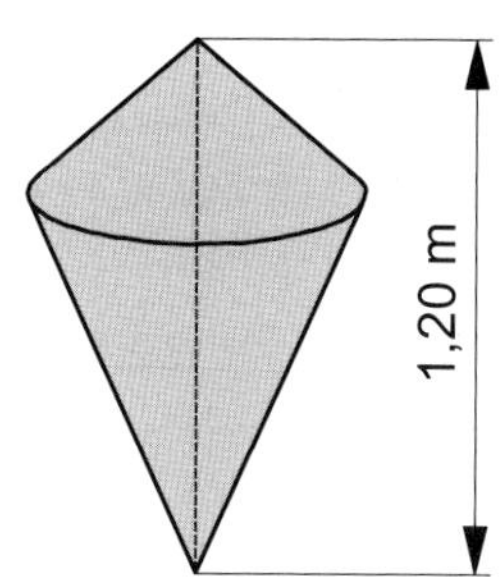

ISBN 978-3-8346-2518-2 | www.verlagruhr.de

Das Volumen und die Oberfläche von Kugeln

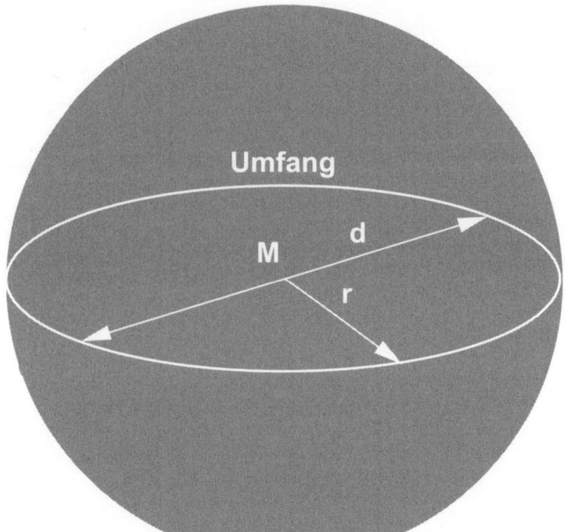

Für das **Volumen der Kugel** gilt: $\mathbf{V = \frac{4}{3}\pi r^3}$

Beispiel: r = 2,5 cm

$V = \frac{4}{3}\pi \cdot 2{,}5^3$

$V \approx 65{,}45\,cm^3$

Formelumstellung: $r = \sqrt[3]{\frac{3 \cdot V}{4 \cdot \pi}}$

Für die **Oberfläche der Kugel** gilt: $\mathbf{O = 4\pi r^2}$

Beispiel: r = 2,5 cm

$O = 4\pi \cdot 2{,}5^2$

$O \approx 78{,}54\,cm^2$

Formelumstellung: $r = \sqrt{\frac{4 \cdot O}{\pi}}$

Aufgabe 1:
Berechne das Volumen und die Oberfläche der Kugel.
a) r = 8 cm **b)** d = 9,4 mm **c)** d = 12 dm

Aufgabe 2:
Berechne den Radius der Kugel.
a) V = 500 cm³ **b)** O = 201 m² **c)** V = 1 l

Aufgabe 3:
Der Radius der Erde beträgt 6 378 km, der des Mondes 1 738 km.
a) Berechne Oberfläche und Volumen beider Himmelskörper.
b) Das durchschnittliche Gewicht beträgt bei der Erde 5,56 $\frac{kg}{dm^3}$, bcim Mond 3,324 $\frac{kg}{dm^3}$. Berechne die Masse beider Körper.

Tipp: Gib das Volumen in dm³ an und multipliziere es mit dem durchschnittlichen Gewicht!

Aufgabe 4:
Eine halbkugelförmige Suppenkelle fasst 250 cm³. Welchen Durchmesser hat diese Kelle außen, wenn das Metall 1 mm dick ist?

Aufgabe 5:
Schrotkugeln für die Hasenjagd sind häufig aus Blei. Bleibarren haben die Form von Quadern. Wie viele Schrotkugeln von 3 mm Durchmesser lassen sich aus einem Bleibarren von 20 cm Länge, 12 cm Breite und 4 cm Höhe gießen?

Aufgabe 6:
Eine Kugel passt genau in einen Würfel hinein und berührt also die Flächen des Würfels. Wie groß sind der Radius der Kugel und das Volumen des Würfels, wenn das Volumen der Kugel 113,1 cm³ beträgt?

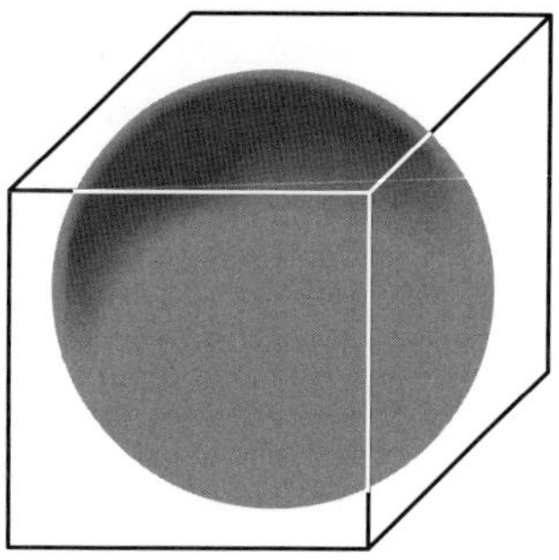

Aufgabe 7:
Ein Ölfilm, der auf dem Wasser schwimmt, hat eine kreisförmige Gestalt mit d = 1 m. Er ist aus einem kugelförmigen Öltropfen von 0,5 cm Durchmesser entstanden. Wie dick ist der Ölfilm?

Aufgabe 8:
Obstbauer Xaver Vallen-Sina ist sich nicht sicher. Soll er lieber die Züchtung einer Sorte Apfelsinen mit 8 cm Durchmesser forcieren oder soll er besser kleinere Apfelsinen von 6,4 cm Durchmesser züchten, bei denen die Bäume allerdings die doppelte Menge Früchte liefern? Bei beiden Sorten ist die Qualität gleich. Die Bezahlung richtet sich natürlich nach dem Gewicht bzw. dem Volumen der Früchte. Hilf Xaver bei seiner Entscheidung.

ISBN 978-3-8346-2518-2 | www.verlagruhr.de

Teste dein Wissen: Volumen und Oberflächen von Körpern

Aufgabe 1:
Berechne die fehlenden Größen der Kugel.

	a)	b)	c)	d)
Radius r	5 cm	7,5 dm		
Volumen V				44 602 mm³
Oberfläche O			55,4 m²	

Aufgabe 2:
Berechne die fehlenden Größen des Kegels.

	a)	b)	c)
Radius r	7 cm	6 mm	
Seitenkante s		11 mm	12 m
Höhe h	9 cm		10 m
Oberfläche O			
Volumen V			

Aufgabe 3:
Das Atomium in Brüssel besteht aus neun Kugeln, sogenannten „Sphären", die jeweils einen Durchmesser von 18 m haben.

a) Berechne das Volumen dieser neun Sphären.
b) Ein Gebäudereiniger erhält den Auftrag, die Oberfläche aller neun Sphären zu reinigen. Pro m² werden 7,50 € in Rechnung gestellt. Wie hoch beläuft sich die Rechnung?

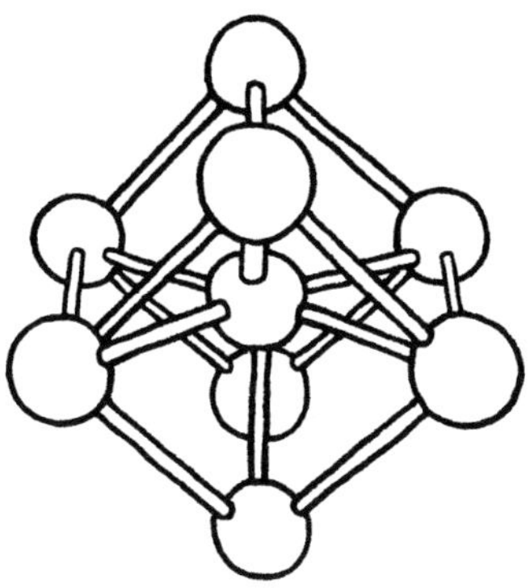

Aufgabe 4:
Wie hoch muss ein Zylinder sein, wenn er den gleichen Durchmesser und das gleiche Volumen wie eine Kugel mit dem Radius r = 18 cm hat?

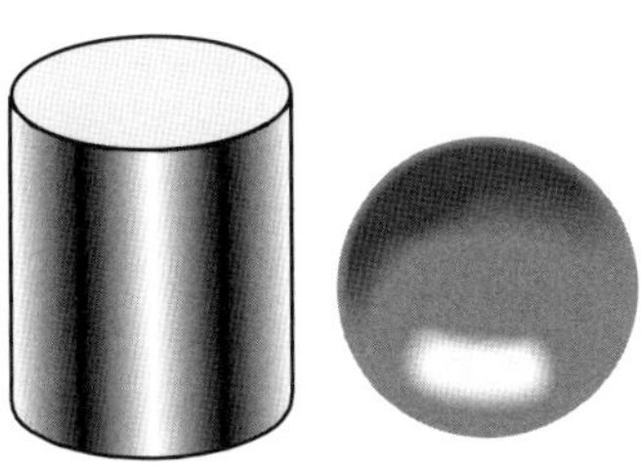

Aufgabe 5:
Eine gerade Pyramide von 15 cm Höhe hat als Grundfläche ein Rechteck, bei dem die Diagonale e 26 cm lang ist. Eine der Seiten ist 10 cm lang. Berechne das Volumen und die Oberfläche dieser Pyramide.

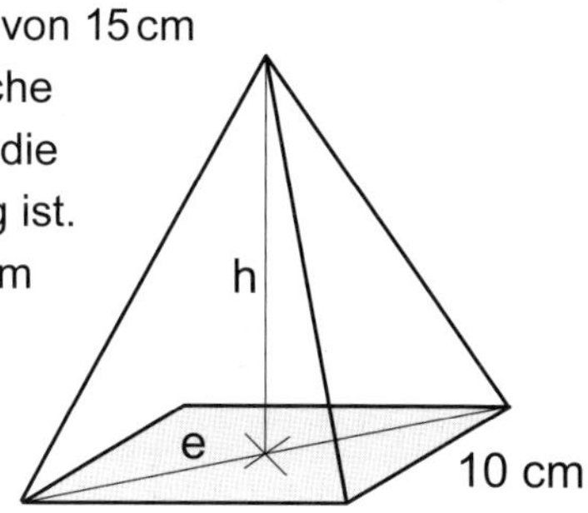

Aufgabe 6:
Bei einem geraden Kegel ist M = 300 cm² und s = 20 cm. Berechne die Höhe h, die Oberfläche O und das Volumen V.

Aufgabe 7:
Ein Kegelmantel hat einen Flächeninhalt von 18,84 cm² und den Mittelpunktswinkel α = 144°. Berechne den Radius, die Höhe, die Oberfläche und das Volumen des Kegels.

Aufgabe 8:
Berechne das Volumen der quadratischen Pyramide.

a) a = 15 cm
h_s = 18 cm

b) h = 7,8 cm
h_s = 9,4 cm

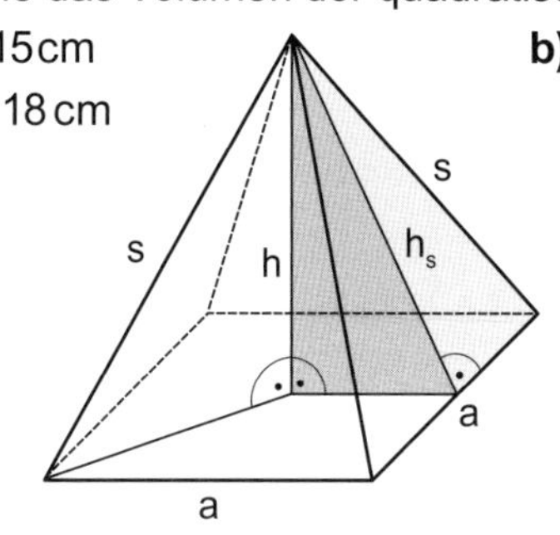

ISBN 978-3-8346-2518-2 | www.verlagruhr.de

Seitenverhältnisse im rechtwinkligen Dreieck: Sinus

In einem rechtwinkligen Dreieck nennt man die dem Winkel α gegenüberliegende Kathete die **Gegenkathete** zu diesem Winkel.
In ähnlichen rechtwinkligen Dreiecken hat das Längenverhältnis aus der Gegenkathete und der Hypotenuse immer den gleichen Wert.

Beispiel:

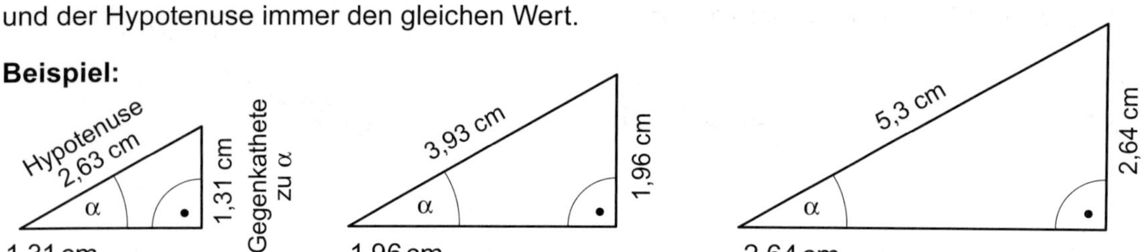

$\frac{1{,}31\,\text{cm}}{2{,}63\,\text{cm}} \approx 0{,}498$ $\quad$ $\frac{1{,}96\,\text{cm}}{3{,}93\,\text{cm}} \approx 0{,}498$ $\quad$ $\frac{2{,}64\,\text{cm}}{5{,}3\,\text{cm}} \approx 0{,}498$

Das **Längenverhältnis** aus der **Gegenkathete** und der **Hypotenuse** nennt man den **Sinus** des Winkels α. Für die obigen ähnlichen Dreiecke gilt also: $\sin \alpha \approx 0{,}498$.

Merke: $\quad$ **Sinus eines Winkels** $= \dfrac{\textbf{Gegenkathete des Winkels}}{\textbf{Hypotenuse}}$

Aufgabe:
Sinuswerte kannst du zeichnerisch ermitteln, indem du in einem Viertelkreis mit einem Radius von 10 cm den Winkel α einzeichnest und den Sinuswert auf der senkrechten Achse abliest (siehe Abbildung unten). So ist z. B. $\sin 24° \approx 0{,}407$.
Andererseits kannst du aber auch feststellen, dass zu dem Längenverhältnis 0,498 aus der Gegenkathete und der Hypotenuse (siehe Beispiel oben) ein Winkel von 29,9° gehören muss.
Fülle die beiden Tabellen mithilfe der Zeichnung aus.

a)

α	11°	21°	30°	45°	72°	81°
$\sin \alpha$						

b)

α						
$\sin \alpha$	0,259	0,454	0,545	0,788	0,866	0,996

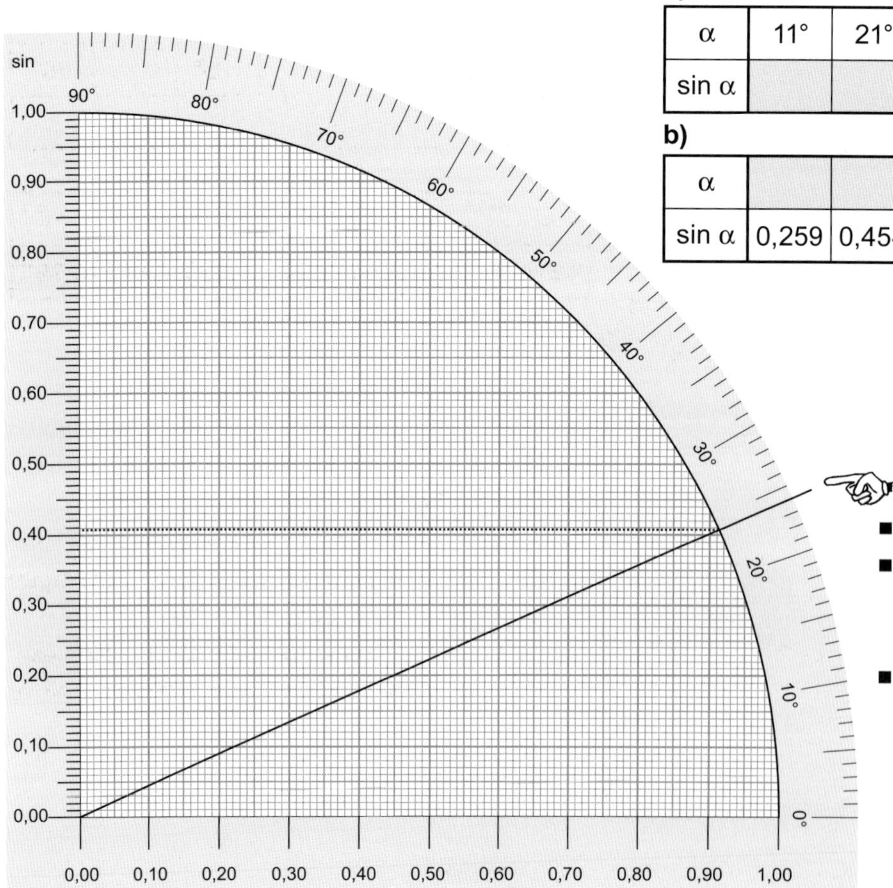

- Zeichne den Winkel von 24° ein.
- Zeichne vom inneren Schnittpunkt der Gradskala eine Waagerechte zur Skala links ein.
- Lies den Sinus des Winkels ab.

ISBN 978-3-8346-2518-2 | www.verlagruhr.de

Seitenverhältnisse im rechtwinkligen Dreieck: Kosinus

In einem rechtwinkligen Dreieck nennt man die dem Winkel α anliegende Kathete die **Ankathete** zu diesem Winkel.
In ähnlichen rechtwinkligen Dreiecken hat das Längenverhältnis aus der Ankathete und der Hypotenuse immer den gleichen Wert.

Beispiel:

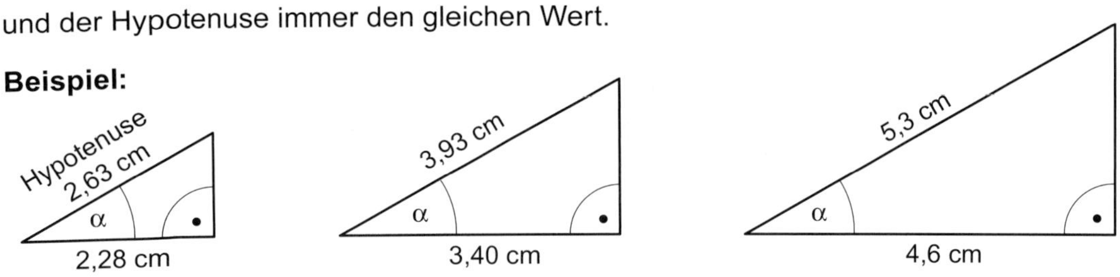

$\frac{1{,}31\,\text{cm}}{2{,}63\,\text{cm}} \approx 0{,}87$ $\frac{1{,}96\,\text{cm}}{3{,}93\,\text{cm}} \approx 0{,}87$ $\frac{2{,}64\,\text{cm}}{5{,}3\,\text{cm}} \approx 0{,}87$

Das **Längenverhältnis** aus der **Ankathete** und der **Hypotenuse** nennt man den **Kosinus** des Winkels α. Für die obigen ähnlichen Dreiecke gilt also: $\cos \alpha \approx 0{,}87$.

Merke: **Kosinus eines Winkels** = $\frac{\textbf{Ankathete des Winkels}}{\textbf{Hypotenuse}}$

Aufgabe:
Kosinuswerte kannst du zeichnerisch ermitteln, indem du in einem Viertelkreis mit einem Radius von 10 cm den Winkel α einzeichnest und den Kosinuswert auf der waagerechten Achse abliest (siehe Abbildung unten). So ist z. B. $\cos 24° \approx 0{,}913$.
Andererseits kannst du aber auch feststellen, dass zu dem Längenverhältnis 0,87 aus der Ankathete und der Hypotenuse (siehe Beispiel oben) ein Winkel von 29,5° gehören muss.
Fülle die beiden Tabellen mithilfe der Zeichnung aus.

a)

α	12°	24°	30°	45°	72°	80°
$\cos \alpha$						

b)

α						
$\cos \alpha$	0,259	0,454	0,545	0,788	0,866	0,996

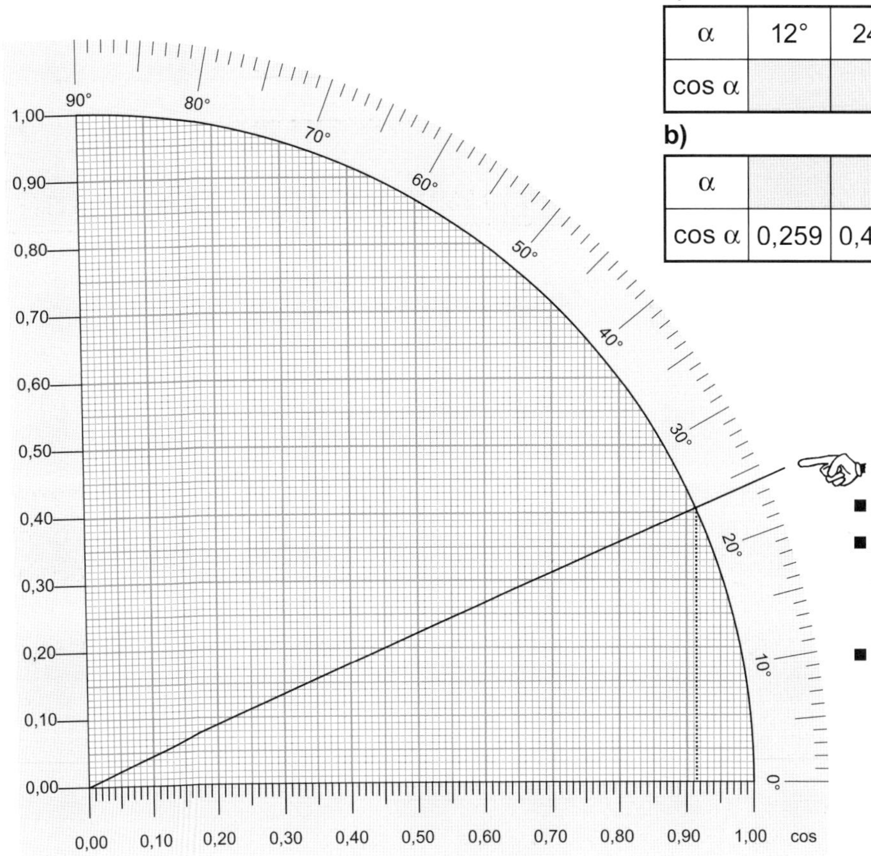

- Zeichne den Winkel von 24° ein.
- Zeichne vom inneren Schnittpunkt der Gradskala eine Senkrechte zur Skala unten ein.
- Lies den Kosinus des Winkels ab.

ISBN 978-3-8346-2518-2 | www.verlagruhr.de

Seitenverhältnisse im rechtwinkligen Dreieck: Tangens

In ähnlichen rechtwinkligen Dreiecken hat das Längenverhältnis aus der einem Winkel gegenüberliegenden **Gegenkathete** und der dem Winkel anliegenden **Ankathete** immer den gleichen Wert.

Beispiel:

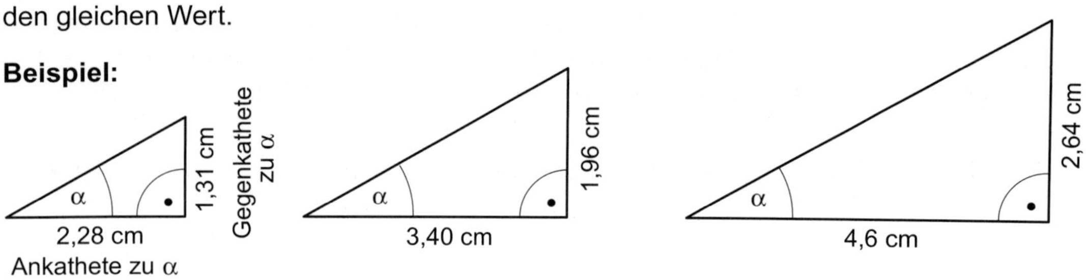

$\frac{1{,}31\,\text{cm}}{2{,}28\,\text{cm}} \approx 0{,}57$ $\frac{1{,}96\,\text{cm}}{3{,}40\,\text{cm}} \approx 0{,}57$ $\frac{2{,}64\,\text{cm}}{4{,}6\,\text{cm}} \approx 0{,}57$

Das **Längenverhältnis** aus der **Gegenkathete** und der **Ankathete** nennt man den **Tangens** des Winkels α. Für die obigen ähnlichen Dreiecke gilt also: tan α ≈ 0,57.

Merke: **Tangens eines Winkels** = $\dfrac{\textbf{Gegenkathete des Winkels}}{\textbf{Ankathete des Winkels}}$

Aufgabe:
Tangenswerte kannst du zeichnerisch ermitteln, indem du in einem Viertelkreis mit einem Radius von 10 cm den Winkel α einzeichnest und den Tangenswert auf der senkrechten Achse rechts (siehe Abbildung unten) abliest. So ist z. B. tan 24° ≈ 0,445.
Andererseits kannst du aber auch feststellen, dass zu dem Längenverhältnis 0,57 aus der Gegenkathete und der Ankathete (siehe Beispiel oben) ein Winkel von 29,7° gehören muss.
Fülle die beiden Tabellen mithilfe der Zeichnung aus.

a)

α	tan α
14°	
21°	
30°	
45°	
54°	
60°	

b)

α	tan α
	0,268
	0,404
	0,727
	0,839
	1,192
	1,664

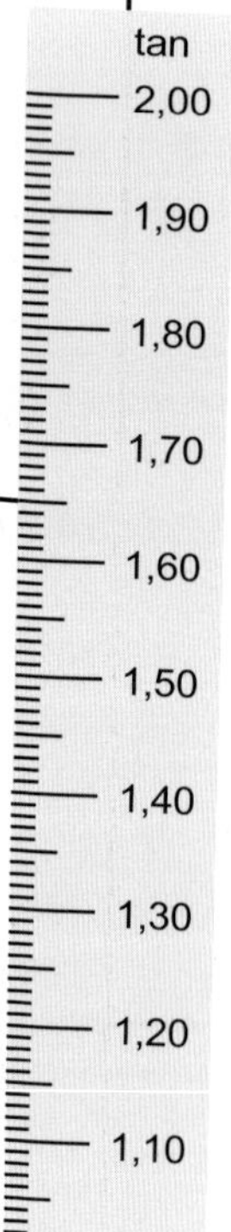

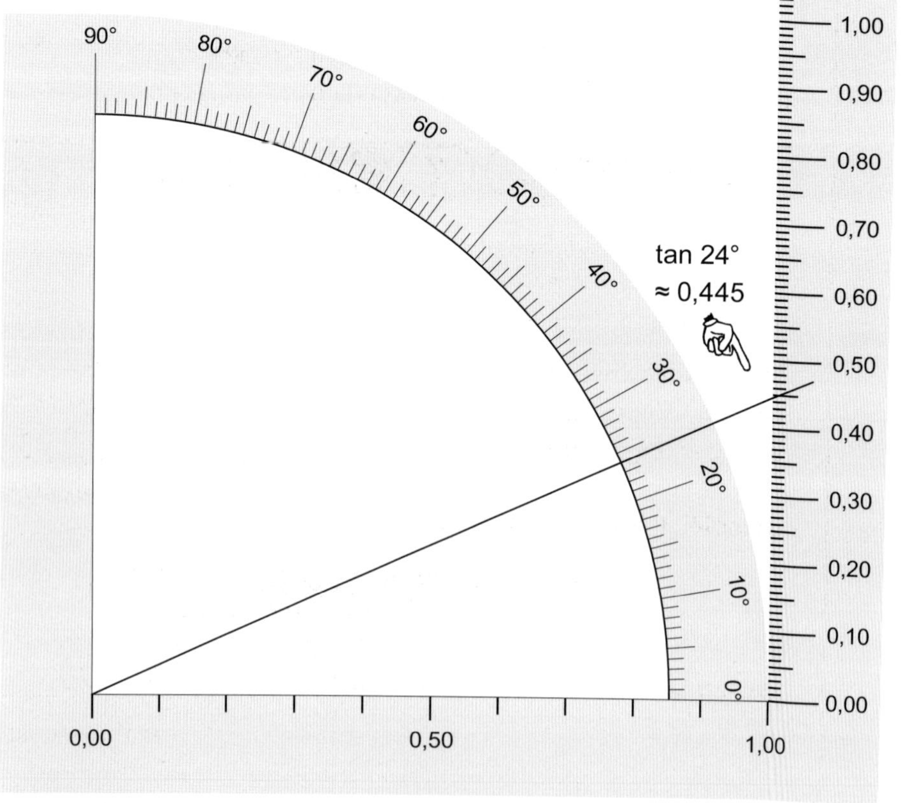

ISBN 978-3-8346-2518-2 | www.verlagruhr.de

sin-, cos- und tan-Werte mit dem Taschenrechner ermitteln (1/2)

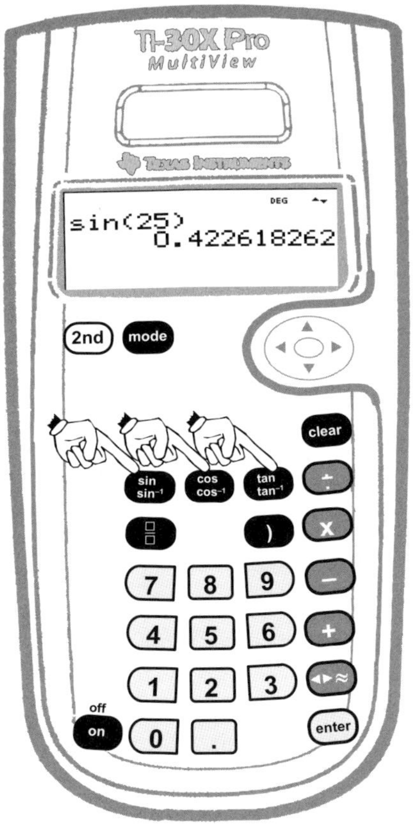

Bevor der Taschenrechner seinen Siegeszug um die Welt antrat, mussten Schüler wie auch die Wissenschaftler die Werte für die Winkelfunktionen umständlich aus Tabellen bestimmen. Heute geht das blitzschnell mit einem Taschenrechner, auf dem du z. B. diese Tasten findest: [sin / sin⁻¹] [cos / cos⁻¹] [tan / tan⁻¹]

Auf anderen Taschenrechner findest du für „sin^{-1}" eventuell keine eigene Taste, sondern erhältst die Funktion durch die Tastenkombination „2nd" (engl. für „zweite Funktion") und „sin" oder auf ähnliche Art. Probiere es einfach einmal aus; sicherlich kommst du auch mit deinem Rechner schnell auf die hier angezeigten Ergebnisse.

Der Rechner muss auf DEG gestellt sein. RAD gibt Winkel im Bogenmaß an. GRAD gibt Winkel in Neugrad (400°) an.

[sin / sin⁻¹] zeigt

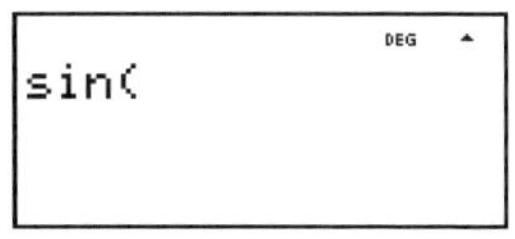

[sin / sin⁻¹] [sin / sin⁻¹] zeigt

Mit **„sin("** wird das Seitenverhältnis von Gegenkathete und Hypotenuse in einem rechtwinkligen Dreieck angegeben.

Beispiel 1: [sin / sin⁻¹] [2] [5] [)] [enter]

liefert dir den Sinus von 25°: 0,422618262

Dividierst du in einem x-beliebigen rechtwinkligen Dreieck mit dem Winkel α = 25° die Länge der Gegenkathete durch die Länge der Hypotenuse, erhältst du immer angenähert 0,422618262.

Mit **„cos("** wird das Seitenverhältnis von Ankathete und Hypotenuse in einem rechtwinkligen Dreieck angegeben.

Beispiel 2: [cos / cos⁻¹] [3] [7] [)] [enter]

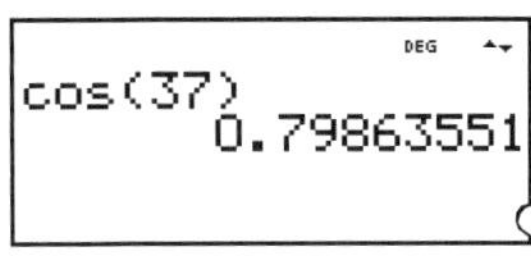

Mit **„tan("** wird das Seitenverhältnis von Gegenkathete und Ankathete in einem rechtwinkligen Dreieck angegeben.

Dividierst du in einem x-beliebigen rechtwinkligen Dreieck mit dem Winkel α = 37° die Länge der Ankathete durch die Länge der Hypotenuse, erhältst du immer angenähert 0,79863551.

Mit **„sin–1(", „cos–1(", „tan–1("** berechnet man aus einem Seitenverhältnis den **dazugehörigen Winkel**.

Beispiel 3: Wie groß ist der Winkel α?

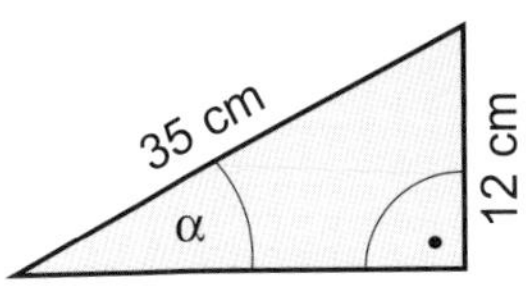

[sin / sin⁻¹] [sin / sin⁻¹] [Bruch] [1] [2] ▼
[÷] [3] [5] ▶ [)] [enter]

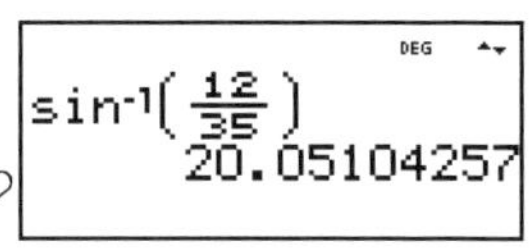

Der Winkel α ist 20,05° groß.

ISBN 978-3-8346-2518-2 | www.verlagruhr.de

Lösungen S. 109

sin-, cos- und tan-Werte mit dem Taschenrechner ermitteln (2/2)

Aufgabe 1:

Bestimme den Funktionswert. Runde auf vier Stellen nach dem Komma.

a) sin 68° ≈	**b)** cos 15° ≈	**c)** tan 7,5° ≈	**d)** sin 3,6° ≈
e) tan 32° ≈	**f)** sin 12° ≈	**g)** cos 57° ≈	**h)** tan 52° ≈
i) cos 72° ≈	**j)** tan 9,2° ≈	**k)** sin 8,9° ≈	**l)** cos 88° ≈

Aufgabe 2:

Ermittle jeweils einen Näherungswert für den Winkel (eine Nachkommastelle).

a) sin ___ = 0,167	**b)** cos ___ = 0,951	**c)** tan ___ = 0,325	**d)** sin ___ = 0,434
e) cos ___ = 0,779	**f)** tan ___ = 2,565	**g)** sin ___ = 0,2827	**h)** cos ___ = 0,536
i) tan ___ = 1,076	**j)** sin ___ = 0,975	**k)** cos ___ = 0,416	**l)** tan ___ = 1,294

Aufgabe 3:

Was fällt dir auf, wenn du nacheinander die Werte von tan 89°, tan 89,9°, tan 89,99°, tan 89,999°, tan 89,9999°, tan 89,99999° und tan 89,99999999° ermittelst?
Warum streikt der Taschenrechner bei tan 90°?

Aufgabe 4:

Fülle die Tabelle aus. Runde die Werte auf zwei Nachkommastellen.

α	0°	15°	30°	45°	60°	75°	90°	105°	120°	135°	150°	165°	180°
sin α													
α	195°	210°	225°	240°	255°	270°	285°	300°	315°	330°	345°	360°	
sin α													

Aufgabe 5:

Fülle die Tabelle aus. Runde die Werte auf zwei Nachkommastellen.

α	0°	15°	30°	45°	60°	75°	90°	105°	120°	135°	150°	165°	180°
cos α													
α	195°	210°	225°	240°	255°	270°	285°	300°	315°	330°	345°	360°	
cos α													

Aufgabe 6:

Fülle die Tabelle aus. Runde die Werte auf zwei Nachkommastellen.

α	0°	15°	30°	45°	60°	75°	90°	105°	120°	135°	150°	165°	180°
tan α													
α	195°	210°	225°	240°	255°	270°	285°	300°	315°	330°	345°	360°	
tan α													

Aufgabe 7:

Überprüfe mithilfe des Taschenrechners die speziellen Werte in der Tabelle.

α	sin α	cos α	tan α
0°	0	1	0
30°	$\frac{1}{2}$	$\frac{1}{2}\sqrt{3}$	$\frac{1}{3}\sqrt{3}$
45°	$\frac{1}{2}\sqrt{2}$	$\frac{1}{2}\sqrt{2}$	1
60°	$\frac{1}{2}\sqrt{3}$	$\frac{1}{2}$	$\sqrt{3}$
90°	1	0	unendlich

ISBN 978-3-8346-2518-2 | www.verlagruhr.de

Berechnungen im rechtwinkligen Dreieck (1/3)

Mithilfe der Winkelfunktionen Sinus, Kosinus und Tangens lassen sich in einem rechtwinkligen Dreieck aus zwei Seiten oder aus einer Seite und einem Winkel die übrigen Seiten und Winkel dieses Dreiecks berechnen.

Merke: Sinus eines Winkels $= \dfrac{\textbf{Gegenkathete des Winkels}}{\textbf{Hypotenuse}}$

Kosinus eines Winkels $= \dfrac{\textbf{Ankathete des Winkels}}{\textbf{Hypotenuse}}$

Tangens eines Winkels $= \dfrac{\textbf{Gegenkathete des Winkels}}{\textbf{Ankathete des Winkels}}$

Beispiel 1:
Berechne die fehlenden Seitenlängen des Dreiecks ABC sowie die Größe des Winkels β.

$\gamma = 90°$ $\alpha =$
$\alpha = 34°$ $\beta =$
$c = 6\,cm$ $b =$

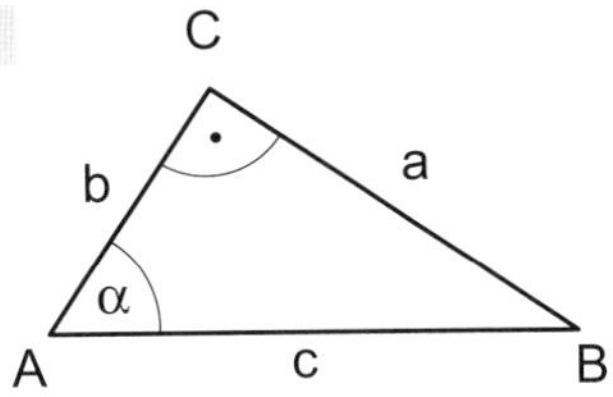

$\sin\alpha = \frac{a}{c}$
$a = c \cdot \sin\alpha$
$a = 6 \cdot \sin 34°$
$\underline{a \approx 3{,}36\ cm}$

$\underline{\beta = 90° - 34° = 56°}$

$\cos\alpha = \frac{b}{c}$

$b = c \cdot \cos\alpha$
$b = 6 \cdot \cos 34°$
$\underline{b \approx 4{,}97\,cm}$

Beispiel 2:
Berechne die fehlenden Seitenlängen des Dreiecks ABC sowie die Größe des Winkels β.

$\gamma = 90°$ $a =$
$\alpha = 32°$ $\beta =$
$b = 7\,cm$ $c =$

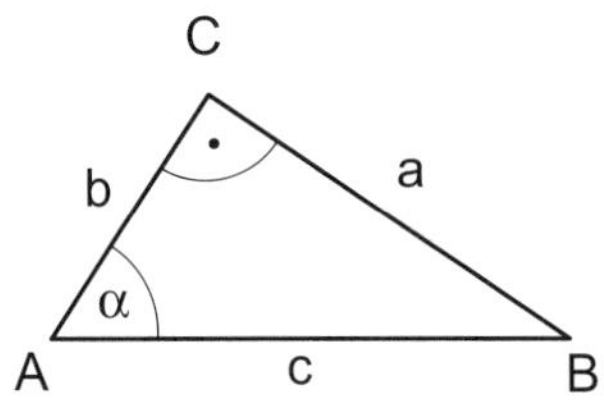

$\tan\alpha = \frac{a}{b}$
$a = b \cdot \tan\alpha$
$a = 7 \cdot \tan 32°$
$\underline{a \approx 4{,}37\,cm}$

$\underline{\beta = 90° - 32° = 58°}$

$\cos\alpha = \frac{b}{c}$
$c = \frac{b}{\cos\alpha} = \frac{7}{\cos 32°}$
$\underline{c \approx 8{,}25\,cm}$

Aufgabe 1:
Berechne die gekennzeichnete Dreiecksseite.

a)
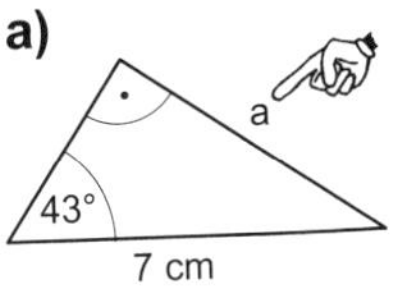

b)
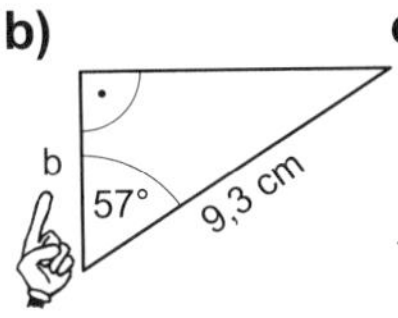

c)
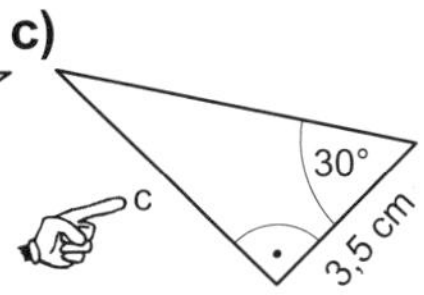

Aufgabe 2: Berechne den Winkel.
Runde auf eine Nachkommastelle.

a)
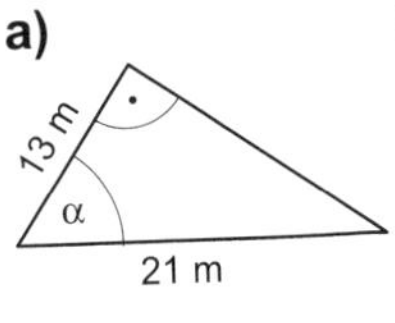

b)
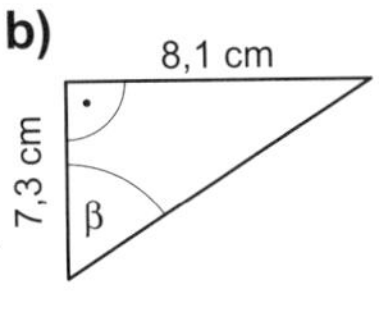

c)
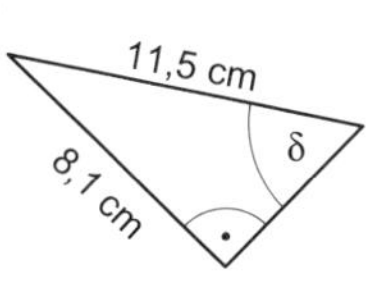

Aufgabe 3:
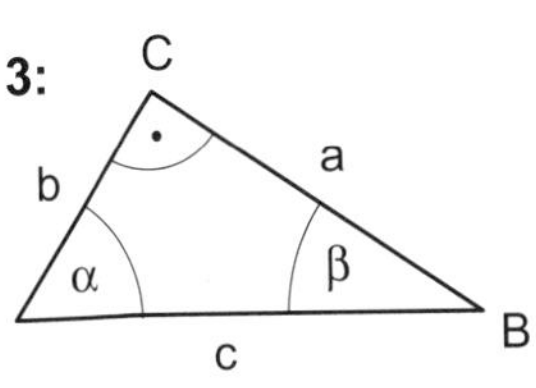

3 a) Berechne α, β und c.

	I.	II.	III.	IV.
a [in cm]	6,5	5,3	7,2	3,4
b [in cm]	2,7	6,9	7,2	4,3

3 b) Berechne α, β und b.

	I.	II.	III.	IV.
a [in cm]	4,1	3,8	7,6	7,1
c [in cm]	7,3	4,9	8,1	9,3

3 c) Berechne c, b und α.

	I.	II.	III.	IV.
a [in cm]	7,2	4,8	6,5	9,7
β	27°	32°	39°	57°

3 d) Berechne a, b und β.

	I.	II.	III.	IV.
c [in cm]	7,5	8,3	9,2	5,4
α	32°	61°	49°	24°

ISBN 978-3-8346-2518-2 | www.verlagruhr.de

Berechnungen im rechtwinkligen Dreieck (2/3)

Aufgabe 4:
Christina hält ihren Drachen an einer 30 m langen Schnur. Wie hoch steht der Drachen über dem Erdboden? Christina ist ungefähr 1,50 m groß.

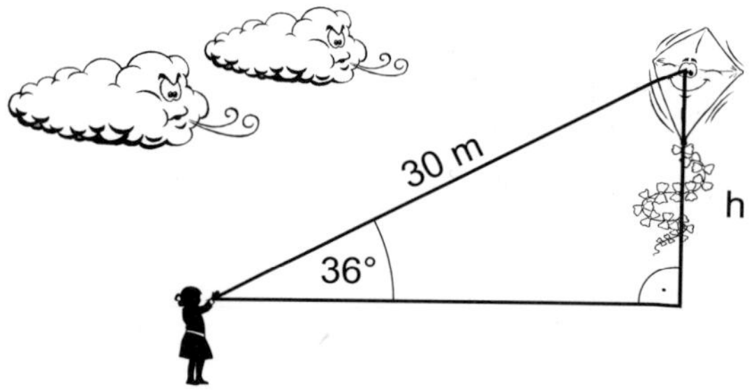

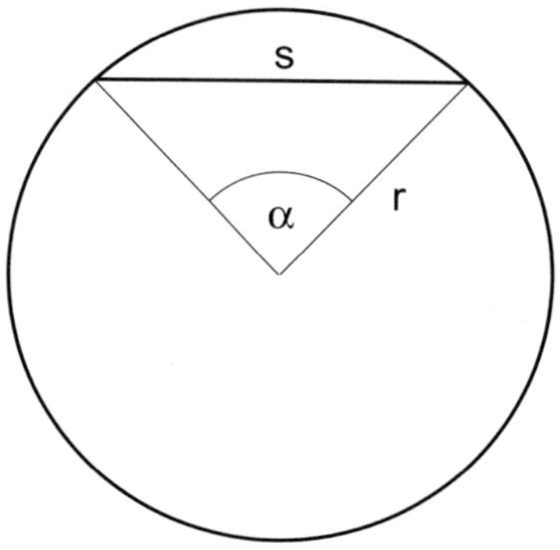

Aufgabe 5:
In einem Kreis mit dem Radius r = 4,5 cm wird eine Sehne s eingezeichnet, die einen Mittelpunktswinkel α von 82° hat. Wie lang ist die Sehne?

Aufgabe 6:
Berechne die Höhe und den Flächeninhalt des Parallelogramms. Die Zeichnung ist maßstabsgetreu und du kannst nachmessen, ob du richtig gerechnet hast.

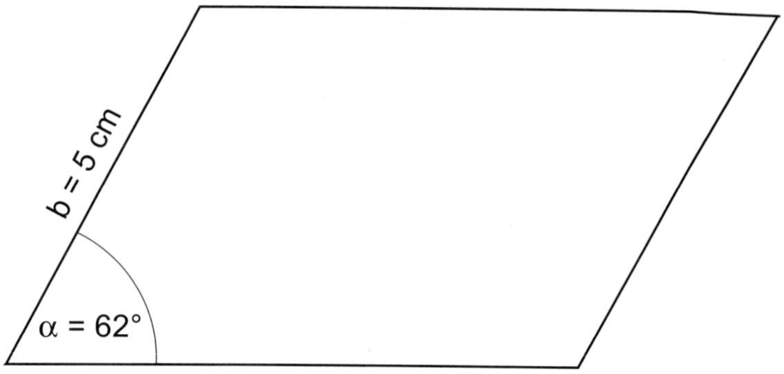

Aufgabe 7:
In der Fliegersprache gibt es den Begriff des Gleitverhältnisses. Ein Gleitverhältnis 1 : 20 gibt an, dass man horizontal 20 m weit fliegt und dabei 1 m an Höhe verliert. Ein Drachenflieger hatte bei einem Flug ein Gleitverhältnis von 1 : 14. Berechne den Gleitwinkel α.

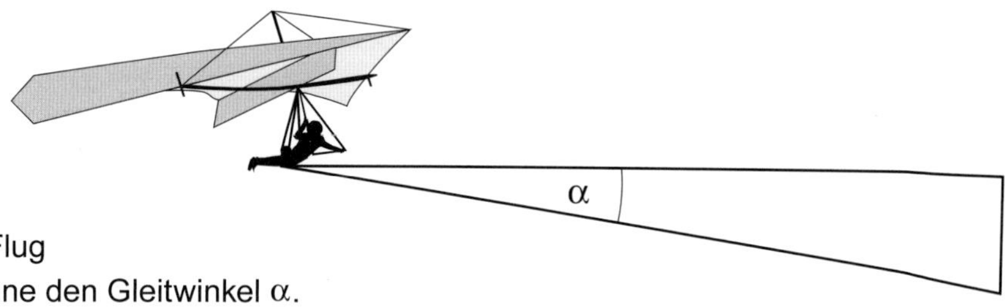

Aufgabe 8:
Berechne die Winkel α und β sowie die Länge der Seite a einer Raute mit e = 8 cm und f = 4,8 cm. Die Zeichnung ist maßstabsgetreu und du kannst nachmessen, ob du richtig gerechnet hast.

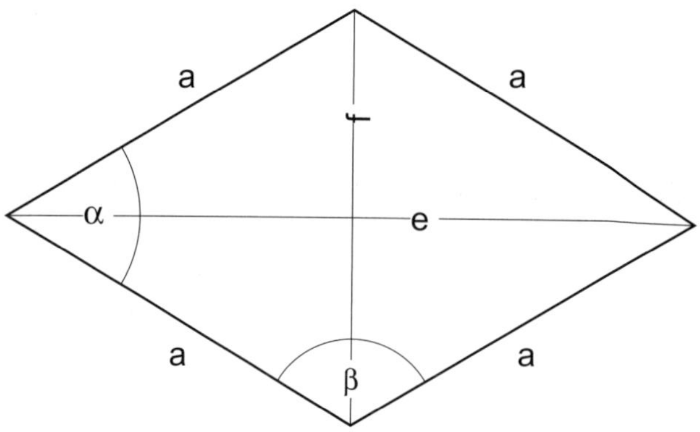

ISBN 978-3-8346-2518-2 | www.verlagruhr.de

Berechnungen im rechtwinkligen Dreieck (3/3)

Aufgabe 9:
Ein Quader hat die Kantenlängen a = 8 cm, b = 6 cm und c = 4 cm. Wie groß sind die Winkel α, β und γ?

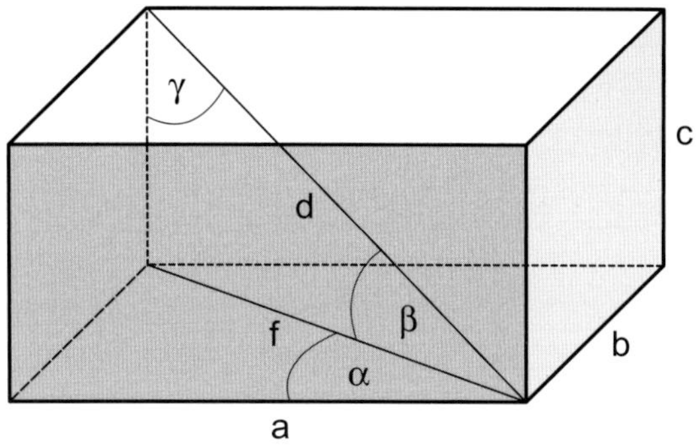

Aufgabe 10:
Eine Drahtseilbahn soll einen Höhenunterschied von 215 m bei einem Neigungswinkel von 29° überwinden.
Wie lang muss das Seil mindestens sein?

Aufgabe 11:
Ein Sandhaufen hat die Form eines Kegels mit einem Durchmesser von 3,20 m und einem Böschungswinkel von 36°.
Wie hoch ist der Sandhaufen?

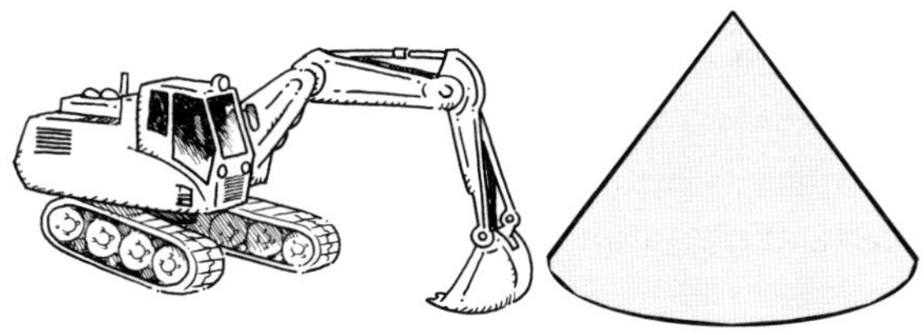

Aufgabe 12:
Der Graph der linearen Funktion y = 0,8x + 1 ist eine Gerade mit der Steigung 0,8. Unter welchem Winkel schneidet die Gerade die x-Achse?

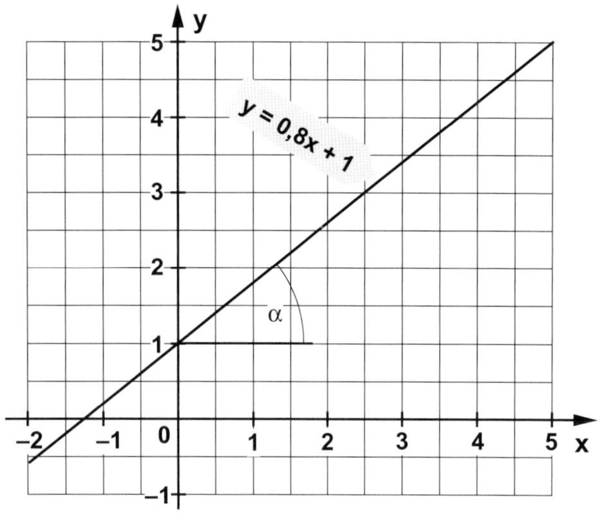

Aufgabe 13:
Ein Flugzeug soll in 2 500 m Entfernung vom Abhebepunkt einen 40 m hohen Turm mit einem Sicherheitsabstand von 200 m überfliegen. Unter welchem Winkel muss das Flugzeug steigen?

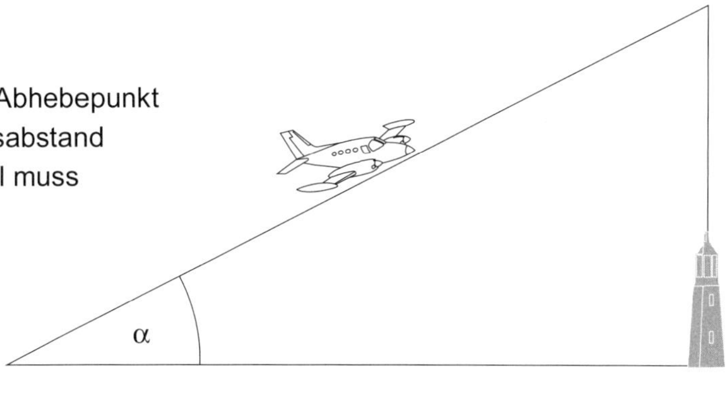

ISBN 978-3-8346-2518-2 | www.verlagruhr.de

Graphen der Winkelfunktionen (1/4)

Die Zuordnung **y = sin α** mit 0° ≤ α ≤ 90° ist eine Funktion, weil jeder Winkelgröße α genau ein Wert sin α zugeordnet ist. Die Funktion y = sin α heißt **Sinusfunktion**.
Den Graphen der Sinusfunktion erhältst du, indem du in einem Kreis mit einem Radius von z. B. 5 cm rechtwinklige Dreiecke zeichnest. Die den Winkeln zugeordneten Sinuswerte erhältst du dann als sich ergebende y-Koordinaten.

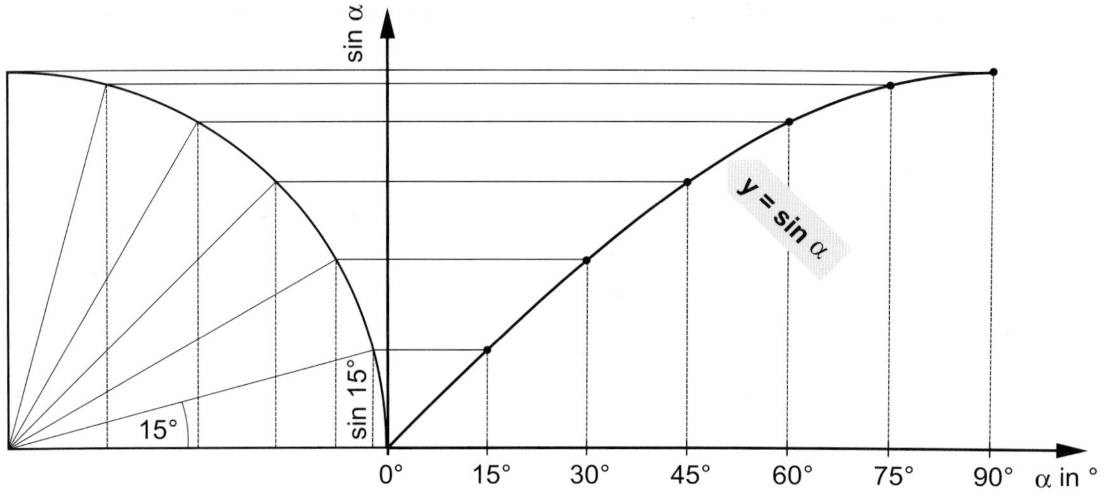

Bei einem Radius von 5 cm musst du auf der x-Achse die Winkelgrade als Strecken abtragen. In einem Einheitskreis weist bei einem Mittelpunktswinkel von 180° der zugehörige Bogen die Länge π auf, also ≈ 3,14. Das Intervall [0°, 90°] wird bei einem Radius von 5 cm durch eine 7,85 cm lange Strecke dargestellt.

Aufgabe 1:
y = cos α und y = tan α sind ebenfalls Funktionen. Skizziere die Graphen beider Funktionen!

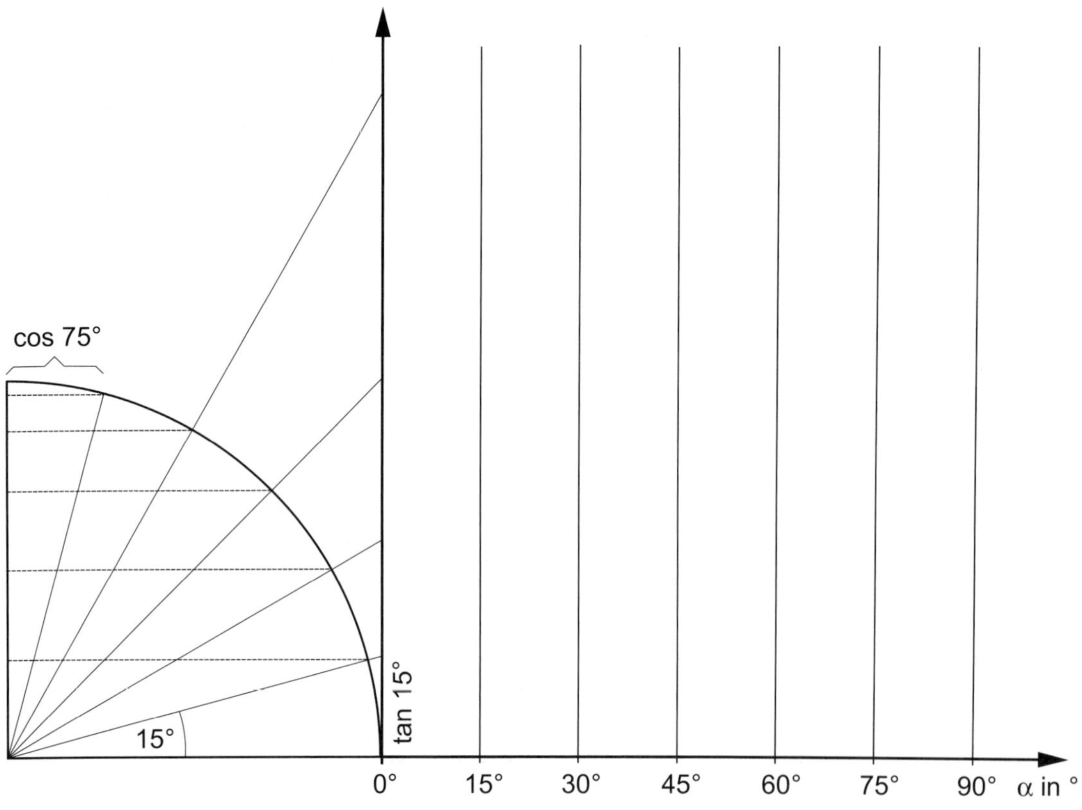

ISBN 978-3-8346-2518-2 | www.verlagruhr.de

Graphen der Winkelfunktionen (2/4)

Graph der Funktion y = sin α für Winkel von 0° bis 360°

Aufgabe 2:
Erstelle mithilfe der Wertetabellen auf Seite 54 den Graphen der Sinusfunktion y = sin α für alle Winkel 0° ≤ α ≤ 360°.

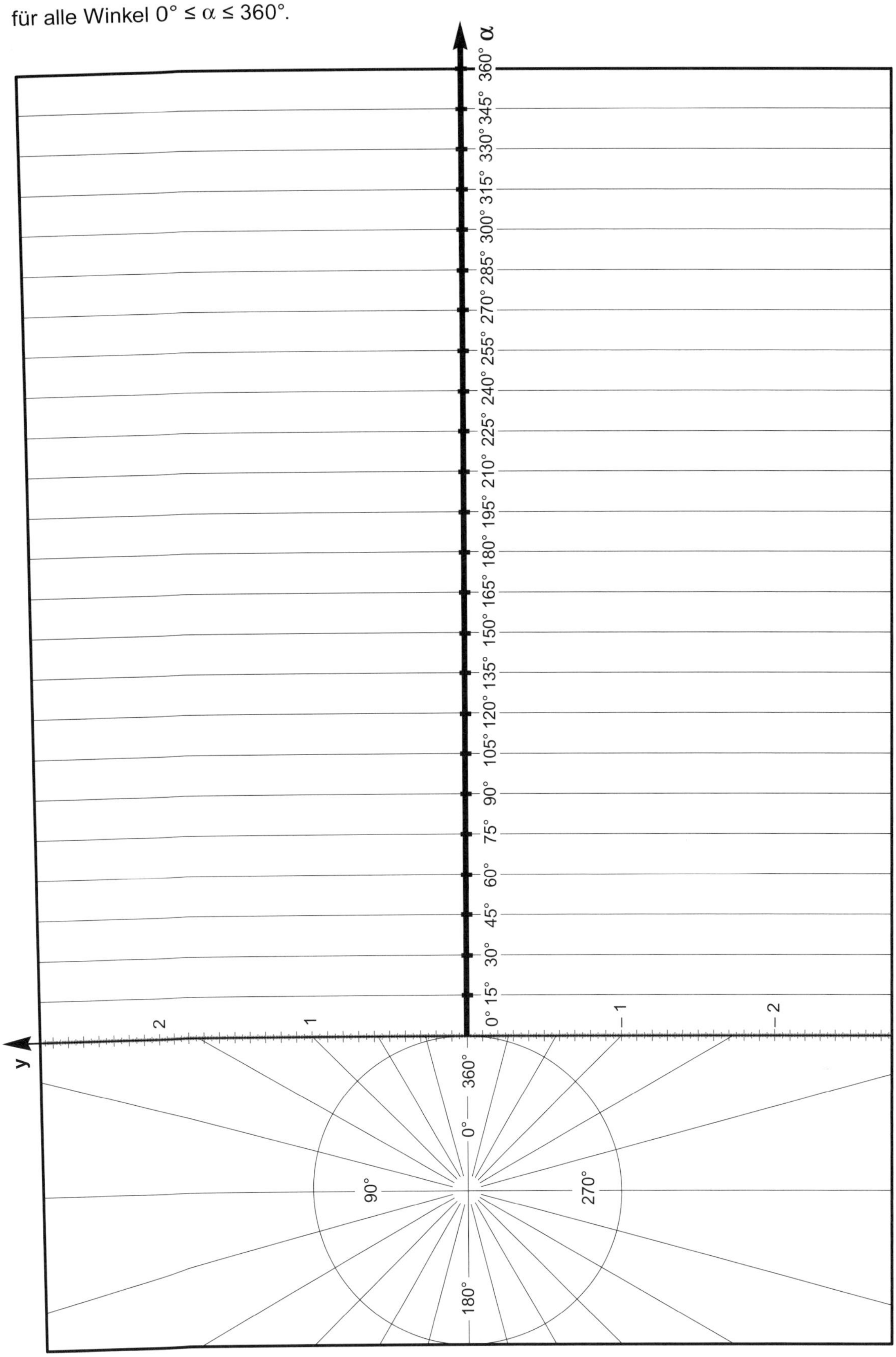

ISBN 978-3-8346-2518-2 | www.verlagruhr.de

Graphen der Winkelfunktionen (3/4)

Graph der Funktion y = cos α für Winkel von 0° bis 360°

Aufgabe 3:
Erstelle mithilfe der Wertetabellen auf Seite 54 den Graphen der Kosinusfunktion y = cos α für alle Winkel 0° ≤ α ≤ 360°.

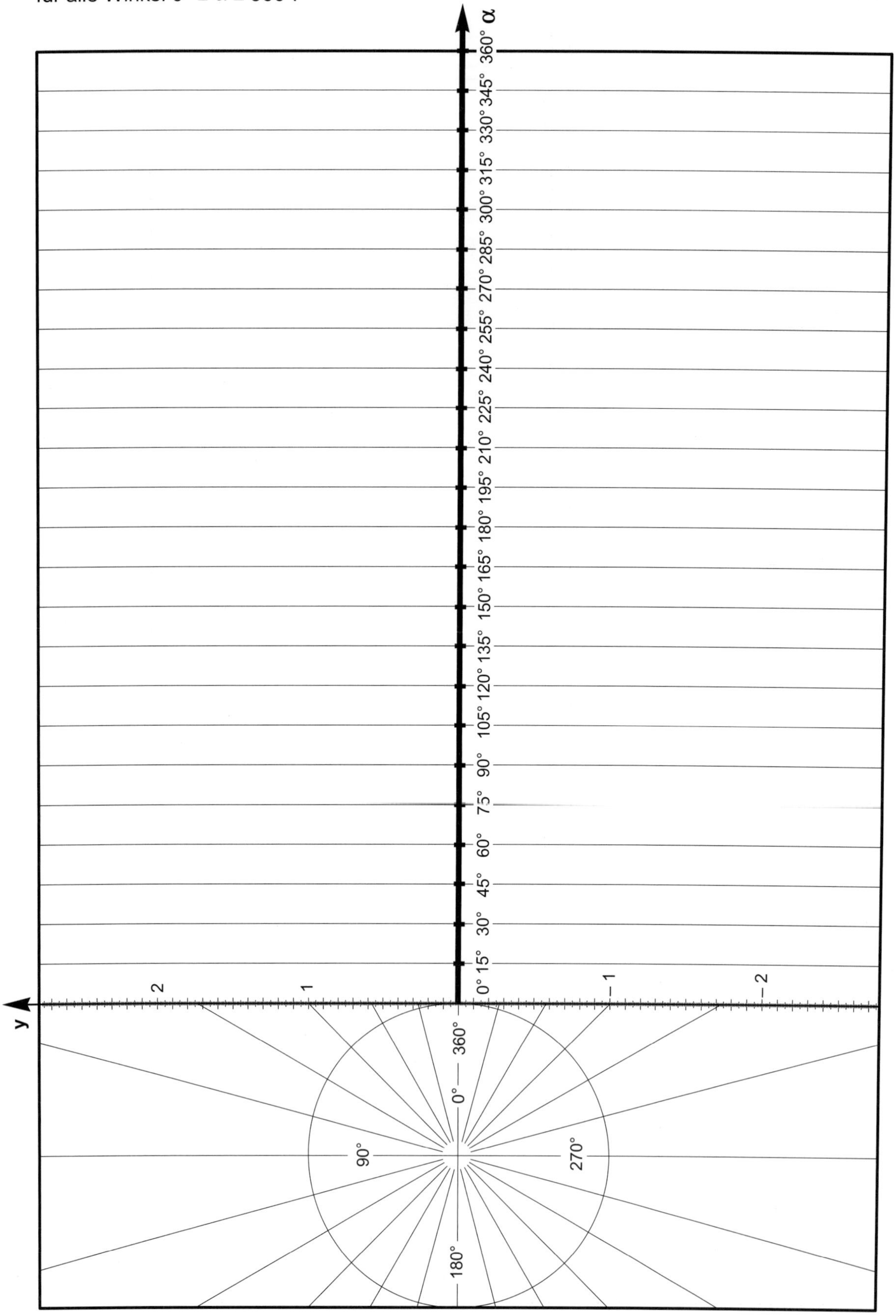

ISBN 978-3-8346-2518-2 | www.verlagruhr.de

Graphen der Winkelfunktionen (4/4)

Graph der Funktion y = tan α für Winkel von 0° bis 360°

Aufgabe 4:
Erstelle mithilfe der Wertetabellen auf Seite 54 den Graphen der Tangensfunktion y = tan α für alle Winkel 0° ≤ α ≤ 360°.

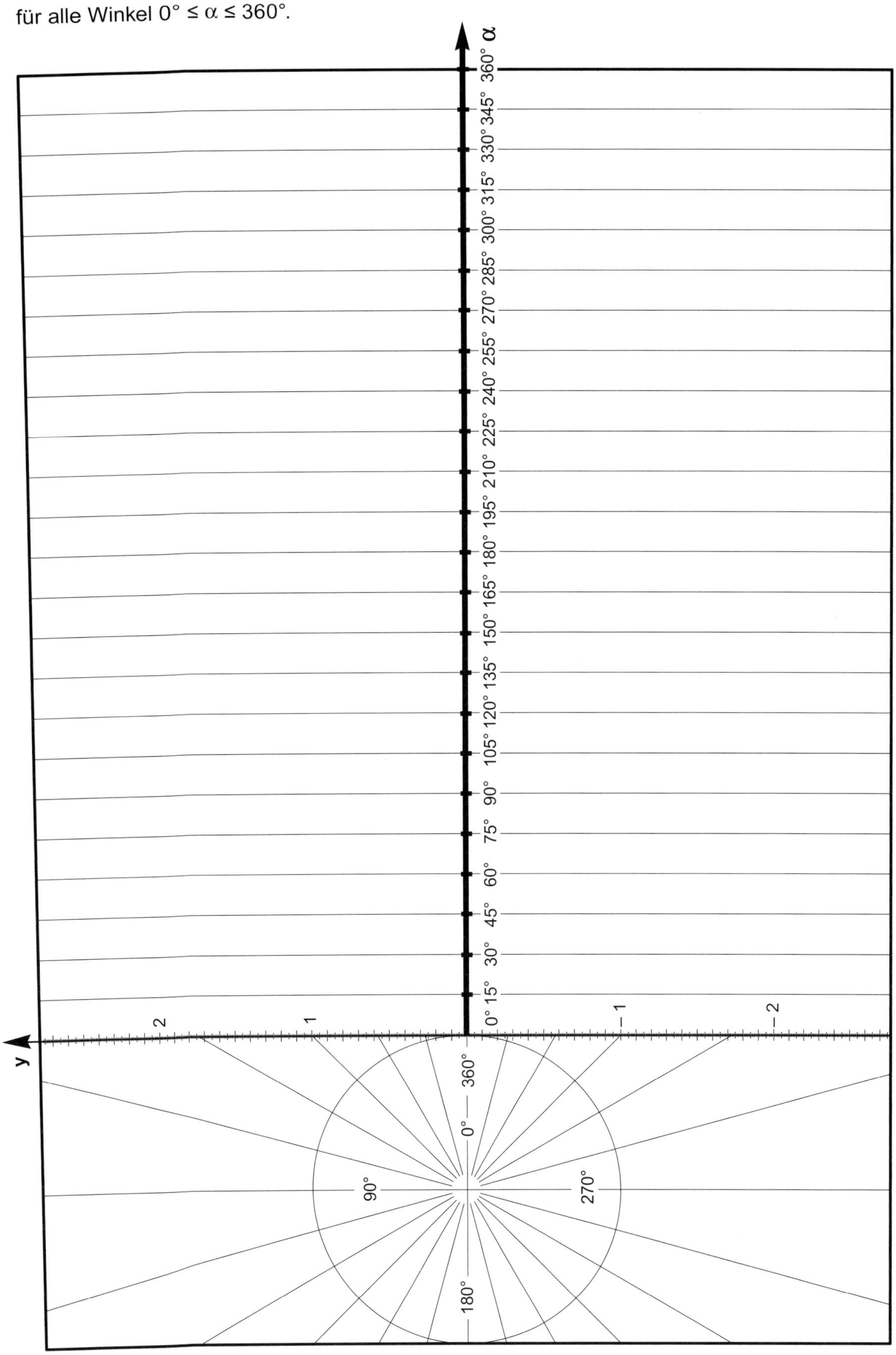

ISBN 978-3-8346-2518-2 | www.verlagruhr.de

Teste dein Wissen: Trigonometrie

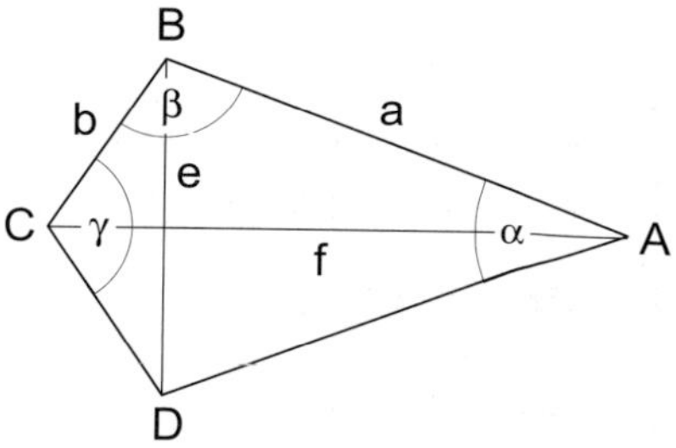

Aufgabe 1:
Berechne die fehlende Seite b sowie Winkel α und γ in einem Drachen.
$f = 19{,}4\,\text{cm}$ $e = 11{,}8\,\text{cm}$ $a = 12{,}7\,\text{cm}$ $\beta = 116{,}4°$

Aufgabe 2:
Bei den Olympischen Winterspielen wurde der Super-Riesenslalom in 2179 m Höhe gestartet; das Ziel lag in 1532 m Höhe.
Die Strecke war 2327 m lang. Wie steil war im Durchschnitt die Strecke in Grad?
Wie steil war im Durchschnitt die Strecke in Prozent?

Aufgabe 3:
Die größte Steigung im Netz der Deutschen Bahn AG muss auf der Strecke von Boppard nach Kastelaun in den Hunsrück überwunden werden.
Das Steigungsverhältnis auf der 7 km langen Strecke ist 1 : 16,4.
Berechne den Steigungswinkel und den Höhenunterschied.

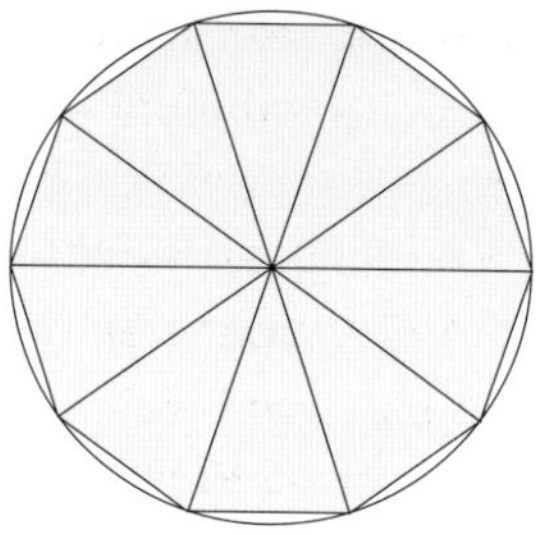

Aufgabe 4:
Einem Kreis mit dem Radius $r = 5\,\text{cm}$ wird ein regelmäßiges Zehneck einbeschrieben. Berechne den Umfang dieses Zehnecks.

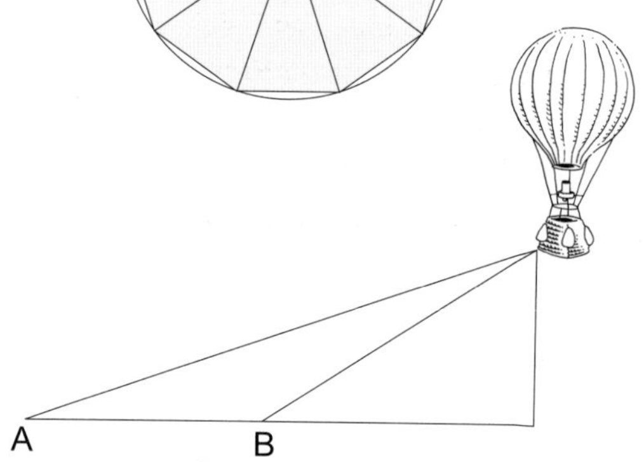

Aufgabe 5:
Ein Heißluftballon befindet sich in einer Höhe von 2,3 km.
Er wird von zwei Standorten aus unter den Höhenwinkeln 38° und 52° angepeilt. Wie weit sind die Orte voneinander entfernt?

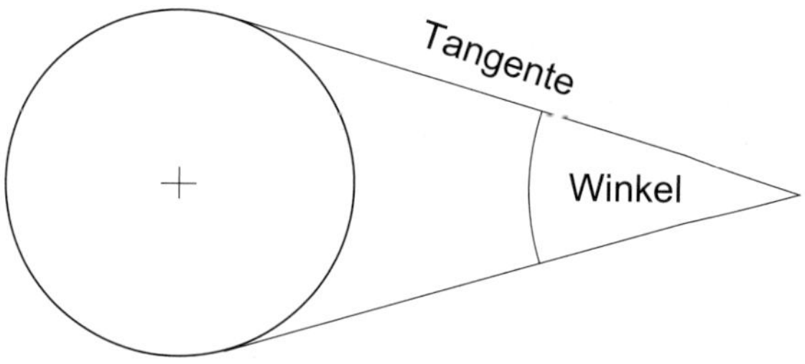

Aufgabe 6:
Von einem Punkt P sind die Tangenten an einen Kreis mit dem Radius $r = 3{,}9\,\text{cm}$ gezogen worden.
Sie bilden einen Winkel von 24,3°. Wie lang sind sie?

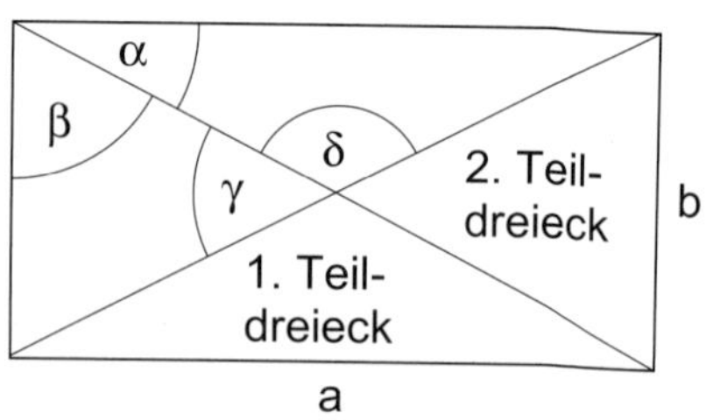

Aufgabe 7:
Welche Winkel bilden die Diagonalen eines Rechtecks mit $a = 12\,\text{cm}$ und $b = 7\,\text{cm}$ mit den Seiten? Unter welchen Winkeln schneiden sich die Diagonalen? Wie groß ist der Flächeninhalt der Teildreiecke?

Aufgabe 8:
Ein Messgerät steht 270 m von einem Fernsehturm entfernt, 1,50 m über dem Fußpunkt des Fernsehturms. Man sieht die Spitze des Fernsehturms unter einem Höhenwinkel von 32,3°. Wie hoch ist der Fernsehturm?

ISBN 978-3-8346-2518-2 | www.verlagruhr.de

Exponentialfunktionen zur Basis a

Exponentialfunktionen mit $\mathbf{y = a^x}$ ($a > 0$ und $a \neq 1$) heißen **Exponentialfunktionen zur Basis a**.
Für $a > 1$ ist der Graph steigend, für $a < 1$ fallend.

Beispiel 1:

$y = 2^x$

x	y
–2	0,25
–1	0,5
0	1
1	2
1,5	2,83
2	4

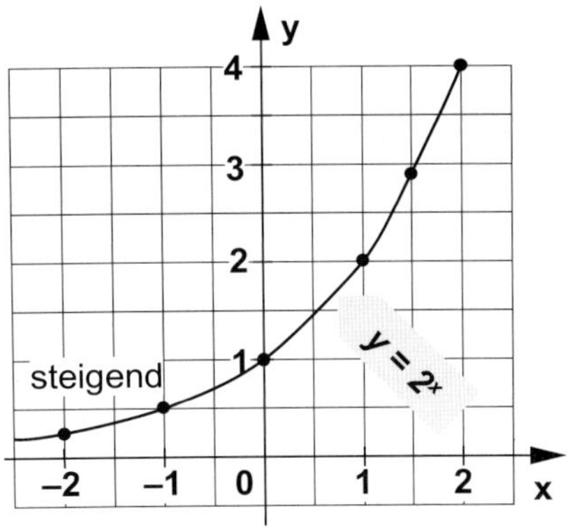

Beispiel 2:

$y = 0{,}5^x$

x	y
–2	4
–1	2
0	1
1	0,5
1,5	0,35
2	0,25

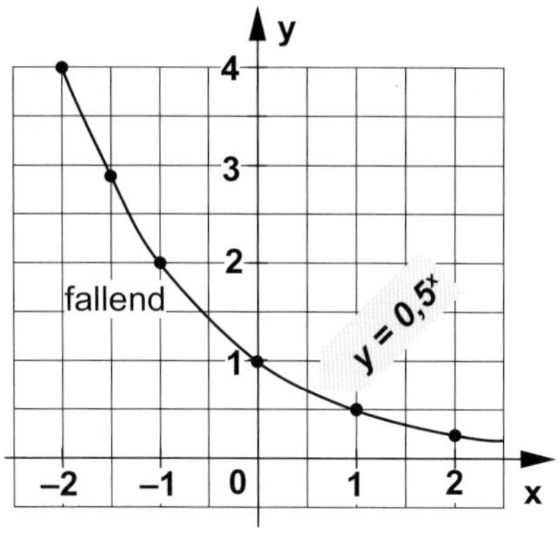

Eigenschaften von Exponentialfunktionen

Für jede Exponentialfunktion $y = a^x$ gilt:

- Der Graph der Funktion liegt oberhalb der x-Achse.
- Für $a > 1$ steigt der Graph der Funktion; für $a < 1$ fällt der Graph der Funktion.
- Für $a > 1$ schmiegt sich der Graph der Funktion dem negativen Teil der x-Achse an; für $a < 1$ schmiegt sich der Graph der Funktion dem positiven Teil der x-Achse an.
- Der Graph jeder Funktion geht durch den Punkt P(0|1).
- Die Graphen mit den Basen a bzw. $\frac{1}{a}$ liegen spiegelbildlich zueinander mit der y-Achse als Symmetrieachse.

Aufgabe 1:

Fülle die Wertetabelle aus und zeichne den Graphen der Funktion.

a) $y = 3^x$

x	y
–2	
–1,5	
–1	
–0,5	
0	
0,5	
1	
1,5	
2	

b) $y = (\frac{1}{3})^x + 2$

x	y
–1,5	
–1	
–0,5	
0	
0,5	
1	
1,5	
2	
2,5	
3	

c) $y = 0{,}5 \cdot 3^x - 1$

x	y
–2	
–1,5	
–1	
0	
0,5	
1	
1,5	
2	
2,5	

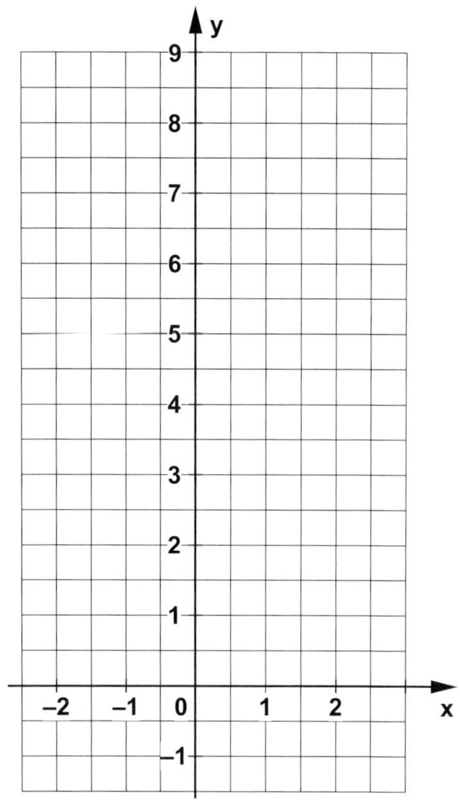

Aufgabe 2:

Die Exponentialfunktion mit $y = a^x$ geht durch den Punkt P.
Bestimme die Basis a.

a) P(3|27) **b)** P(–1|0,25) **c)** P(0,5| $0{,}5 \cdot \sqrt{2}$)

ISBN 978-3-8346-2518-2 | www.verlagruhr.de

Lineares und exponentielles Wachstum

Nimmt eine Größe y in gleich großen Abschnitten einer Größe x immer um den gleichen Wert zu bzw. ab, so spricht man von **linearem Wachstum** bzw. **linearer Abnahme**.

Beispiel 1:
Der Belag einer Autobahn wird erneuert. 4,3 km sind bereits fertig. Täglich werden 450 m neu asphaltiert. Durch $y = 4300 + 450 \cdot x$ (x = Anzahl Tage) kann man dieses Wachstum (in m) beschreiben.

Beispiel 2:
Ein Aquarium ist 25 cm hoch mit Wasser gefüllt. Da das Wasser verdunstet, nimmt die Wasserhöhe täglich um 3 mm ab. Durch $y = 250 - 3 \cdot x$ (x = Anzahl Tage) kann man diese Abnahme (in mm) beschreiben.

Nimmt eine Größe y in gleich großen Abschnitten einer Größe x mit dem gleichen **Faktor** zu bzw. ab, so spricht man von **exponentiellem Wachstum** bzw. **exponentieller Abnahme**.

Beispiel 3:
Ein Kapital von 50 000 Euro wird mit 1,25 % verzinst, ohne dass die jährlich anfallenden Zinsen abgehoben werden.

- Kapital am Ende des 1. Jahres: 50 625,00 €
- Kapital am Ende des 2. Jahres: 51 257,81 €
- Kapital am Ende des 3. Jahres: 51 898,54 €
- Kapital am Ende des 4. Jahres: 52 547,27 €
- Kapital am Ende des 5. Jahres: 53 204,11 €
- Kapital am Ende des 6. Jahres: 53 869,16 €

Beispiel 4:
Radioaktives Jod 131 hat eine sogenannte Halbwertszeit von 8 Tagen. Das bedeutet, dass sich in diesem Zeitraum die Hälfte der Jodatome in Xenonatome umwandelt.

- Aus 1 mg Jod 131 wird nach 8 Tagen 0,5 mg Jod 131
- Aus 1 mg Jod 131 wird nach 16 Tagen 0,25 mg Jod 131
- Aus 1 mg Jod 131 wird nach 24 Tagen 0,125 mg Jod 131
- Aus 1 mg Jod 131 wird nach 32 Tagen 0,0625 mg Jod 131

Aufgabe 1:
Auf welches Endkapital wachsen 100 000 € Anfangskapital bei 2,5 % Jahreszinssatz in 8 Jahren? Fülle die Tabelle aus.

Kapital am Ende des 1. Jahres:	€
Kapital am Ende des 2. Jahres:	€
Kapital am Ende des 3. Jahres:	€
Kapital am Ende des 4. Jahres:	€
Kapital am Ende des 5. Jahres:	€
Kapital am Ende des 6. Jahres:	€
Kapital am Ende des 7. Jahres:	€
Kapital am Ende des 8. Jahres:	€

Aufgabe 2:
Frau Koffein-Frei hat sich einen 90 °C heißen Kaffee gebrüht, der mit jeder Minute um 10 % abkühlt. Ist die Temperatur nach 5 Minuten auf 55 °C abgekühlt, sodass sie den Kaffee trinken kann? Fülle die Tabelle aus.

Temperatur nach 1 Minute:	°C
Temperatur nach 2 Minuten:	°C
Temperatur nach 3 Minuten:	°C
Temperatur nach 4 Minuten:	°C
Temperatur nach 5 Minuten:	°C

ISBN 978-3-8346-2518-2 | www.verlagruhr.de

Wachstumsrate und Abnahmerate

Ändert sich eine **Anfangsgröße G** in gleichen Abständen von n (z. B. Zeitspannen) durch einen konstanten Faktor **q**, so spricht man von **exponentiellem Wachstum**.
Man berechnet G_n für n Abstände mit der Formel $\mathbf{G_n = G \cdot q^n}$.

- **q** nennt man den **Wachstumsfaktor**,
- **p %** nennt man die **Änderungs**- oder **Wachstumsrate**.

q lässt sich mit $\mathbf{q = 1 + 0{,}01 \cdot p}$ aus der Wachstumsrate berechnen.

Beispiel 1:
Auf welches Endkapital wachsen 8 000 € Anfangskapital bei 1,5 % Jahreszinssatz in 10 Jahren?
$q = 1 + 0{,}01 \cdot 1{,}5 = 1{,}015$ $\quad G_{10} = 8000 \cdot 1{,}015^{10} = 9284{,}33$
→ 8 000 € Anfangskapital wachsen in acht Jahren bei 1,5 % Jahreszins auf 9 284,33 € an.

Beispiel 2:
Die Einwohnerzahl nahm in zwei Jahren von 34 600 auf 37 784 zu.
Wie hoch sind der Wachstumsfaktor und die Wachstumsrate?
$q^2 = G_2 : G$ $\quad q^2 = 37784 : 34600$ $\quad q^2 = 1{,}092023121$ $\quad q = 1{,}044999101$ $\quad p = 4{,}5\,\%$
→ Der Wachstumsfaktor ist 1,045; die Wachstumsrate 4,5 %.

Bei der exponentiellen Abnahme einer Größe G ist der Wachstumsfaktor q kleiner als 1.
Es gilt: $G_n = G \cdot q^n$ mit $\mathbf{q = 1 - 0{,}01 \cdot p}$ $(0 < q < 1)$. **q** nennt man **Abnahmefaktor**, **p % Abnahmerate**.

Beispiel 3:
In einer Thermoskanne ist 80 °C heißer Tee eingefüllt worden.
Die Temperatur nimmt stündlich um 5 % ab. Wie hoch ist die Temperatur nach 6 Stunden?
$q = 1 - 0{,}01 \cdot 5 = 0{,}95$ $\quad G_6 = 80 \cdot 0{,}95^6$ $\quad G_6 = 58{,}8$
→ Die Temperatur beträgt noch 58,8 °C.

Beispiel 4:
Stündlich nimmt eine Anfangstemperatur von 95 °C um 35 % ab.
Wann ist die Temperatur unter 20 °C gefallen? Löse durch Probieren.
$G_3 = 95 \cdot 0{,}65^3 \approx 26$ °C $\quad G_4 = 95 \cdot 0{,}65^4 \approx 17$ °C
→ Spätestens nach vier Stunden ist die Temperatur unter 20 °C gefallen.

Aufgabe 1: Bestimme den Wachstumsfaktor q für die angegebene Wachstumsrate p %.
a) 3,5 % **b)** 25 % **c)** 0,5 % **d)** 1,25 % **e)** 2,85 %

Aufgabe 2: Bestimme den Abnahmefaktor q für die angegebene Abnahmerate p %.
a) 1,7 % **b)** 12,5 % **c)** 35 % **d)** 6 % **e)** 0,5 %

Aufgabe 3: Bestimme den Wachstumsfaktor p % für den angegebenen Wachstumsfaktor q.
a) 1,02 **b)** 1,025 **c)** 1,25 **d)** 1,003 **e)** 1,075

Aufgabe 4: Bestimme die Abnahmerate p % für den angegebenen Abnahmefaktor q.
a) 0,975 **b)** 0,65 **c)** 0,999 **d)** 0,875 **e)** 0,77

Aufgabe 5:
Welches Anfangskapital wächst in 12 Jahren mit Zinseszinsen zu 4,5 % auf 42 397 €?

Aufgabe 6: Herr Meyer hat 7 500 € zu 3,5 % fest angelegt.
Hat sich das Kapital nach 22 Jahren verdoppelt?

ISBN 978-3-8346-2518-2 | www.verlagruhr.de

Gemischte Aufgaben zum exponentiellen Wachstum

Aufgabe 1:
Es wird überliefert, dass Peter Minuit im Jahre 1626 die Insel Manhattan für 24 $ von Indianern gekauft hat. Wie viel $ hätten die Indianer im Jahre 2013 zur Verfügung gehabt, wenn sie das Geld damals zu 3 % Zinseszins angelegt hätten?

Aufgabe 2:
Wenn man abschätzen will, wann sich ein Kapital, das auf Zinseszins angelegt ist, verdoppelt hat, ist bei kleinen Zinssätzen bis zu 12 % die folgende Faustregel hilfreich:
Prozentsatz • Anzahl Jahre = 70.

Beispiel: Bei einem Zinssatz von 4 % verdoppelt sich ein Kapital nach 17 bis 18 Jahren, denn 4 • 17,5 = 70.

Nach wie vielen Jahren verdoppelt sich ein Kapital bei einer jährlichen Verzinsung von
a) 5 % **b)** 6,5 % **c)** 8,25 % **d)** 2 % **e)** 3,5 %

Aufgabe 3:
1947 erstand die Mutter des Amerikaners John Whitney Payson ein Bild des niederländischen Malers Vincent van Gogh für 84 000 $. 1992 verkaufte Payson das Bild bei „Sotheby's" für 49 000 000 $. Welchen Zinssatz hätte er bei einer Bank bekommen müssen, damit er denselben Gewinn hätte einstreichen können?

Aufgabe 4:
Salmonellen verdoppeln sich bei 37 °C alle 30 Minuten. In einer Eierspeise befinden sich um 8.00 Uhr 1 200 Salmonellen. Wie viele Salmonellen enthält die Eierspeise um 12.00 Uhr?

Aufgabe 5:
Die Bevölkerung eines Staates in Asien wächst jährlich um 1,25 %. 2005 lebten in diesem Staat 2 500 000 Menschen. Wie viele Menschen leben dort voraussichtlich im Jahre 2020?

Aufgabe 6:
Emily Schrapp-Money hofft, dass sich der Wert ihrer Aktien, die sie für 40 000 € gekauft hat, in 15 Jahren verdoppelt hat. Welchen Zinssatz müsste ihr eine Bank zahlen, damit sich ihre Hoffnungen verwirklichen?

Aufgabe 7:
Eine Algenkultur wächst pro Tag um 22 %. Zu Beginn wogen die Algen um die 150 g. Bestimme die Algenmasse für die nächsten 15 Tage. Rund auf volle g.

Aufgabe 8:
Der Schotte McSpendnix möchte in 20 Jahren von seiner Bank mit Zinseszinsen zu 4 % 40 000 £ ausbezahlt bekommen. Welchen Betrag muss er einzahlen, damit ihm das gelingt?

Aufgabe 9:
Der Holzbestand eines Waldes hat sich in 14 Jahren von 35 000 m^3 auf 49 454 m^3 vermehrt. Wie viel Prozent beträgt der jährliche Zuwachs?

Aufgabe 10:
Die Anzahl der 120 Tiere einer Mäusekolonie nimmt jede Woche um 11 % zu.
a) Wann hat sich die Zahl der Mäuse verfünffacht? Löse durch Probieren.
b) Wie viele Mäuse sind nach 20 Wochen vorhanden?

Aufgabe 11:
Wassermelonen verdoppeln unter guten Wachstumsbedingungen alle 7 Tage ihr Gewicht. Eine Melone wiegt 300 g.
a) Wie hoch ist das Gewicht jeweils nach 14, 21, 28 und 35 Tagen?
b) Wie hoch ist der Wachstumsfaktor für einen Tag?

Aufgabe 12:
Frau Schulze legt bei der Geburt ihrer Tochter Carlotta 10 000 € zu 7,5 % an. Ist Carlotta, wenn sie mit 65 Jahren in Rente geht, bereits Millionärin?

Aufgabe 13:
Immobilienhändler Baufix hat vor 12 Jahren ein Grundstück für 96 000 € gekauft. Jetzt verkauft er es an einen Bauwilligen für 134 000 €. Mit welchem Zinssatz hätte er bei einer Bank denselben Gewinn erzielt?

ISBN 978-3-8346-2518-2 | www.verlagruhr.de

Gemischte Aufgaben zur exponentiellen Abnahme

Aufgabe 1:
Frau Safe-Emsig hatte sich vor 12 Jahren die hoch gepriesenen Aktien der Firma TeleKlo im Wert von 50 000 € gekauft. Leider verloren die Aktien jährlich 8 % ihres Wertes. Wie viel sind sie jetzt noch wert?

Aufgabe 2:
Ein Badesee wurde mit 630 ppm (parts per million) einer Chemikalie verunreinigt. Die Verunreinigung nimmt alle vier Tage um 12 % ab. Wie hoch ist sie nach 72 Tagen?

Aufgabe 3:
Durch Schädlingsbefall hat sich der Holzbestand eines Waldes innerhalb von 8 Jahren von 50 000 m^3 auf 39 187 m^3 verringert. Wie viel Prozent betrug die jährliche Abnahme?

Aufgabe 4:
In Meereshöhe beträgt der normale Luftdruck etwa 1 013 hPa (Hektopascal). Je höher man z. B. im Gebirge steigt, umso niedriger wird dieser Druck. Er nimmt mit zunehmender Höhe alle 100 m um ca. 1,2 % ab. Welcher Luftdruck herrscht in etwa auf der Zugspitze in 2 900 m Höhe?

Aufgabe 5:
In Meereshöhe beträgt der normale Luftdruck etwa 1 013 hPa (Hektopascal) und nimmt mit zunehmender Höhe alle 100 m um ca. 1,2 % ab. Der Bergsteiger Siegfried Kessler biwakiert in seinem Zelt und misst einen Luftdruck von 810 hPa. In welcher Höhe hat er sein Zelt aufgeschlagen? Löse durch Probieren!

Aufgabe 6:
Harry Bleifoot fährt ein Auto, dass er vor 5 Jahren für 31 000 € gekauft hat. In einer Fachzeitschrift hat er gelesen, dass dieser Autotyp jährlich etwa 12,5 % an Wert verliert. Zu welchem Preis könnte er sein Auto verkaufen?

Aufgabe 7:
Stündlich nimmt eine Anfangstemperatur von 100 °C um 35 % ab. Wann ist die Temperatur unter 20 °C gefallen? Löse durch Probieren!

Aufgabe 8:
Mit zunehmender Wassertiefe nimmt in einem See die Helligkeit ab. Mit jedem Meter, den man nach unten taucht, nimmt die Helligkeit um etwa 12 % ab. In einem Meter Wassertiefe zeigt ein Belichtungsmesser 1 000 Lux an.

a) Berechne die Helligkeit in Lux für einen Taucher in 25 m Tiefe.
b) In welcher Tiefe beträgt die Helligkeit 10 Lux?

Aufgabe 9:
Eine Stadt im Ruhrgebiet hat 212 000 Einwohner. Die Einwohnerzahl ist in den letzten Jahren jährlich durchschnittlich um 1,75 % gesunken. Wie viele Einwohner wird die Stadt voraussichtlich in 8 Jahren haben?

Aufgabe 10:
Eine Tasse Kaffee wird mit einer Temperatur von 80 °C in eine Tasse geschüttet. Die Temperatur verringert sich mit jeder Minute um 10 %.
Wie hoch ist die Temperatur nach 9 Minuten?

Aufgabe 11:
Von einer radioaktiven Substanz zerfallen stündlich 4,5 %. Wann sind es nur noch 100 mg, wenn zu Beginn der Messung 200 mg vorhanden waren?

Aufgabe 12:
Die Lichtdurchlässigkeit von Panzerglas nimmt um 6 % pro cm ab. Berechne die Helligkeit für eine 7 cm dicke Panzerglasscheibe.

Aufgabe 13:
Bei einer Untersuchung von Schilddrüsenerkrankungen wird in der Medizin radioaktives Jod 131 als Kontrastmittel eingesetzt. In 24 Stunden zerfallen etwa 8 % des im Körper befindlichen Materials.

a) Wie viel % Jod ist nach einer Stunde im Körper?
b) Wie viel % Jod ist nach 6 Tagen noch vorhanden?
c) Nach wie vielen Stunden ist nur noch die Hälfte des Jods im Körper?

Löse durch Probieren!

ISBN 978-3-8346-2518-2 | www.verlagruhr.de

Der Logarithmus

Exponentialfunktionen der Form $y = a^x$, bei denen a und y bekannt sind und nach dem Wert des Exponenten gefragt wird, lassen sich zunächst nur grafisch oder durch Probieren lösen.

Beispiel: $2^x = 3,4$
Der Zeichnung kann man entnehmen, dass x ungefähr 1,7 betragen muss.
$2^{1,7} = 3,249009585$ *(Taschenrechner)*
Durch Probieren bestimmst du den Exponenten genauer:
$2^{1,76} = 3,386981249$ und $2^{1,77} = 3,410539567$.
Eine weitere Verfeinerung bringt $2^{1,765} = 3,398739997$ und $2^{1,766} = 3,40109664$.
Mit viel Geduld bestimmst du x angenähert mit 1,765534746, denn $2^{1,765534746} = 3,4$.

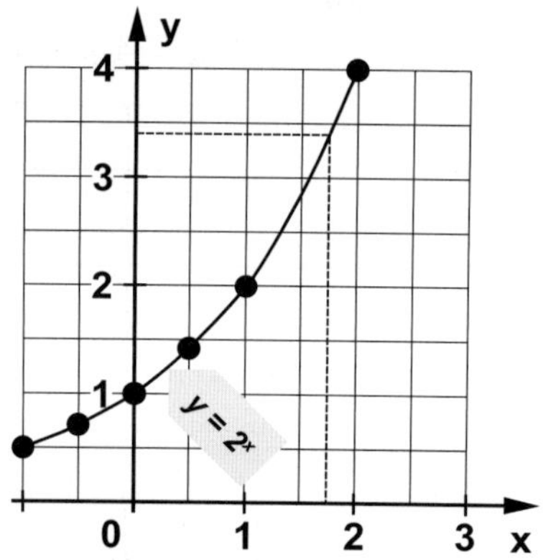

Es sei a eine reelle Zahl mit $a > 0$ und $a \neq 1$ und b eine reelle Zahl mit $b > 0$.
Dann gibt es genau eine reelle Zahl x mit $a^x = b$.
Diese reelle Zahl nennt man den **Logarithmus** von b zur Basis a (abgekürzt: $x = \log_a b$).
Die Gleichung $x = \log_a b$ ist gleichwertig mit $a^x = b$.
Der Logarithmus zur Basis 10 heißt auch **Zehnerlogarithmus** und wird mit log abgekürzt:
$x = \log_{10} 100 = \log 100 = 2$, denn $10^2 = 100$.

Beispiele:
$\log_2 128 = 7$, denn $2^7 = 128$
$\log 1000 = 4$, denn $10^4 = 1000$
$\log 5 = 0,698970004$, denn $10^{0,698970004} = 5$
$\log_2 3 = 1,584962501$, denn $2^{1,584962501} = 3$

Aufgabe 1: Schreibe als Potenzgleichung $a^x = b$.
a) $\log_7 2401 = 4$ **b)** $\log_2 1024 = 10$ **c)** $\log 10000 = 4$ **d)** $\log_2 0,125 = -3$ **e)** $\log_3 729 = 6$

Aufgabe 2: Schreibe als Logarithmusgleichung $\log_b a = x$.
a) $4^7 = 16384$ **b)** $5^5 = 3125$ **c)** $10^7 = 10000000$ **d)** $2^{-5} = 0,03125$ **e)** $16^{0,5} = 4$

Aufgabe 3: Bestimme den Exponenten x.
a) $2^x = 64$ **b)** $3^x = 27$ **c)** $2^x = \frac{1}{32}$ **d)** $10^x = 0,01$ **e)** $7^x = 343$ **f)** $5^x = 15625$ **g)** $10^x = 10000$

Aufgabe 4: Bestimme den Logarithmus zur angegebenen Basis.
a) $\log_7 343 = \square$ **b)** $\log_3 \frac{1}{27} = \square$ **c)** $\log 10 = \square$ **d)** $\log_2 32 = \square$ **e)** $\log_{2,5} 6,25 = \square$

Aufgabe 5: Bestimme die Zahl x, deren Logarithmus gegeben ist.
a) $\log_3 \square = 5$ **b)** $\log_6 \square = 5$ **c)** $\log \square = 3$ **d)** $\log_2 \square = 9$ **e)** $\log_4 \square = 3$

Aufgabe 6:
Ermittle die Werte für $y = \log x$ aus dem Graphen, trage sie in die Tabelle ein und überprüfe sie mit dem Taschenrechner. Mithilfe der log-Taste deines Taschenrechners kannst du die Werte genauer bestimmen. Runde auf vier Nachkommastellen.

x	y	y laut TR
0,2		
0,4		
1		
2		
3		
5		
10		

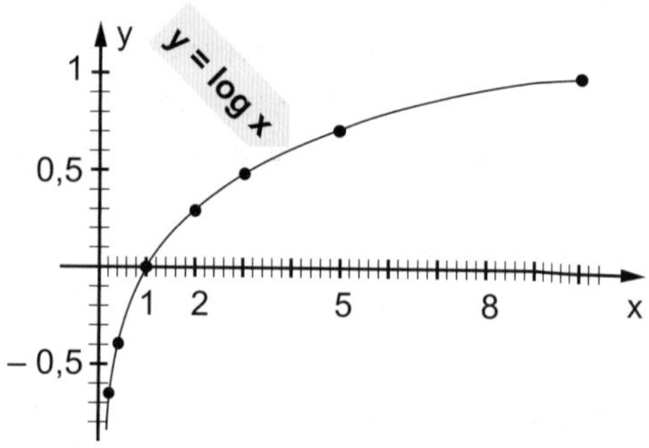

ISBN 978-3-8346-2518-2 | www.verlagruhr.de

Teste dein Wissen: Exponentialfunktionen

Aufgabe 1:
Fülle die Wertetabelle aus und zeichne den Graphen der Funktion.

a) $y = 1{,}5^x$

x	y
–4	
–3	
–2	
–1	
0	
1	
2	
2,5	
3	
4	

b) $x = (\frac{2}{3})^x + 4$

x	y
–4	
–3	
–2,5	
–2	
–1	
0	
1	
2	
3	
4	

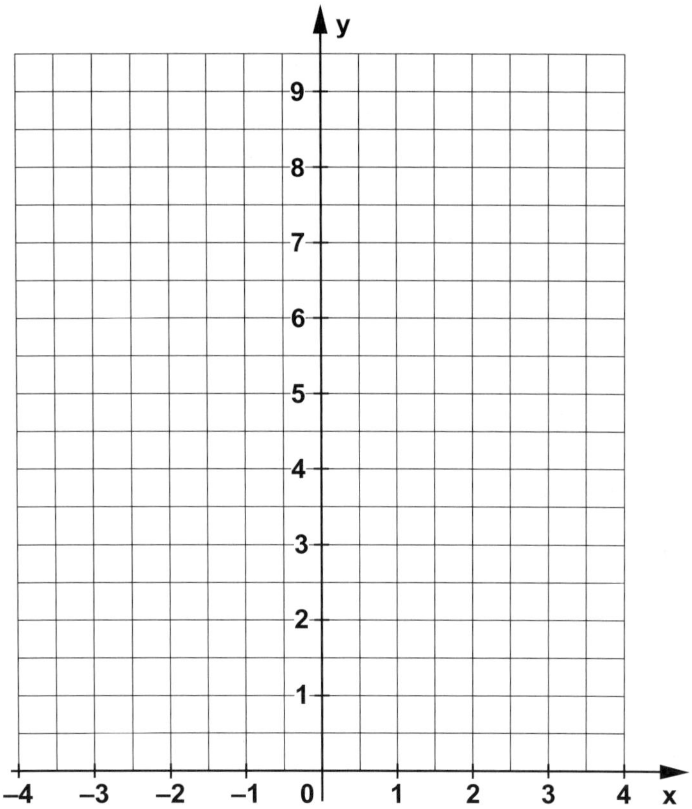

Aufgabe 2:
Wie verändert sich der Funktionswert der Funktion $y = 2^x$, wenn man x

a) um 2 vergrößert? **b)** halbiert? **c)** verdreifacht?

Aufgabe 3:
Die Exponentialfunktion $y = c \cdot a^x$ verläuft durch den angegebenen Punkt.
Bestimme jeweils a und c.

a) P(1|6) und Q(2|18) **b)** P(2|1) und Q(4(|0,25) **c)** P(2|–32) und Q(4|–128)

Aufgabe 4: Schreibe die Gleichung der Funktion in der Form $y = a^{x+d}$.

a) $y = 100 \cdot 10^x$ **b)** $y = 8 \cdot 2^x$ **c)** $y = \frac{1}{8} \cdot 0{,}5^x$ **d)** $y = 9 \cdot 3^x$

Aufgabe 5:
Das Gehalt von Banker Joe Äckermän wird jährlich um 8 % erhöht.
Im letzten Jahr bekam er 400 000 € Jahresgehalt.
Welches Gehalt wird er in 10 Jahren beziehen, wenn er immer noch bei dieser Bank tätig ist?

Aufgabe 6:
Der Luftdruck in Höhe des Meeresspiegels beträgt 1013 hPa. Er nimmt mit zunehmender Höhe ab.
In n Kilometer Höhe berechnet er sich mit der Formel $G_n = 1\,013 \cdot 0{,}88^n$.

a) Welcher Luftdruck herrscht in 11 km Höhe?
b) In welcher Höhe wird ein Luftdruck von 382 hPa gemessen? Löse durch Probieren.

Aufgabe 7: Schreibe als Potenzgleichung $a^x = b$.

a) $\log_5 625 = 4$ **b)** $\log_4 2 = \frac{1}{2}$ **c)** $\log 100\,000 = 5$ **d)** $\log 0{,}01 = –2$

Aufgabe 8: Bestimme den Logarithmus zur angegebenen Basis.

a) $\log_2 16 =$ **b)** $\log_3 81 =$ **c)** $\log_5 0{,}04 =$ **d)** $\log_2 0{,}125 =$

ISBN 978-3-8346-2518-2 | www.verlagruhr.de

Permutationen

Bei einer geordneten Menge von mehreren Elementen gibt es mehrere Möglichkeiten, die Elemente anzuordnen. Die Anzahl dieser möglichen Reihenfolgen beschreibt man als **Permutation** (lat.: *permutare* = ändern, vertauschen).
n verschiedene Elemente lassen sich in $n \cdot (n-1) \cdot (n-2) \cdot \ldots \cdot 3 \cdot 2 \cdot 1 =$ **n !** verschiedenen Reihenfolgen anordnen. *[sprich n Fakultät]*

Beispiel:
Die Buchstaben A, B, E und R kann man in $4! = 4 \cdot 3 \cdot 2 \cdot 1 = 24$ verschiedenen Reihenfolgen aufschreiben.

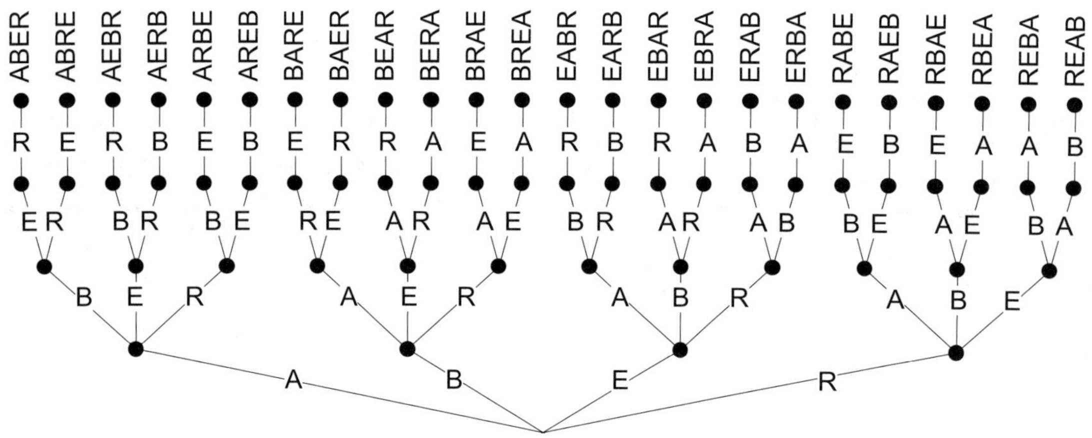

Aufgabe 1:
Safeknacker Petro Peperoni hat einen heißen Tipp für die fünfstellige Geheimzahl eines Safes bekommen. Es soll sich um fünf verschiedene ungerade Ziffern handeln. Wie viele Möglichkeiten müsste Petro durchspielen?

Aufgabe 2:
3 befreundete Ehepaare mit Ihren insgesamt 7 Kindern möchten ein Gruppenfoto machen. Die Erwachsenen sollen nebeneinander hinten stehen und die Kinder in einer Reihe davor. Wie viele verschiedene Aufnahmen von dieser 13-köpfigen Gruppe kann der Fotograf machen, wenn die Erwachsenen immer hinten stehen?

Aufgabe 3:
Der Bibliothekar Holger Readfix grübelt, auf wie viele Arten er die 7 Bücher über die Abenteuer der Zauberin Mary Totter anordnen kann. Wie lange bräuchte er für alle möglichen Fälle, wenn er jeweils 30 Sekunden für das Umsortieren der 7 Bücher benötigt?

Aufgabe 4:
Der sagenumwobene Ingenieur und Erfinder Samuel Drüsenmief („Einem Ingeniör ist nichts zu schwör!") hat seinen CD-Player so programmiert, dass er die Musikstücke in jeder beliebigen Reihenfolge abspielen kann. Wie viele Möglichkeiten sind das bei 8 Musikstücken?

Aufgabe 5:
Beim Grand Prix de la Schnulz traten 10 Sänger auf. Wie viele verschiedene Reihenfolgen gibt es für ihr Auftreten? Wie viele Reihenfolgen sind möglich, wenn bereits entschieden ist, welche 5 Sänger vor der Pause ihr Lied zu Gehör bringen und welche nach der Pause?

ISBN 978-3-8346-2518-2 | www.verlagruhr.de

Auswählen ohne Beachtung der Reihenfolge

Wählt man aus 5 Objekten z. B. 3 aus, ohne dass besonderer Wert auf die Reihenfolge gelegt wird, mit der die Objekte ausgewählt werden, dann gibt es $\frac{5 \cdot 4 \cdot 3}{3!} = \frac{60}{6} = 10$ Möglichkeiten.

Beispiel:
Wenn du aus den 5 Sorten Eis A(nanas), B(anane), C(assis), E(rdbeer) und M(aracuja) je ein Bällchen 3 verschiedener Sorten aussuchen kannst und du dabei keinen Wert darauf legst, ob z. B. das Bananeneis ganz unten oder ganz oben in das Hörnchen gelangt, dann gibt es tatsächlich nur 10 Möglichkeiten der Auswahl.

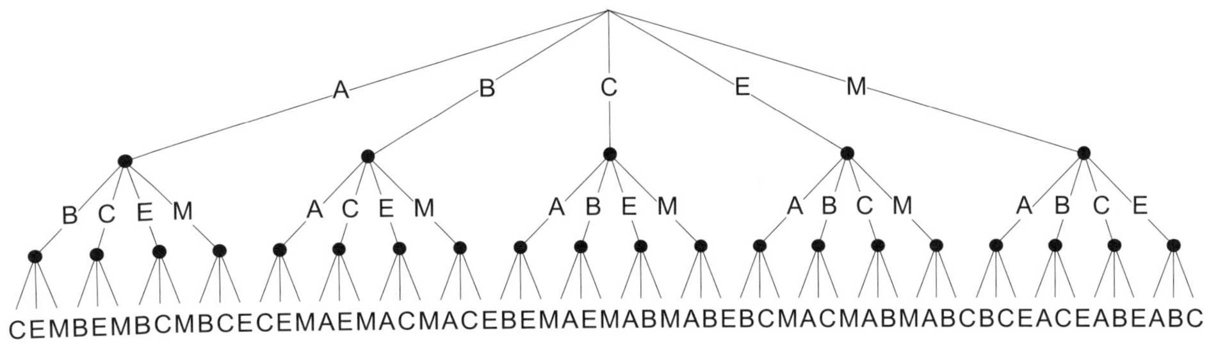

ABC, ACB, BAC, BCA, CAB und CBA bedeuten dasselbe. Dein Hörnchen enthält die Sorten Ananas, Banane und Cassis, wobei die Reihenfolge, wie sie in das Hörnchen gelangt sind, keine Rolle spielt.

Aufgabe 1:
Unter 28 Schülerinnen und Schülern werden 5 Freikarten für den Zirkus Sarrasani verlost. Auf wie viele Arten kann das Los die einzelnen Kinder treffen? Jedes Kind kann nur eine Freikarte bekommen.

Aufgabe 2:
Wie viele verschiedene Eisbecher sind möglich, wenn jeweils 4 verschiedene Kugeln aus insgesamt 15 angebotenen Eissorten zusammengestellt werden?

Aufgabe 3:
Bei einem Bewerbungstest soll Paula Papaya von 9 gleich schweren Aufgaben 4 lösen. In welcher Reihenfolge die Aufgaben gelöst werden, steht Paula frei. Wie viele Möglichkeiten tun sich für Paula auf?

Aufgabe 4:
Bodo Bürgens will für eine neue CD von seinen bislang 15 Hits 8 auf diese CD pressen. Wie viele Möglichkeiten hat er zur Auswahl, wenn es nur darauf ankommt, ob ein Hit dabei ist oder nicht, und es egal ist, an welcher Stelle der CD er sich befindet?

Aufgabe 5:
Gustav Gans, der Glückspilz, hat auf der Kirmes 3 Lose mit freier Auswahl gewonnen. Er kann sich also 3 aus den 12 vorhandenen Hauptgewinnen aussuchen. Unter wie vielen Möglichkeiten hat Gustav Gans die Qual der Wahl?

Aufgabe 6:
Von den 7 Rennpferden Slowmotion, Movenix, Lameleg, Transusie, Runnix, Fußlahm und Gedoptnix soll der Trainer Madjockey 4 Tiere für den „Großen 4 x 10 000 m Military Staffelritt of Germany“ auswählen, wobei es völlig egal ist, in welcher Reihenfolge die 4 ausgesuchten Pferde laufen. Wie viele Möglichkeiten hat der Trainer?

Aufgabe 7:
Die äußerst erfolgreiche Tennisspielerin Doris Decker möchte sich in 5 von 15 Städten, in denen Turniere stattfinden, Eigentumswohnungen kaufen, damit die Anreise zu den einzelnen Wettbewerben nicht so anstrengend ist. Wie viele Möglichkeiten hat sie?

ISBN 978-3-8346-2518-2 | www.verlagruhr.de

Lösungen S. 122

Auswählen unter Beachtung der Reihenfolge

Wählt man aus 5 Objekten z. B. 3 aus und legt besonderen Wert auf die Reihenfolge, mit der die Objekte ausgewählt werden, dann gibt es 5 • 4 • 3 = 60 Möglichkeiten.

Beispiel:
Wenn du aus den 5 Sorten Eis A(nanas), B(anane), C(assis), E(rdbeer) und M(aracuja) je ein Bällchen 3 verschiedener Sorten aussuchen kannst und du dabei besonderen Wert darauf legst, dass z. B. das Bananeneis ganz unten, das Erdbeereis in der Mitte und oben drauf das Maracujaeis thront, dann gibt es tatsächlich 60 Möglichkeiten der Auswahl.

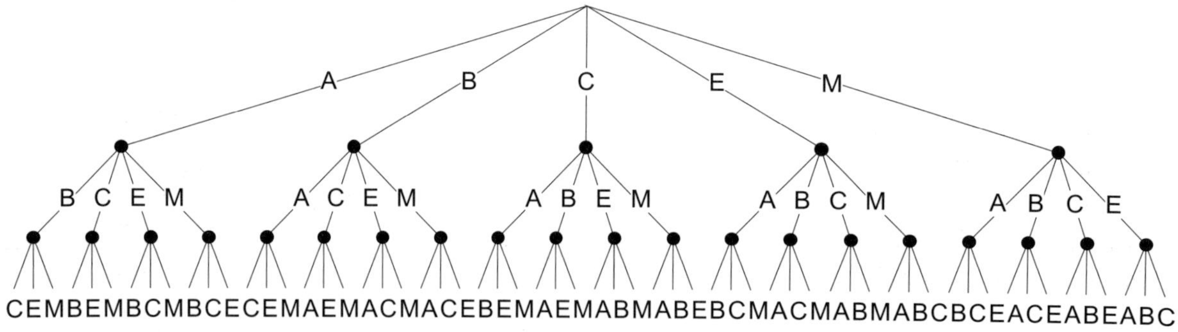

ABC, ACB, BAC, BCA, CAB und CBA beinhalten zwar dieselben Eissorten, aber da die Anordnung der einzelnen Kugeln Eis wichtig ist, sieht man sie als verschiedene Kombinationsmöglichkeiten an.

Aufgabe 1:
7 Rennfahrer haben beim „Großen Preis von Sockenkeim" so ziemlich gleiche Chancen auf den Sieg. Wie viele Möglichkeiten gibt es für die Besetzung des Siegerpodestes mit anschließender Champagnerdusche, wobei es schon darauf ankommt, ob man Erster, Zweiter oder Dritter geworden ist?

Aufgabe 2:
Die wichtigsten 5 Sprünge beim Eiskunstlaufen sind Axel, Lutz, Rittberger, Salchow und Toe-loop. Wie viele Sprungkombinationen mit 2 verschiedenen Sprüngen gibt es? Für die Kampfrichter ist es schon wichtig, ob man erst den Axel und dann den Lutz springt oder umgekehrt.

Aufgabe 3:
Wie viele vierstellige Zahlen lassen sich insgesamt aus den Ziffern 1 bis 10 bilden? Wie viele davon haben vier verschiedene Ziffern?

Aufgabe 4:
Das Alphabet der polynesischen Sprache auf Hawaii besteht aus den Buchstaben a, e, i, o, u, h, k, l, m, n, p und w. Wie viele „Wörter" gibt es mit 5 verschiedenen Buchstaben?

Aufgabe 5:
Unser Alphabet hat 26 Buchstaben. Wie viele „Wörter" gibt es mit 4 verschiedenen Buchstaben? Klar, dass die Wörter nicht immer sinnvoll sein können.

Aufgabe 6:
Der Lokalpolitiker Gernot Köpf-Schröterich möchte in 5 von insgesamt 15 Wahlbezirken Reden an sein Volk richten. Dabei will er aber besonders Rücksicht auf die Reihenfolge nehmen, weil sich z. B. sein Wählervolk in Haselünne fürchterlich aufregen würde, wenn er einen Tag zuvor in Quakenbrück vor das Publikum getreten wäre. Unter wie vielen Möglichkeiten muss er sich entscheiden?

ISBN 978-3-8346-2518-2 | www.verlagruhr.de

Lösungen S. 123

Zickenkrieg beim Pferderennen

Aufgabe:
Bei einem Pferderennen werden unter den 10 Pferden die Startplätze 1 bis 10 ausgelost. Das Gestüt Schindmähre schickt seine beiden Stuten Old Zossen und Slowmotion ins Rennen. Weil sich die beiden Pferde aber nicht leiden können und sich – wenn sie nebeneinander starten – gegenseitig beißen und behindern würden, möchte MacStutendung, der Besitzer des Gestüts, die Wahrscheinlichkeit für das Ereignis „Old Zossen und Slowmotion starten nebeneinander“ berechnen. Schneide dir das Schema mit den Startplätzen und die 10 Pferde einmal aus. Klebe die Startplätze in dein Heft und finde durch Probieren heraus, wie viele Fälle für MacStutendung ungünstig sind. So wie jetzt abgebildet zu starten, wäre schon einer von vielen ungünstigen Fällen.

Startplatz 1	 Slowmotion
Startplatz 2	 Old Zossen
Startplatz 3	 Pferd 3
Startplatz 4	 Pferd 4
Startplatz 5	 Pferd 5
Startplatz 6	 Pferd 6
Startplatz 7	 Pferd 7
Startplatz 8	 Pferd 8
Startplatz 9	 Pferd 9
Startplatz 10	 Pferd 10

ISBN 978-3-8346-2518-2 | www.verlagruhr.de

Auf dem Weg zur Lottomillion

Eigentlich lässt sich die Frage, wie man Lottomillionär wird, ganz einfach beantworten. Man füllt 13 983 816 Lottoscheine aus, bei denen alle unterschiedliche Zahlenanordnungen angekreuzt worden sind, und schon ist man Millionär. Schön wäre es.

Warum gerade 13 983 816 Lottoscheine?

Es gibt 13 983 816 Möglichkeiten, 6 Zahlen anzukreuzen:

$$\frac{49 \cdot 48 \cdot 47 \cdot 46 \cdot 45 \cdot 44}{6!} = \frac{10\,068\,347\,520}{720} = 13\,983\,816$$

Die Wahrscheinlichkeit, 6 Zahlen aus 49 richtig anzukreuzen,

beträgt somit $P = \frac{1}{13\,983\,816} = 0{,}000000072$

Lotto 6 aus 49

1

1	2	3	4	5	6	7
8	9	10	11	12	13	14
15	16	17	18	19	20	21
22	23	24	25	26	27	28
29	30	31	32	33	34	35
36	37	38	39	40	41	42
43	44	45	46	47	48	49

Schwieriger zu beantworten ist die Frage, wie groß die Wahrscheinlichkeit für genau 3 Richtige ist. Mache es dir am Beispiel von 6 gezogenen Kugeln 16, 13, 17, 3, 39 und 31 klar. Wenn du 3 von den insgesamt 6 gezogenen Zahlen richtig getippt hast, gibt es dafür

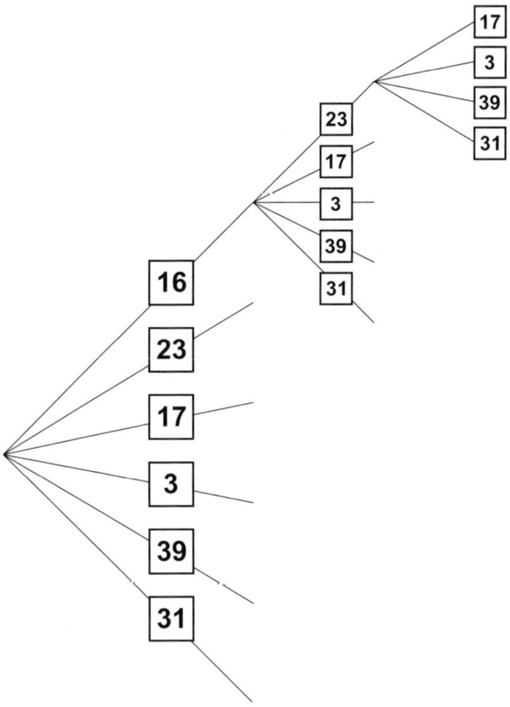

$$\frac{6 \cdot 5 \cdot 4}{3!} = 20 \text{ Möglichkeiten,}$$

weil es für deine 3 richtigen Zahlen uninteressant ist, ob sie z. B. in der Reihenfolge 16, 23, 17 oder 23, 16, 17 oder 17, 23, 16 usw. gezogen wurden. Hauptsache, 3 Richtige!

Wo kommen aber deine restlichen drei Zahlen her, die Nieten? Nun, die müssen doch offensichtlich aus den übrig gebliebenen 43 Zahlen sein. Wie viele Möglichkeiten gibt es, drei Nieten aus 43 Zahlen zu ziehen?

Klar,

$$\frac{1}{13\,983\,816} = 12\,341 \text{ Möglichkeiten.}$$

Die Wahrscheinlichkeit, genau 3 Zahlen aus 49 richtig anzukreuzen, beträgt somit

$$P = \frac{20 \cdot 12\,341}{13\,983\,816} = 0{,}01765040387.$$

Aufgabe 1:
Wie groß ist die Wahrscheinlichkeit, mit 6 Richtigen und der Superzahl den Jackpot zu knacken?

Aufgabe 2:
Berechne die Wahrscheinlichkeit für 4 Richtige.

Aufgabe 3:
Wie groß ist die Wahrscheinlichkeit für das Ereignis „5 Richtige“?

ISBN 978-3-8346-2518-2 | www.verlagruhr.de

Teste dein Wissen: Kombinatorik

Aufgabe 1:
Im Eiscafé „Cool 'n' ice" werden 12 verschiedene Sorten Eis angeboten. Wie viele Möglichkeiten gibt es, sich 3 Bällchen verschiedener Sorten zu mixen? Wie die 3 Bällchen in das Waffelhörnchen kommen, soll vollkommen egal sein.

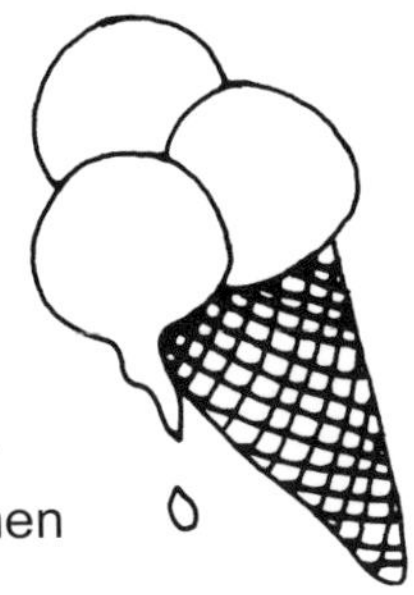

Aufgabe 2:
Das Alphabet hat 26 Buchstaben. Wie viele Wörter lassen sich aus 3 verschiedenen Buchstaben bilden? Klar, dass diese „Wörter" nicht immer sinnvoll sind!

Aufgabe 3:
Trainer Joggermal will alle möglichen Aufstellungen für seine 4 x 100 m-Staffel auflisten. Er hat 7 Läufer zur Verfügung, wobei er sich noch keine Gedanken über die Startreihenfolge gemacht hat.

Aufgabe 4:
Axel Salto ist Eiskunstläufer und beherrscht Axel, Lutz, Rittberger, Salchow und Toe-loop. Für eine Kür stellt er eine Sprungkombination aus 3 verschiedenen Sprüngen zusammen. Wie viele Möglichkeiten hat er, wobei es schon wichtig ist, ob er erst den Axel und dann den Salchow springt oder umgekehrt?

Aufgabe 5:
6 Personen wollen durch eine Drehtür, die nur jeweils 1 Person durchlässt, weil sie sehr schmal ist. Auf wie viele Arten können die 6 Personen den Eingang passieren?

Aufgabe 6:
Beim Skatspiel erhält jeder Spieler 10 von 32 Spielkarten. Wie viele verschiedene „Blätter" kann ein Spieler bekommen?

Aufgabe 7:
Bei einer Versammlung sind noch 9 Stühle unbesetzt. 6 Personen betreten den Raum. Sie machen sich Gedanken darüber, wie viele verschiedene Möglichkeiten der Platzbelegung sie haben.

Aufgabe 8:
Auf wie viele Arten kann man die Buchstaben A, E, G, L, N anordnen? Kein Buchstabe soll doppelt vorkommen und alle Buchstaben sollen verwendet werden.

Aufgabe 9:
Bei Ferdinand Pudel fallen beim Kegeln immer nur 5 der 9 aufgestellten Kegel. Ferdinand möchte gerne wissen, wie viele Wurfbilder es zu diesem Phänomen gibt.

Aufgabe 10:
An einem Radrennen nehmen 10 Sportler teil, die alle gleich gut drauf sind. Die 3 ersten gewinnen Geldpreise von 10 000€, 8 000€ und 5 000€. Wie viele Möglichkeiten gibt es, die 3 Plätze zu belegen?

Aufgabe 11:
Bei einem Preisausschreiben wurden 50 richtige Lösungen eingeschickt. Wie viele Möglichkeiten gibt es, die 3 ersten gleichwertigen Preise auf diese Lösungen zu verteilen?

Aufgabe 12:
Bei Klassenausflügen sind die hinteren 6 Sitze im Bus immer heiß begehrt. Wie viele Möglichkeiten gibt es, 6 Schüler auf diese Platze zu verteilen?

Aufgabe 13:
Der Künstler Manni Kordt soll für eine Ausstellung 5 seiner insgesamt 20 gleich guten Bilder seines Zyklus „Monduntergang" auswählen. Wie viele Möglichkeiten hat er dazu?

ISBN 978-3-8346-2518-2 | www.verlagruhr.de

Lösungen

Lösungen

Kapitel 1 – Quadratische Funktionen

Einführende Beispiele (Seite 5–6)

Aufgabe 1:

a) Die Parabel ist nach oben geöffnet.
b) Der Graph ist symmetrisch zu einer Parallelen zur y-Achse.
c) Der Graph hat mit der y-Achse den Punkt P(0|3) gemeinsam.
d) Die Koordinaten des Scheitelpunkts lauten (2|–1).
e) Der Graph hat gemeinsame Punkte $Q_1(1|0)$ und $Q_2(3|0)$ mit der x-Achse.
f) Der Scheitelpunkt ist der tiefste Punkt des Graphen.
g) Der Graph fällt ständig bis zum Scheitelpunkt und steigt dann wieder an.

Aufgabe 2:

a) Die Parabel ist nach unten geöffnet.
b) Der Graph ist symmetrisch zu einer Parallelen zur y-Achse.
c) Der Graph hat mit der y-Achse den Punkt P(0|2) gemeinsam.
d) Die Koordinaten des Scheitelpunktes P lauten (–1|2,5).
e) Der Graph hat gemeinsame Punkte $Q_1(\approx -3{,}2|0)$ und $Q_2(\approx 1{,}2|0)$ mit der x-Achse.
f) Der Scheitelpunkt ist der höchste Punkt des Graphen.
g) Der Graph steigt ständig bis zum Scheitelpunkt und fällt dann wieder.

Nullstellen quadratischer Funktionen (Seite 7)

Aufgabe 1:

a) $y = x^2 - 2x - 3$

x	y
–3	12
–2	5
–1	0
0	–3
1	–4
2	–3
3	0
4	5
5	12

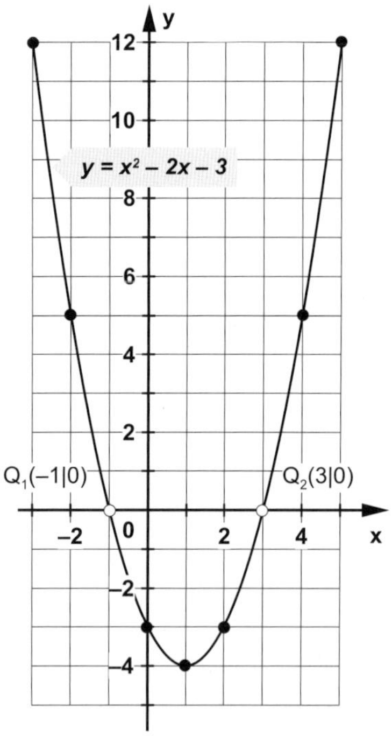

b) $y = 0{,}5x^2 - 4x + 3$

x	y
0	3
1	–0,5
2	–3
3	–4,5
4	–5
5	–4,5
6	–3
7	–0,5
8	3

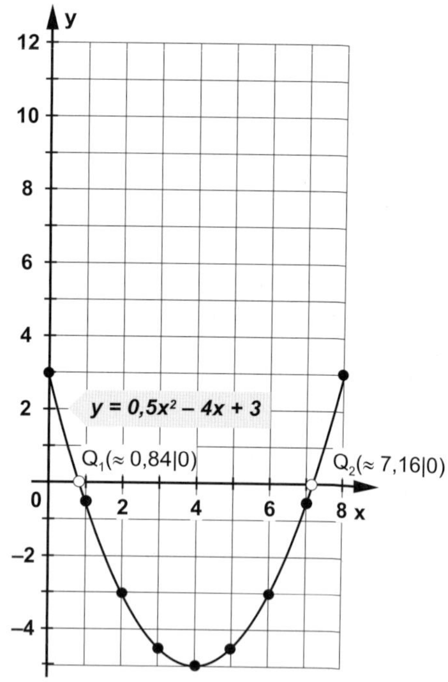

Aufgabe 2:

a) $Q_1(-3|0)$, $Q_2(1|0)$ **b)** $Q(-1|0)$ **c)** keine Nullstellen

Lösungen

Die quadratische Funktion $y = x^2$ (Seite 8)

Aufgabe 1:

a) P(1,6| 2,56) **b)** P_1(1,7 |2,89); P_2(–1,7 |2,89) **c)** P_1(1,3 |1,69); P_2(–1,3 |1,69)
d) P(0,9| 0,81) **e)** P_1(1,9 |3,61); P_2(–1,9 |3,61) **f)** P(–0,3| 0,09)

Aufgabe 2:

a) 1,96 **b)** 4,41 **c)** 0,64 **d)** 7,84 **e)** 7,29 **f)** 2,56

Aufgabe 3:

P'(–0,7 | 0,49), Q'(2,5 | 6,25), R'(–3,5 | 12,25), S'(1,2 | 1,44)

Aufgabe 4:

a) $x_1 = 2{,}45$; $x_2 = -2{,}45$ **b)** { } **c)** $x = 0$
d) $x_1 = 1{,}58$; $x_2 = -1{,}58$ **e)** $x_1 = 2{,}86$; $x_2 = -2{,}86$ **f)** { }

Aufgabe 5:

a) unterhalb **b)** auf **c)** oberhalb **d)** unterhalb **e)** oberhalb **f)** oberhalb

Die quadratische Funktion $y = ax^2$ (Seite 9–10)

Aufgabe 1:

a)

x	y
–4	–8
–3	–4,5
–2,5	–3,125
–2	–2
–1,5	–1,125
–1	–0,5
–0,5	–0,125
0	0
0,5	–0,125
1	–0,5
2	–2
3	–4,5
4	–8

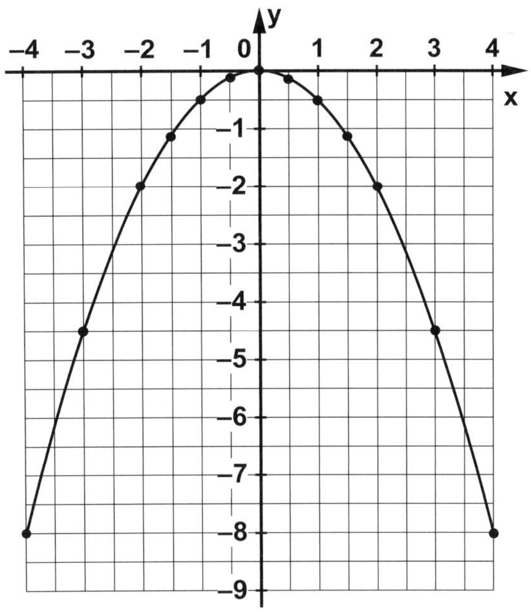

b) Der Graph ist genau wie die Normalparabel symmetrisch zur y-Achse.
Die Parabel zur gegebenen Funktionsgleichung ist allerdings nach unten geöffnet, da $a < 0$ ist.
Der Graph steigt im 3. Quadranten an und fällt nach dem Scheitelpunkt im Ursprung $(0|0)$ im 4. Quadranten wieder. Außerdem verläuft die gegebene Parabel flacher als die Normalparabel; sie ist also gestaucht, da $|a|$ zwischen 0 und 1 liegt.

Lösungen

Aufgabe 2:

a)

$y = 0{,}5x^2$

x	y
–3	4,5
–2	2
–1	0,5
–0,5	0,125
0	0
0,5	0,125
1	0,5
2	2
3	4,5

$y = 1{,}5x^2$

x	y
–2	6
–1,5	3,375
–1	1,5
–0,5	0,375
0	0
0,5	0,375
1	1,5
1,5	3,375
2	6

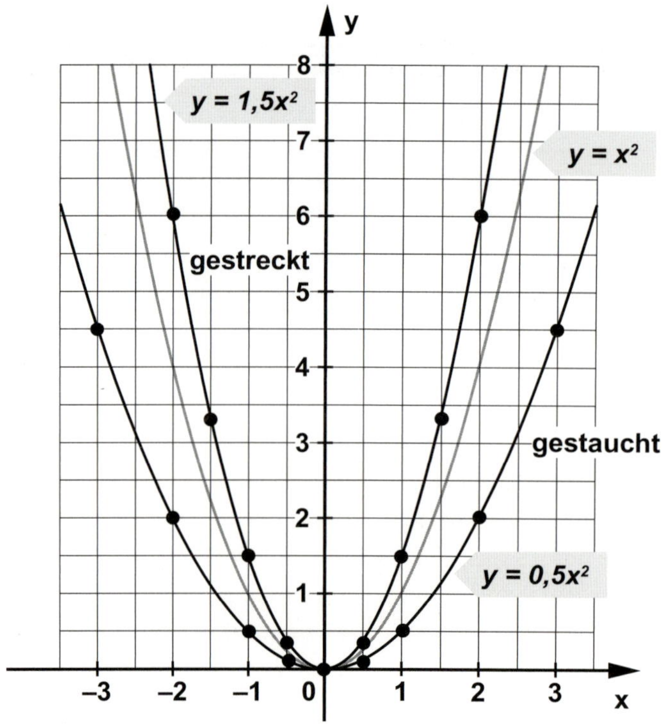

b) Die Parabel mit der Funktion $y = 0{,}5x^2$ ist gegenüber der Normalparabel gestaucht; die Parabel mit der Funktion $y = 1{,}5x^2$ ist gestreckt.

Aufgabe 3:

a) $a = -3$ **b)** $a = -0{,}5$ **c)** $a = 2$ **d)** $a = 4$

Aufgabe 4:

a) $y = -0{,}5x^2 \rightarrow P_4(-4|-8)$

b) $y = -2x^2 \rightarrow P_1(3|-18)$

c) $y = 1{,}25x^2 \rightarrow P_2(-2{,}5|7{,}8125)$

d) $y = 4x^2 \rightarrow P_3(1{,}5|9)$

Aufgabe 5:

a) $y = 1{,}5x^2$ **b)** $y = -0{,}5x^2$ **c)** $y = -0{,}625x^2$ **d)** $y = -0{,}75x^2$

Die quadratische Funktion $y = x^2 + e$ (Seite 11)

Aufgabe 1:

a) $y = x^2 - 3{,}5$ **b)** $y = x^2 + 0{,}5$ **c)** $y = x^2 - 2{,}5$

Aufgabe 2:

a) $y = x^2 + 3$ **b)** $y = x^2 - 2{,}5$

Aufgabe 3:

a) $y = x^2 + 4{,}5$ **b)** $y = x^2 - 0{,}75$

Aufgabe 4:

a) $S(0|-6{,}8)$ **b)** $S(0|2{,}2)$

Lösungen

Die quadratische Funktion $y = (x - d)^2$ (Seite 12)

Aufgabe 1:

a) $y = (x + 4)^2 \rightarrow y = x^2 + 8x + 16$
b) $y = (x - 1)^2 \rightarrow y = x^2 - 2x + 1$
c) $y = (x - 1{,}5)^2 \rightarrow y = x^2 - 3x + 2{,}25$
d) $y = (x + 3{,}5)^2 \rightarrow y = x^2 + 7x + 12{,}25$

Aufgabe 2:

a) $y = (x + 2{,}7)^2$
b) $y = (x - 3{,}5)^2$

Aufgabe 3:

a) $y = (x - 2{,}5)^2 \rightarrow S(2{,}5|0)$
b) $y = (x + 2)^2 \rightarrow S(-2|0)$
c) $y = (x - 0{,}1)^2 \rightarrow S(0{,}1|0)$

Aufgabe 4:

a)

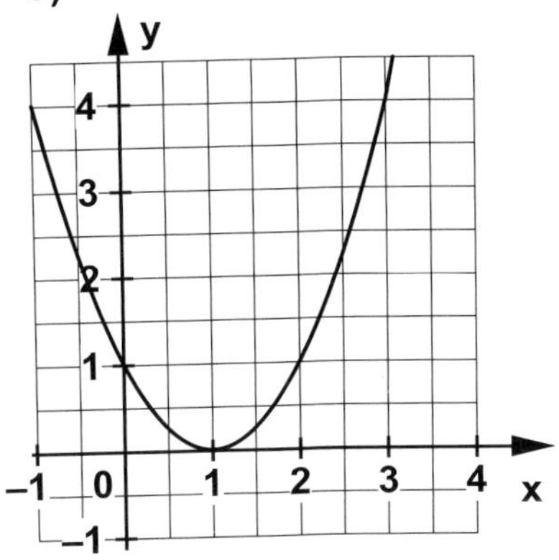

b)

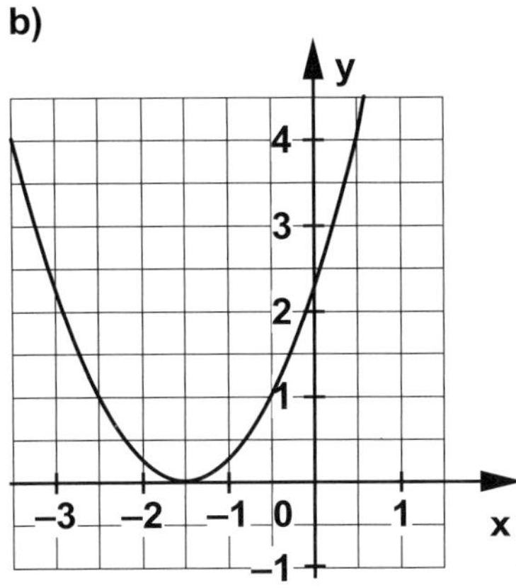

c)

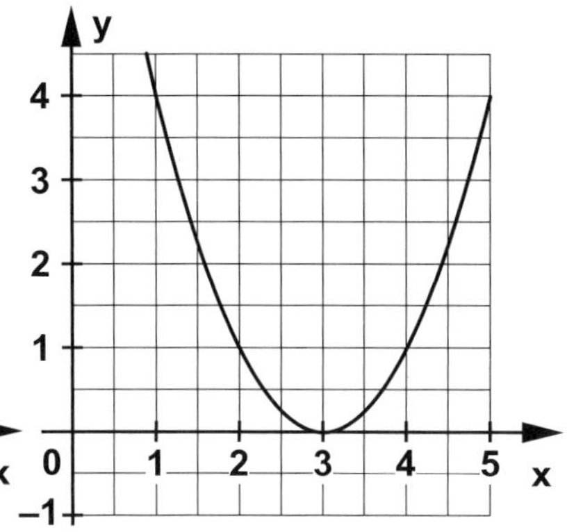

Die quadratische Funktion $y = (x - d)^2 + e$ (Seite 13)

Aufgabe 1:

a) $y = (x + 3)^2 - 1 \rightarrow y = x^2 + 6x + 8$
b) $y = (x - 1{,}5)^2 + 3 \rightarrow y = x^2 - 3x + 5{,}25$
c) $y = (x - 2)^2 - 0{,}5 \rightarrow y = x^2 - 4x + 3{,}5$
d) $y = (x + 3{,}5)^2 + 2 \rightarrow y = x^2 + 7x + 14{,}25$

Aufgabe 2:

a) $S(2|3)$
b) $S(-3|-1)$
c) $S(5|-2)$
d) $S(-1|6)$

Aufgabe 3:

a) $y = (x - 1)^2 + 2$
b) $y = (x + 1{,}5)^2 - 1$
c) $y = (x - 3)^2 + 2$

Scheitelpunktform und Normalform (Seite 14)

Aufgabe 1:

a) $y = (x + 2)^2 + 1{,}5 \rightarrow S(-2|1{,}5)$
b) $y = (x - 1{,}5)^2 + 1 \rightarrow S(1{,}5|1)$
c) $y = (x - 3)^2 - 2 \rightarrow S(3|2)$
d) $y = (x + 3)^2 - 2{,}5 \rightarrow S(-3|-2{,}5)$

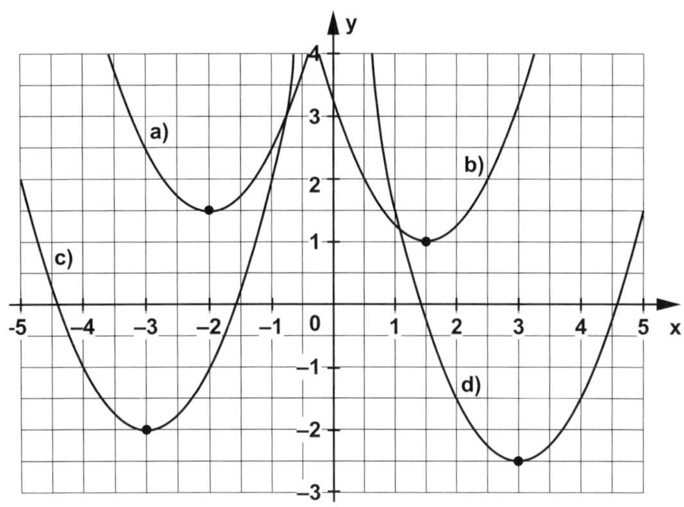

Lösungen

Aufgabe 2:

a) $y = (x - 5)^2 + 3$
b) $y = (x - 8)^2 + 10$
c) $y = x^2 - 4$
d) $y = (x + 3)^2$
e) $y = (x + 4)^2 + 2$
f) $y = (x - 2)^2 + 4$
g) $y = (x + 4)^2$
h) $y = (x + 2)^2 + 4$
i) $y = (x + 3)^2 - 5$

Lösungswort:

K	U	G	E	L	R	U	N	D
a)	b)	c)	d)	e)	f)	g)	h)	i)

Die quadratische Funktion y = ax² + bx + c (Seite 15)

Aufgabe 1:

$y = -\frac{1}{2}x^2 + 3x - 2$

$y = -\frac{1}{2}(x^2 - 6x + 4)$

$y = -\frac{1}{2}(x^2 - 6x + 9 - 9 + 4)$

$y = -\frac{1}{2}([x - 3]^2 - 5)$

$y = -\frac{1}{2}(x - 3)^2 + 2,5$

→ Scheitelpunkt S(3|2,5)

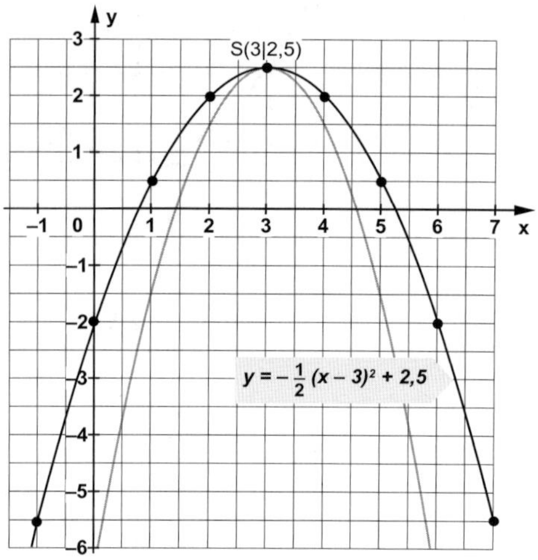

Aufgabe 2:

a) $y = \frac{1}{3}(x - 3)^2 + 2$
b) $y = -2(x + 1)^2 - 3$
c) $y = 0,5(x + 6)^2 - 8$
d) $y = -0,25(x + 4)^2 - 1$
e) $y = -(x - 3)^2 + 6$
f) $y = 3(x + 0,5)^2 + 2$
g) $y = -1,5(x - 4)^2 + 6$
h) $y = 0,1(x + 8)^2 - 2$

Lösungswort:

H	E	P	T	A	G	O	N
a)	b)	c)	d)	e)	f)	g)	h)

Teste dein Wissen: Quadratische Funktionen (Seite 16–18)

Aufgabe 1:

a) $y = x^2 - 2$

x	y
0	–2
0,5	–1,75
–0,5	–1,75
1	–1
–1	–1
1,5	0,25
–1,5	0,25
2	2
–2	2
3	7
–3	7

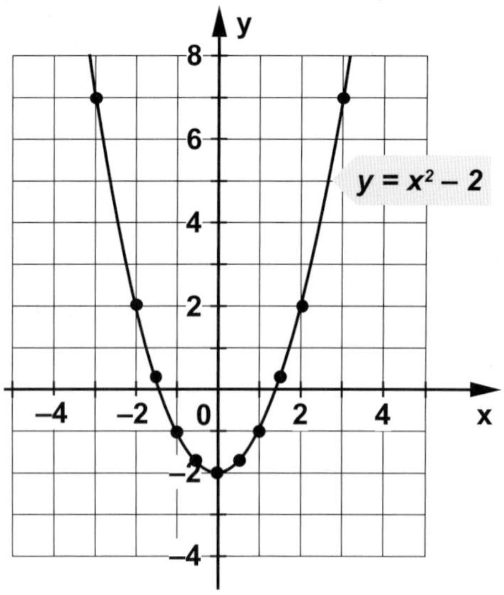

Lösungen

b) $y = \frac{1}{2}x^2 - 4$

x	y
0	–4
0,5	–3,875
–0,5	–3,875
1	–3,5
–1	–3,5
1,5	–2,875
–1,5	–2,875
2	–2
–2	–2
3	0,5
–3	0,5

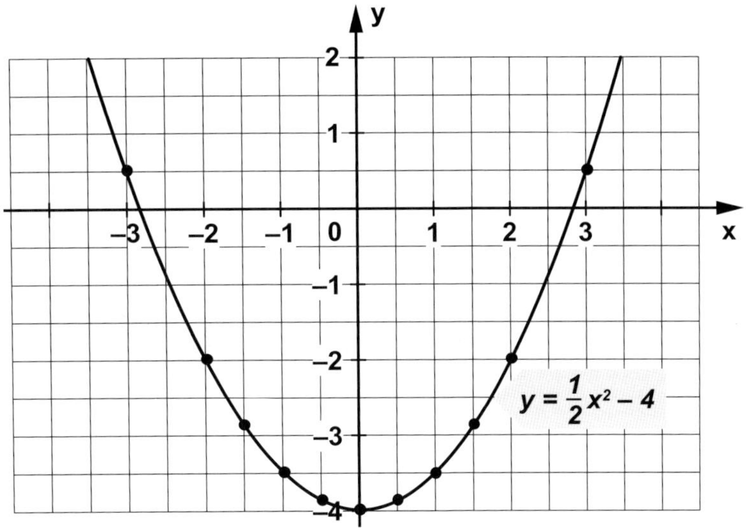

c) $y = -\frac{1}{2}x^2 + 4$

x	y
0	4
0,5	3,875
–0,5	3,875
1	3,5
–1	3,5
1,5	2,875
–1,5	2,875
2	2
–2	2
4	–4
–4	–4

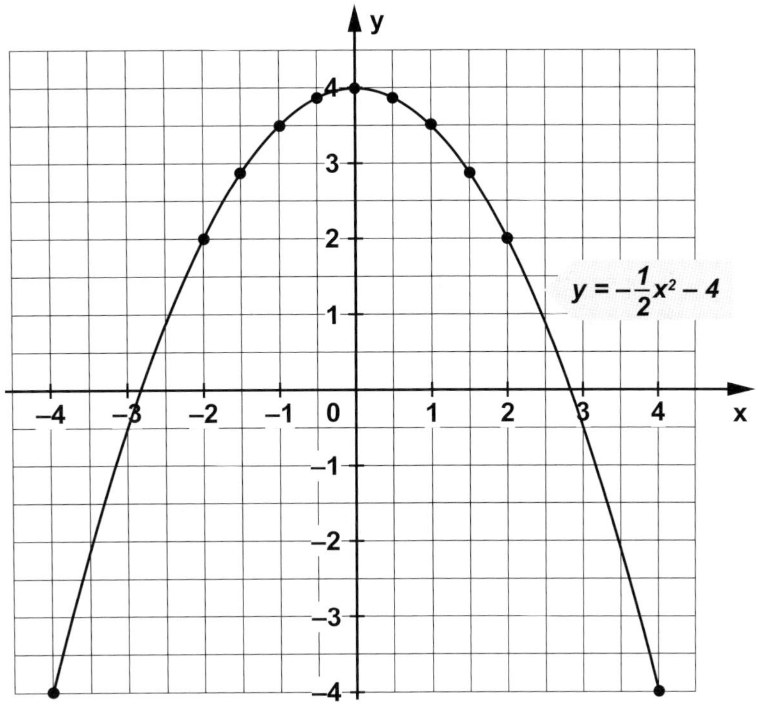

Aufgabe 2:

a) $Q_1(-1|0)$; $Q_2(1|0)$

b) $Q_1(-3|0)$; $Q_2(3|0)$

c) $Q_1(-2|0)$; $Q_2(2|0)$

d) keine Nullstellen

e) $Q(0|0)$

f) keine Nullstellen

Lösungen

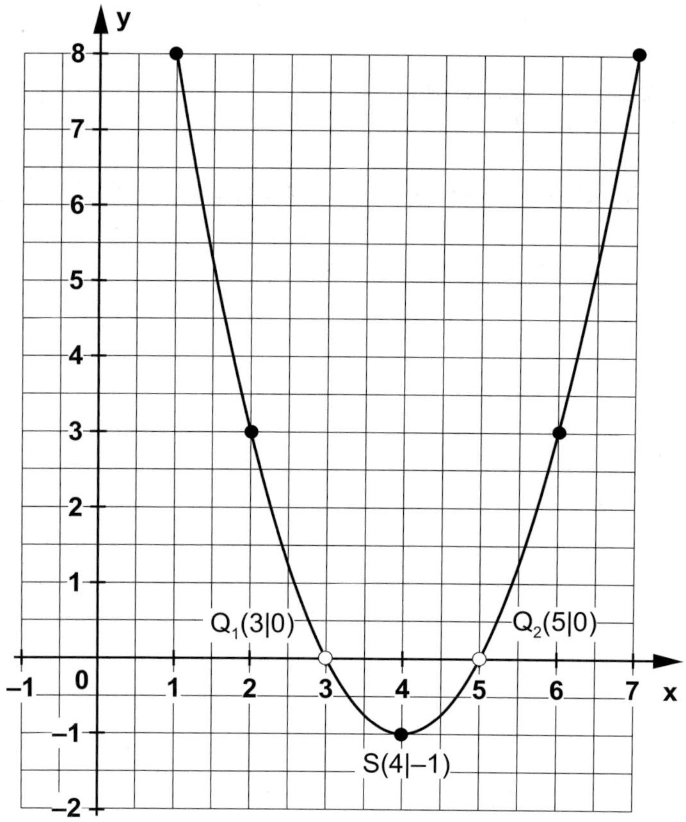

Aufgabe 3:

$y = x^2 - 8x + 15$

$y = x^2 - 8x + 16 - 16 + 15$

$y = (x - 4)^2 - 1$

→ S(4|–1)

→ $Q_1(3|0)$; $Q_2(5|0)$

Aufgabe 4:

a) $y = (x + 3)^2$ → S(–3|0)

b) $y = (x + 7)^2$ → S(–7|0)

c) $y = (x - 0{,}5)^2$ → S(0,5|0)

d) $y = (x - 2)^2$ → S(2|0)

e) $y = (x + 0{,}4)^2$ → S(–0,4|0)

f) $y = (x - 1{,}2)^2$ → S(1,2|0)

Aufgabe 5:

a) $y = (x - 4)^2 - 3$

$y = x^2 - 8x + 13$

S(4|–3)

b) $y = (x + 2{,}5)^2 + 2$

$y = x^2 + 5x + 8{,}25$

S(–2,5|2)

Aufgabe 6:

a) $y = -(x + 4)^2 + 1$
→ S(–4|1)

b) $y = -(x + 3)^2 + 9$
→ S(–3|9)

c) $y = -(x + 1{,}5)^2 + 6{,}25$
→ S(–1,5|6,25)

d) $y = (x - \frac{2}{3})^2 - 1$
→ $S(\frac{2}{3}|-1)$

Aufgabe 7:

a) S(–1|–0,5); zwei Nullstellen **b)** S(0|0,5); keine Nullstelle **c)** S(0|–4); zwei Nullstellen

d) S(–2|0); eine Nullstelle **e)** S(–36|2); keine Nullstelle **f)** S(18|0); eine Nullstelle

Aufgabe 8:

A → ❽ B → ❷ C → ❻ D → ❶

E → ❼ F → ❹ G → ❸ H → ❺

Aufgabe 9:

Aufstellung der Scheitelpunktform:

$y = a(x - d)^2 + e$

Setze die Koordinaten des Scheitelpunkts ein.

$y = a(x + 2)^2 + 1$

Nun musst du noch den Faktor a herausfinden, der dir angibt, ob die Parabel gestaucht oder gestreckt ist und ob sie nach unten oder oben geöffnet ist. Setze dazu die Koordinaten des Punktes P ein.

$-1 = a(-1 + 2)^2 + 1$

$-1 = a + 1$

$-2 = a$

→ Die Scheitelpunktform lautet also $\underline{y = -2(x + 2)^2 + 1}$

Lösungen

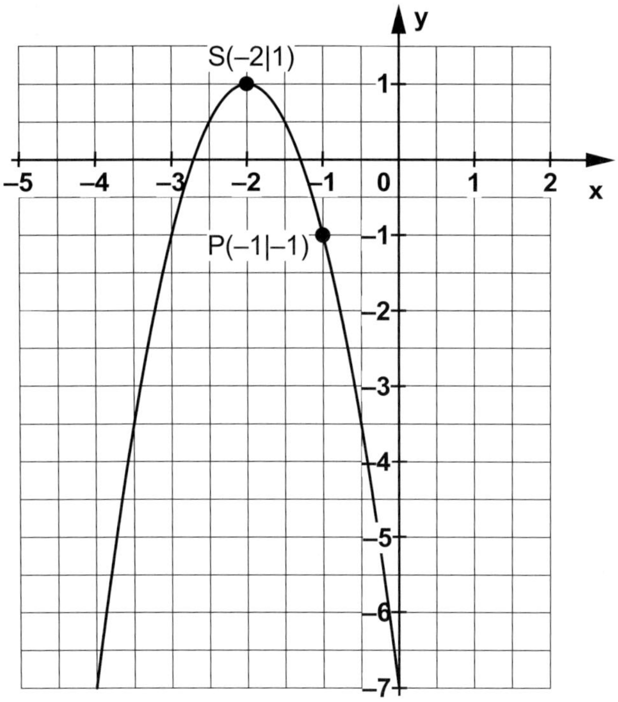

Umformen in die Normalform:

$y = -2(x^2 + 4x + 4) + 1$

$y = -2x^2 - 8x - 8 + 1$

→ Die Normalform lautet also $\underline{y = -2x^2 - 8x - 7}$

Kapitel 2 – Quadratische Gleichungen

Grafische Lösungen quadratischer Gleichungen – Teil 1 (Seite 19)

Aufgabe 1:

a) $x^2 - \frac{2}{3}x - 2\frac{2}{3} = 0$

b) $x^2 - x + 12 = 0$

c) $x^2 - 3\,\frac{5}{6}x + \frac{1}{3} = 0$

Aufgabe 2:

a) $(x - 1)^2 - 4 = 0$

b) $(x + 3)^2 - 4 = 0$

c) $(x + 4)^2 - 1 = 0$

Aufgabe 3:

a) $(x + 1)^2 - 4 = 0$
$L = \{-3;1\}$

b) $(x - 2)^2 - 1 = 0$
$L = \{1;3\}$

c) $(x + 4)^2 - 4 = 0$
$L = \{-5;-1\}$

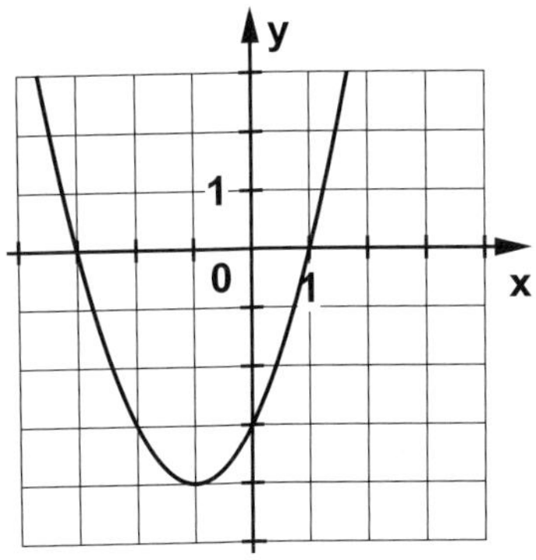

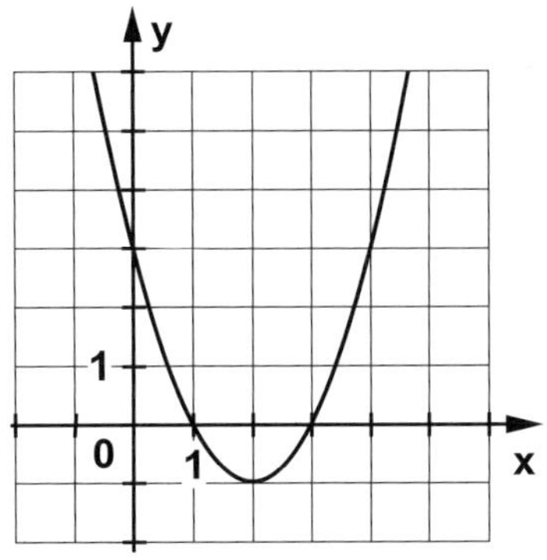

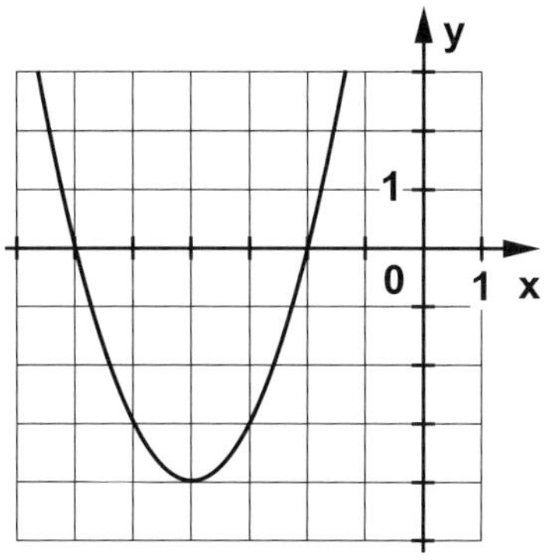

Lösungen

Grafische Lösungen quadratischer Gleichungen – Teil 2 (Seite 20–21)

Aufgabe 1:

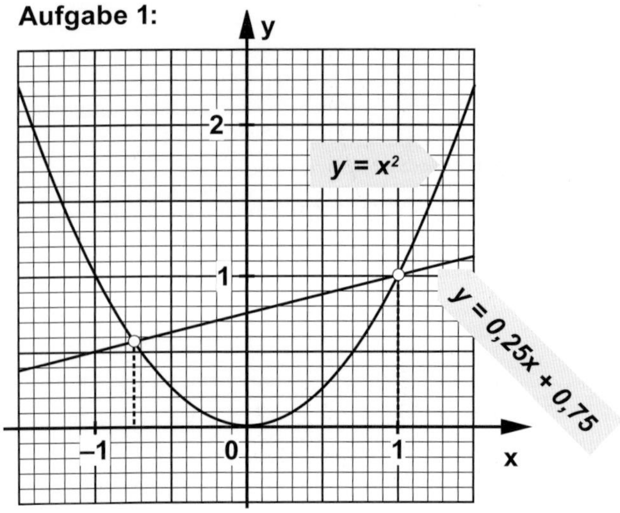

$x_1 = -0{,}75$
$x_2 = 1$
$L = \{-0{,}75;\ 1\}$

Probe:

$(-0{,}75)^2 - 0{,}25 \cdot (-0{,}75) - 0{,}75 = 0$
$0{,}5625 + 0{,}1875 - 0{,}75 = 0$
$0 = 0$ ✓
$12 - 0{,}25 \cdot - 0{,}75 = 0$
$1 - 0{,}25 - 0{,}75 = 0$
$0 = 0$ ✓

Aufgabe 2:

Gleichung: $x^2 - x = 2$
$\rightarrow x^2 = x + 2$, also Gerade: $y = x + 2$

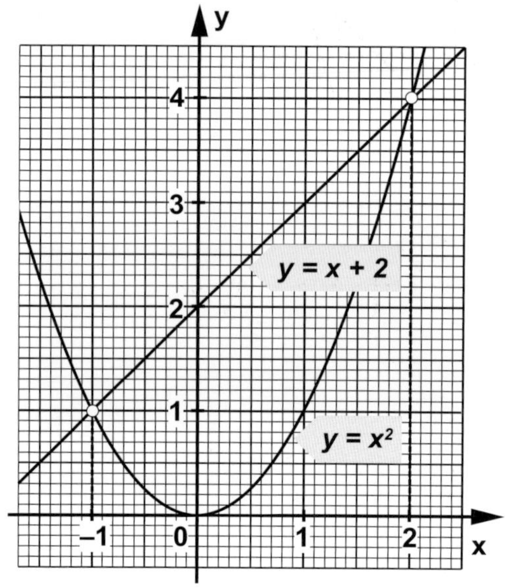

$x_1 = -1$
$x_2 = 2$
$L = \{-1;\ 2\}$

Probe:

$(-1)^2 + 1 = 2$
$1 + 1 = 2$
$2 = 2$ ✓
$2^2 - 2 = 2$
$4 - 2 = 2$
$2 = 2$ ✓

Aufgabe 3:

a)

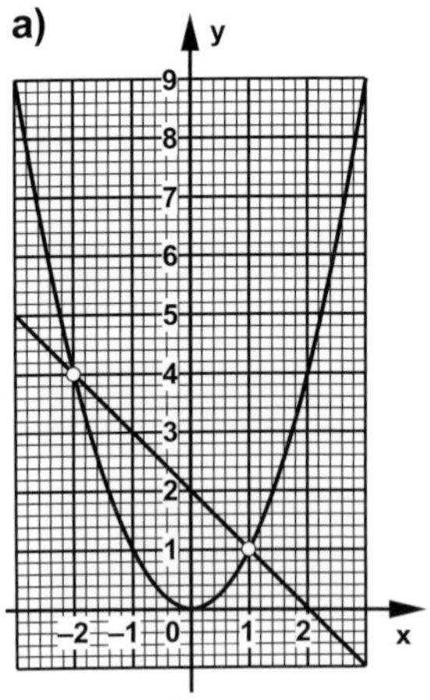

$y = -x + 2$
$\rightarrow x^2 = -x + 2$
$x^2 + x - 2 = 0$
$L = \{-2;\ 1\}$

b)

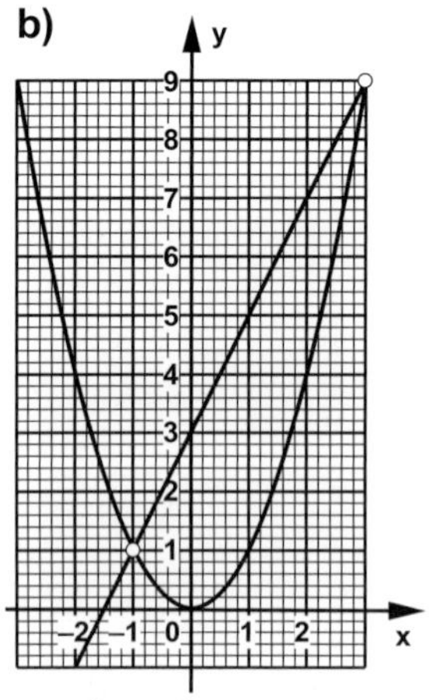

$y = 2x + 3$
$\rightarrow x^2 = 2x + 3$
$x^2 - 2x - 3 = 0$
$L = \{-1;\ 3\}$

c)

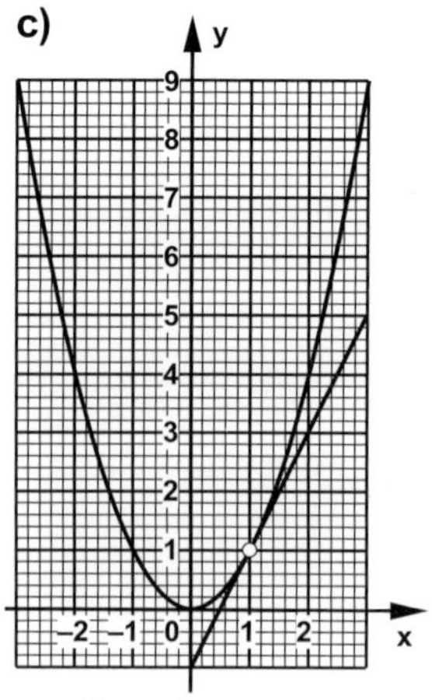

$y = 2x - 1$
$\rightarrow x^2 = 2x - 1$
$x^2 - 2x + 1 = 0$
$L = \{1\}$

d)

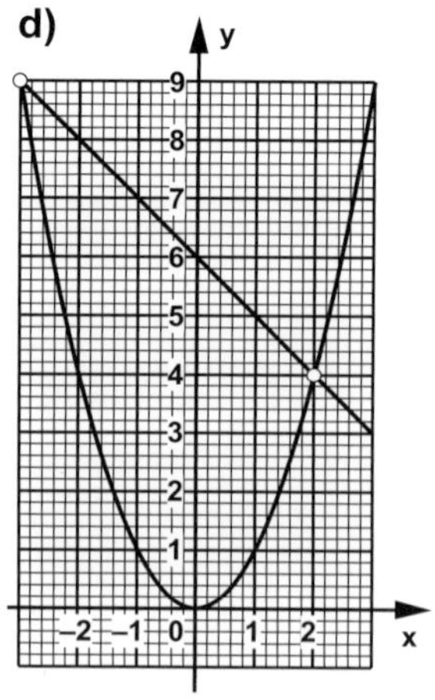

$y = -x + 6$
$\rightarrow x^2 = -x + 6$
$x^2 + x - 6 = 0$
$L = \{-3;\ 2\}$

Lösungen

Aufgabe 4:

a)

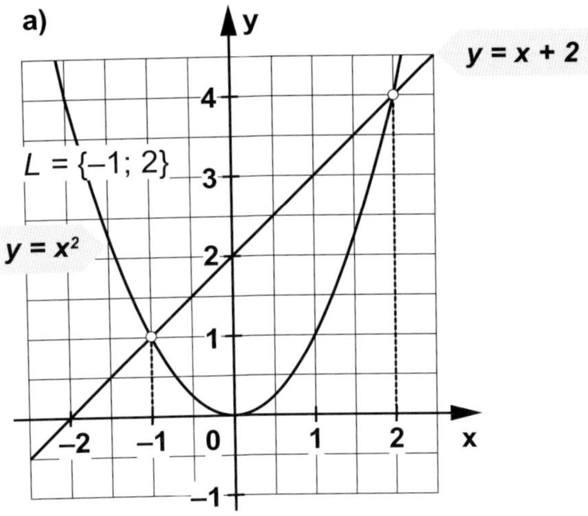

b)

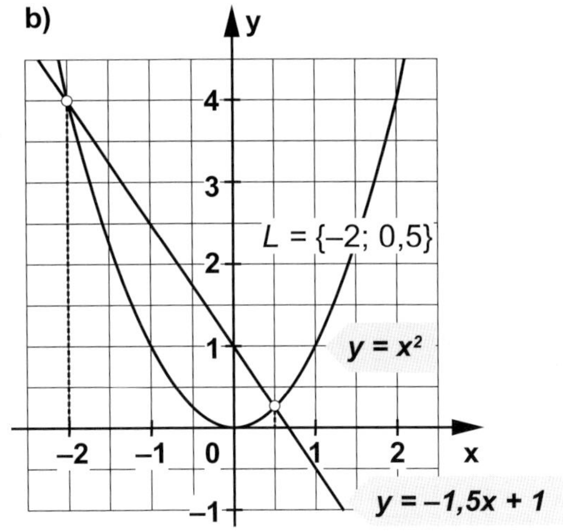

c)

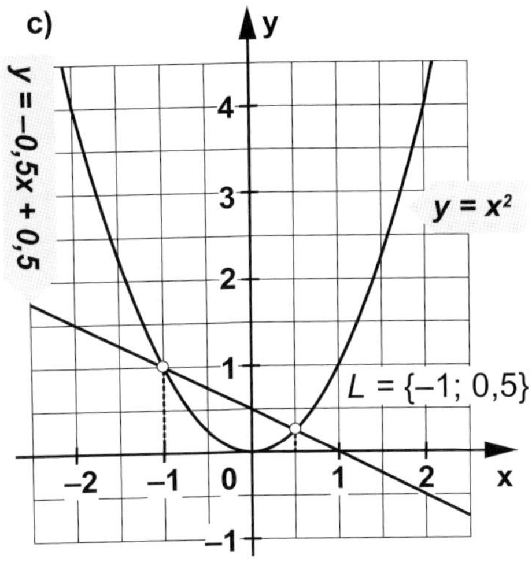

d)

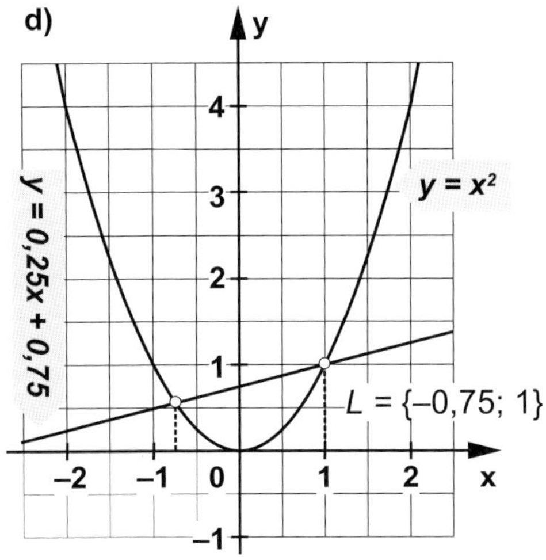

Rechnerische Lösungen quadratischer Gleichungen – Teil 1 (Seite 22)

Aufgabe 1:

a) $L = \{-6; 6\}$ **b)** $L = \{-\frac{1}{6}; \frac{1}{6}\}$ **c)** $L = \{\,\}$

d) $L = \{-4; 4\}$ **e)** $L = \{-2\frac{2}{3}; 2\frac{2}{3}\}$ **f)** $L = \{0\}$

Aufgabe 2:

a) $(x + 0{,}2)(x - 0{,}2) = 0$

$L = \{-0{,}2; 0{,}2\}$

b) $(\frac{1}{3}x + 5)(\frac{1}{3}x - 5) = 0$

$L = \{-15; 15\}$

c) $(2x - \frac{1}{3})(2x - \frac{1}{3}) = 0$

$L = \{-\frac{1}{6}; \frac{1}{6}\}$

d) $(3x + 4)(3x - 4) = 0$

$L = \{-\frac{4}{3}; \frac{4}{3}\}$

e) $(2x + 1)(2x - 1) = 0$

$L = \{-\frac{1}{2}; \frac{1}{2}\}$

f) $(5x + 7)(5x - 7) = 0$

$L = \{-\frac{7}{5}; \frac{7}{5}\}$

Aufgabe 3:

a) $L = \{-2; 2\}$ **b)** $L = \{0\}$ **c)** $L = \{-\frac{3}{2}; \frac{3}{2}\}$

d) $L = \{-6; 6\}$ **e)** $L = \{-\frac{11}{2}; \frac{11}{2}\}$ **f)** $L = \{-1; 1\}$

Aufgabe 4:

a) $L = \{-12; 12\}$ **b)** $L = \{-2; 2\}$ **c)** $L = \{-3; 3\}$ **d)** $L = \{-4; 4\}$

Lösungen

Aufgabe 5:

a) $x^2 - 9 = 0$ **b)** $x^2 = 0$ **c)** $x^2 + 4 = 0$ **d)** $x^2 - 7 = 0$

Aufgabe 6:

a) $x^2 + 19 = 55$
$L = \{-6; 6\}$

b) $x^2 + 39 = 400$
$L = \{-19; 19\}$

Rechnerische Lösungen quadratischer Gleichungen – Teil 2 (Seite 23)

Aufgabe 1:

a) $L = \{0; -4\}$ **b)** $L = \{0; 1,4\}$ **c)** $L = \{0; -3\}$ **d)** $L = \{0; 2,5\}$

e) $L = \{0; 1,5\}$ **f)** $L = \{0; -\frac{4}{3}\}$ **g)** $L = \{0; 6\}$ **h)** $L = \{0; -1,3\}$

Aufgabe 2:

a) $L = \{0; 8\}$ **b)** $L = \{0; 3\}$ **c)** $L = \{0; 8\}$ **d)** $L = \{0; 80\}$

e) $L = \{0; -14\}$ **f)** $L = \{0; -\frac{10}{9}\}$ **g)** $L = \{0; -4\}$ **h)** $L = \{0; \frac{5}{21}\}$

Aufgabe 3:

a) $(x + 6)^2$ **b)** $(x - 3)^2$ **c)** $(x - \frac{2}{5})^2$ **d)** $(x - 3,5)^2$

Aufgabe 4:

a) $x^2 + 3x + 2,25$ **b)** $x^2 - 1,4x + 0,49$ **c)** $x^2 - \frac{3}{2}x + \frac{9}{16}$

d) $x^2 + 6x + 9$ **e)** $x^2 - \frac{8}{5}x + \frac{16}{25}$ **f)** $x^2 - \frac{4}{3}x + \frac{4}{9}$

Aufgabe 5:

a) $L = \{6; 0\}$ **b)** $L = \{-2\}$ **c)** $L = \{3,1; -1,9\}$ **d)** $L = \{5; -19\}$

e) $L = \{1,5; -1,1\}$ **f)** $L = \{-1,2; -2,8\}$ **g)** $L = \{\frac{1}{4}; -1\frac{1}{4}\}$ **h)** $L = \{-0,3; -2,1\}$

Aufgabe 6:

a) $L = \{-3; 9\}$ **b)** $L = \{0,4; 1,4\}$ **c)** $L = \{-0,5; 5,5\}$

d) $L = \{-7; 2\}$ **e)** $L = \{-0,7; 1,9\}$ **f)** $L = \{-0,5; 7,5\}$

Aufgabe 7:

a) $(x + 5)^2 = 36$ $\rightarrow L = \{1; -11\}$ **b)** $x^2 - 8x = -15$ $\rightarrow L = \{5; 3\}$

c) $x^2 + 3x = 70$ $\rightarrow L = \{7; -10\}$

Rechnerische Lösungen quadratischer Gleichungen – Teil 3 (Seite 24)

Aufgabe 1:

a) $x^2 + 6x + 9$ **b)** $x^2 - 3x + 2,25$ **c)** $x^2 + 2x + 1$ **d)** $x^2 - x + 0,25$

e) $x^2 + \frac{5}{8}x + \frac{25}{256}$ **f)** $x^2 - 2\frac{2}{5}x + \frac{36}{25}$ **g)** $x^2 + 0,1x + 0,0025$ **h)** $x^2 + 5x + 6,25$

Aufgabe 2:

a) $L = \{-4; -6\}$ **b)** $L = \{-1; 8\}$ **c)** $L = \{-5; 7\}$

d) $L = \{-9; 3\}$ **e)** $L = \{-7; 9\}$ **f)** $L = \{3; 5\}$

Lösungen

Aufgabe 3:

a) $L = \{1{,}2; 1{,}3\}$ **b)** $L = \{0{,}3; 0{,}8\}$ **c)** $L = \{0{,}81; -10{,}31\}$

d) $L = \{\frac{1}{3}; \frac{1}{2}\}$ **e)** $L = \{1; 1{,}5\}$ **f)** $L = \{\frac{1}{4}; \frac{4}{5}\}$

Aufgabe 4:

a) $x^2 + 4x - 21 = 0 \rightarrow L = \{-7; 3\}$
b) $x^2 - 6x + 5 = 0 \rightarrow L = \{1; 5\}$
c) $x^2 + 2x - 24 = 0 \rightarrow L = \{-6; 4\}$
d) $x^2 - x - 42 = 0 \rightarrow L = \{-6; 7\}$
e) $x^2 + 2x - 8 = 0 \rightarrow L = \{-4; 2\}$
f) $x^2 - 4x - 12 = 0 \rightarrow L = \{-2; 6\}$

Aufgabe 5:

a) zwei Lösungen **b)** keine Lösung **c)** eine Lösung
d) eine Lösung **e)** zwei Lösungen **f)** keine Lösung

Eulers p-q-Formel zur Berechnung gemischtquadratischer Gleichungen (Seite 25)

Aufgabe 1:

a) $p = -12; q = 32$ **b)** $p = -4; q = -5$ **c)** $p = 0{,}2; q = 0{,}01$
d) $p = 9; q = 14$ **e)** $p = 14; q = -51$

Aufgabe 2:

a) $x^2 + 12x - 13 = 0$ $\rightarrow p = 12; q = -13$

b) $x^2 - 10x + 9 = 0$ $\rightarrow p = -10; q = 9$

c) $x^2 - \frac{7}{4}x - \frac{95}{64} = 0$ $\rightarrow p = -\frac{7}{4}; q = -\frac{95}{64}$

Aufgabe 3:

a) $\sqrt{D}$ hat zwei Lösungen (die Wurzel aus D kann positiv oder negativ sein).
b) $\sqrt{0}$ hat eine Lösung (die Wurzel aus Null ist Null).
c) $\sqrt{-D}$ hat keine Lösung (aus einer negativen Zahl kann keine Wurzel gezogen werden).

Aufgabe 4:

a) $x_{1/2} = -[\frac{8}{2}] \pm \sqrt{[\frac{8}{2}]^2 - 15}$ $x_{1/2} = -4 \pm \sqrt{1}$ $x_1 = -3; x_2 = -5$ $L = \{-3; -5\}$
b) $x_{1/2} = -[\frac{-3}{2}] \pm \sqrt{[\frac{-3}{2}]^2 - (-10)}$ $x_{1/2} = 1{,}5 \pm \sqrt{12{,}25}$ $x_1 = -2; x_2 = 5$ $L = \{5; -2\}$
c) $x_{1/2} = -[\frac{7}{2}] \pm \sqrt{[\frac{7}{2}]^2 - (-120)}$ $x_{1/2} = -3{,}5 \pm \sqrt{132{,}25}$ $x_1 = 8; x_2 = -15$ $L = \{8; -15\}$
d) $x_{1/2} = -[\frac{-12}{2}] \pm \sqrt{[\frac{-12}{2}]^2 - 36}$ $x_{1/2} = 6 \pm \sqrt{0}$ $x_1 = 6$ $L = \{6\}$
e) $x_{1/2} = -[\frac{6}{2}] \pm \sqrt{[\frac{6}{2}]^2 - 12}$ $x_{1/2} = -3 \pm \sqrt{-3}$ keine Lösung, weil $D < 0$

Der Satz des Vieta (Seite 26)

Aufgabe 1:

a) falsch (richtig wäre $L = \{-3; -4\}$) **b)** richtig **c)** falsch (richtig wäre $L = \{-3; 8\}$)
d) falsch (richtig wäre $L = \{-4; -5\}$) **e)** richtig **f)** richtig

Aufgabe 2:

a) $x^2 - 4x + 3 = 0 \rightarrow L = \{1; 3\}$ **b)** $x^2 - 21x + 20 = 0 \rightarrow L = \{1; 20\}$ **c)** $x^2 + 2x - 80 = 0 \rightarrow L = \{8; -10\}$
d) $x^2 - 9x + 14 = 0 \rightarrow L = \{2; 7\}$ **e)** $x^2 + 6x + 8 = 0 \rightarrow L = \{-2; -4\}$ **f)** $x^2 + x - 6 = 0 \rightarrow L = \{2; -3\}$

Lösungen

Aufgabe 3:

a) $(x-7)(x+9)=0$; $x^2+2x-63=0$

b) $(x+3)(x+5)=0$; $x^2+8x+15=0$

c) $(x-2)(x-5)=0$; $x^2-7x+10=0$

d) $(x-0{,}2)(x+4)=0$; $x^2+3{,}8x-0{,}8=0$

e) $(x+0{,}5)(x-3)=0$; $x^2-2{,}5x-1{,}5=0$

f) $(x-6)(x-5)=0$; $x^2-11x+30=0$

g) $(x-7)(x+5)=0$; $x^2-2x-35=0$

h) $(x+1)(x+2)=0$; $x^2+3x+2=0$

Aufgabe 4:

a) $x_2=2$; $p=-(-1+2)=-1 \rightarrow x^2-x-2=0$

b) $x_2=-2$; $p=-(-4-2)=6 \rightarrow x^2+6x+8=0$

Aufgabe 5:

$-12=-(4+x_2) \rightarrow x_2=8$; $q=4\cdot 8=32 \rightarrow x^2-12x+32=0$

Textaufgaben (Seite 27)

Aufgabe 1:

a) $x^2+7x-5840 \rightarrow x_1=73$; $x_2=-80 \rightarrow L=\{73; -80\}$

b) $x^2-42x+432 \rightarrow x_1=18$; $x_2=24 \rightarrow L=\{18; 24\}$

c) $294-21x-14x+x^2-183{,}75=0$

$x^2-35x+110{,}25=0 \rightarrow x_1=3{,}5$; $x_2=31{,}5 \rightarrow L=\{3{,}5; 31{,}5\}$

→ Die Seiten wurden jeweils um 3,5 cm gekürzt.

Aufgabe 2:

$x(x+1)=342$

$x^2+x-342=0$; $x_1=18$; $x_2=-19$

Aufgabe 3:

$x(x+5)=204$

$x^2+5x-204$; $x_1=12$; $x_2=-17$

Aufgabe 4:

$\frac{380}{x-2}-\frac{380}{x}=0{,}50$; $x_1=-38$; $x_2=40$ → 38 Sportler nehmen am Ausflug teil.

Aufgabe 5:

$(x+8)^2+x^2=40^2$; $x_1=24$; $x_2=-32$ → Der Flächeninhalt beträgt 768 cm².

Aufgabe 6:

$x(x+50)=41\,400$; $x_1=180$; $x_2=230$ → Die Wiese ist 180 m lang und 230 m breit.

Aufgabe 7:

$2a^2+4\cdot 8\cdot a=160$; $a_1=4$; $a_2=-20$ → Die Kante a ist 4 cm lang.

Aufgabe 8:

$a^3-(a-2)^3=488$; $a_1=-8$; $a_2=10$ → Die Kanten sind 8 cm und 10 cm lang.

Lösungen

Aufgabe 9:

- x Flaschen Rotwein aus Frankreich
- 500 – x Flaschen Rotwein aus Baden

$$\frac{2100}{x} - \frac{1000}{500 - x} = 2$$

$$\begin{aligned} 2100(500 - x) - 1000x &= 2x(500 - x) \\ 1050000 - 2100x - 1000x &= 1000x - 2x^2 \\ 1050000 - 4100x + 2x^2 &= 0 \\ x^2 - 2050x + 525000 &= 0 \end{aligned}$$

$x_1 = 300$; $x_2 = 1750$

→ Der Gastwirt bezog 300 Flaschen Rotwein aus Frankreich und 200 Flaschen Rotwein aus Baden.

Teste dein Wissen: Quadratische Gleichungen (Seite 28–30)

Aufgabe 1:

a) $x^2 + 2x + 1 = 0$

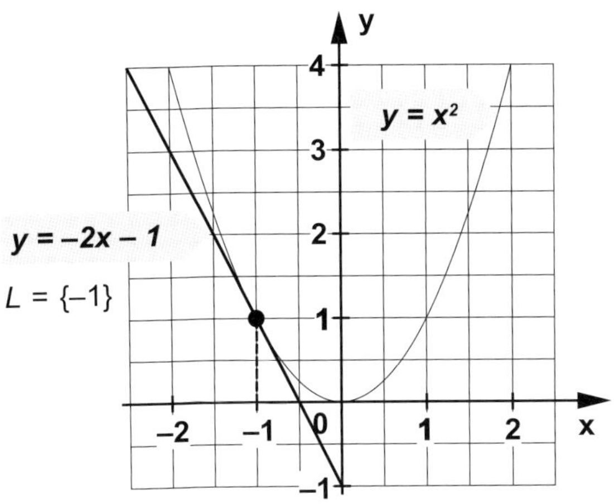

b) $x^2 - x - 0,75 = 0$

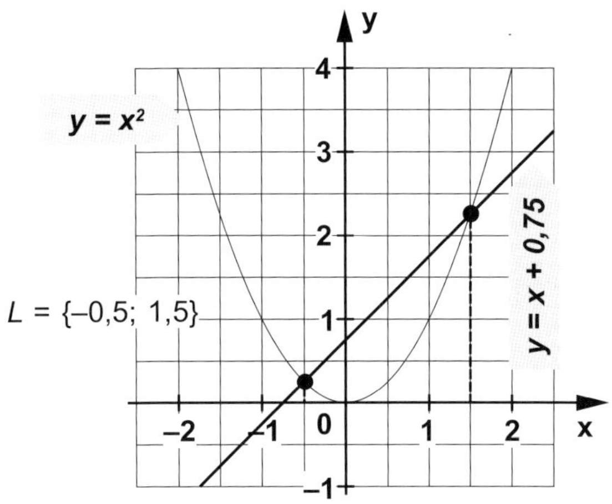

c) $x^2 + 0,5x - 1 = 0$

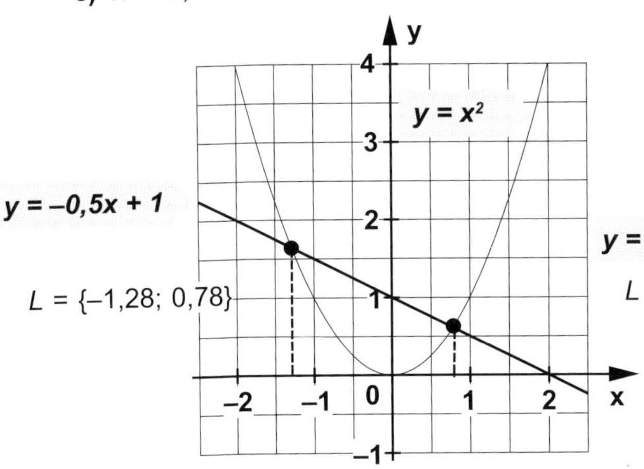

d) $x^2 - 0,5x - 3 = 0$

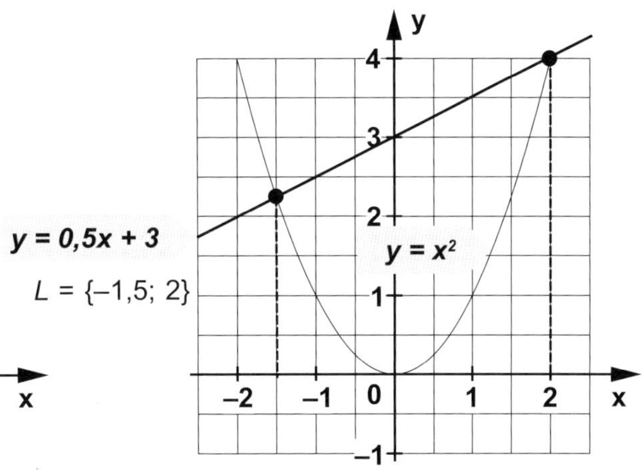

Lösungen

Aufgabe 2:

x	y
0	2,5
0,5	1,125
1	0
1,5	–0,875
2	–1,5
2,5	–1,875
3	–2
4	–1,5
5	0
6	2,5
7	6

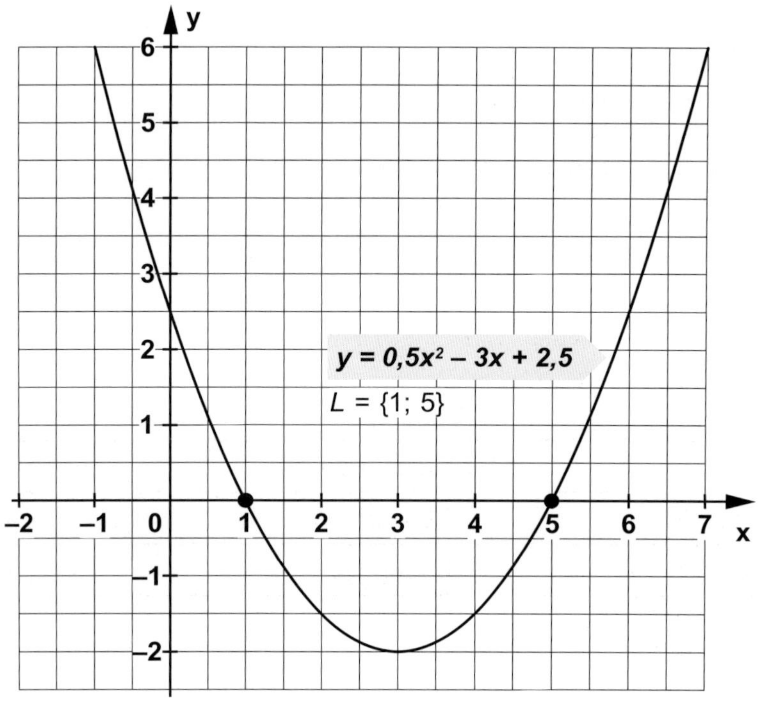

Aufgabe 3:

a) $x^2 + 2x + 2{,}5 = 0$ **b)** $x^2 - x - 2 = 0$

Aufgabe 4:

a) $L = \{0; -2\}$ **b)** $L = \{0; -72\}$ **c)** $L = \{0; 0{,}5\}$ **d)** $L = \{0; 8\}$

Aufgabe 5:

a) $L = \{-2\}$ **b)** $L = \{7; -3\}$ **c)** $L = \{3\}$ **d)** $L = \{1; -13\}$

Aufgabe 6:

a) $L = \{-\frac{2}{3}; 3\frac{1}{3}\}$ **b)** $L = \{\frac{2}{5}; 2\}$

Aufgabe 7:

a) $x = 16$ → eine Lösung **b)** $q > 16$ → keine Lösung **c)** $q < 16$ → zwei Lösungen

Aufgabe 8:

a) $D = -1$ → keine Lösung **b)** $D = 0$ → eine Lösung **c)** $D = 17$ → zwei Lösungen

Aufgabe 9:

a) $x^2 - 20x + 96 = 0$; $L = \{8; 12\}$ **b)** $x^2 - \frac{8}{3}x - \frac{20}{9} = 0$; $L = \{-\frac{2}{3}; \frac{10}{3}\}$

Aufgabe 10:

a) richtig **b)** falsch **c)** richtig **d)** richtig

Aufgabe 11:

a) $L = \{4; 2\}$ **b)** $L = \{-1; 6\}$ **c)** $L = \{-3; 23\}$ **d)** $L = \{\frac{1}{2}; -\frac{3}{4}\}$

Aufgabe 12:

$x(67 - x) = 1050$; $x_1 = 25$; $x_2 = 42$ → Die Wiese ist 25 m lang und 42 m breit.

Lösungen

Aufgabe 13:

$$\frac{3000}{x} - \frac{3600}{1500 - x} = 1$$

$$3000(1500 - x) - 3600x = x(1500 - x)$$

$$4500000 - 3000x - 3600x = 1500x - x^2$$

$$x^2 - 8100x + 4500000 = 0$$

$x_1 = 600$; $x_2 = 7500$

→ Von den 1 500 Zuschauern waren 600 Erwachsene und 900 Jugendliche.

Aufgabe 14:

	Ergebnis	**Silben**
1. $x^2 + 2x - 8 = 0$	$L = \{2; -4\}$	ear
2. $x^2 + 2x + 1 = 0$	$L = \{-1\}$	ly
3. $x^2 + 9x + 20{,}25 = 0$	$L = \{-4{,}5\}$	to
4. $x^2 + 11x + 18 = 0$	$L = \{-2; -9\}$	bed
5. $x^2 - 2x - 24 = 0$	$L = \{6; -4\}$	and
6. $x^2 + 2x - 2{,}5 = 0$	$L = \{0{,}5; -2{,}5\}$	ear
7. $x^2 + 4x + 4 = 0$	$L = \{-2\}$	ly
8. $x^2 + 2x + 4 = 0$	$L = \{\}$	to
9. $x^2 - 10x - 375 = 0$	$L = \{25; -15\}$	rise
10. $x^2 + 2x = 0$	$L = \{0; -2\}$	ma
11. $x^2 - 9 = 0$	$L = \{3; -3\}$	kes
12. $x^2 - 2x - 63 = 0$	$L = \{9; -7\}$	a
13. $x^2 - 16x + 64 = 0$	$L = \{8\}$	man
14. $x^2 - 25 = 0$	$L = \{5; -5\}$	heal
15. $x^2 + 7x + 12 = 0$	$L = \{-3; -4\}$	thy
16. $x^2 - x - 12 = 0$	$L = \{-3; 4\}$	weal
17. $x^2 + 11x + 30 = 0$	$L = \{-5; -6\}$	thy
18. $x^2 + 4x + 3 = 0$	$L = \{-1; -3\}$	and
19. $x^2 + 2x - 120 = 0$	$L = \{10; -12\}$	wi
20. $x^2 - 22x + 72 = 0$	$L = \{4; 18\}$	se

Das Sprichwort lautet: “Early to bed and early to rise, makes a man healthy, wealthy and wise.”

Lösungen

Kapitel 3 - Potenzen und Wurzeln

Potenzen (Seite 31)

Aufgabe 1:

a) $3 \cdot 3 \cdot 3 \cdot 3 = 81$ **b)** $2 \cdot 2 \cdot 2 = 8$ **c)** $\frac{1}{4} \cdot \frac{1}{4} = \frac{1}{16}$

d) $(-5) \cdot (-5) \cdot (-5) = -125$ **e)** $-7 \cdot 7 \cdot 7 = -343$ **f)** $(-0,5) \cdot (-0,5) = 0,25$

g) $4 \cdot 4 \cdot 4 = 64$ **h)** $\frac{1}{3} \cdot \frac{1}{3} \cdot \frac{1}{3} = \frac{1}{27}$ **i)** $\frac{3}{4} \cdot \frac{3}{4} \cdot \frac{3}{4} \cdot \frac{3}{4} = \frac{81}{256}$

Aufgabe 2:

a) $4^3 = 64$ **b)** $0,3^3 = 0,027$ **c)** $2^4 = 16$ **d)** $1^5 = 1$ **e)** $12^2 = 144$

Aufgabe 3:

a) 20^2 **b)** 25^2 oder 5^4 **c)** -3^3 oder $(-3)^3$ **d)** 100^2 oder 10^4 **e)** 2^9

Aufgabe 4:

a) $\frac{1}{5^2} = \frac{1}{25}$ **b)** $\frac{1}{2^3} = \frac{1}{8}$ **c)** $4^3 = 64$

d) $\frac{1}{5^1} = \frac{1}{5}$ **e)** $\frac{1}{7^1} = \frac{1}{7}$ **f)** $\frac{1}{10^4} = \frac{1}{10\,000} = 0,0001$

Aufgabe 5:

a) 3^{-2} **b)** 9^{-3} **c)** 2^{-4} **d)** 8^{-5} **e)** 25^{-2}

Aufgabe 6:

a) $2^{-4} = \frac{1}{16}$ **b)** $3^{-1} = \frac{1}{3}$ **c)** $5^0 = 1$ **d)** $5^{-2} = 0,04$ **e)** $5^{-3} = \frac{1}{125}$

Aufgabe 7:

a) 1600 **b)** 0,000027 **c)** 1500000000 **d)** 0,0000075 **e)** 68200000

Aufgabe 8:

a) $3,45 \cdot 10^5$ **b)** 10^{-9} **c)** $3,82 \cdot 10^{-2}$ **d)** $6,7 \cdot 10^7$ **e)** $6,8 \cdot 10^{-5}$

Multiplikation und Division von Potenzen (Seite 32)

Aufgabe 1:

a) $3^6 = 729$ **b)** $6^2 = 36$ **c)** $8^{-1} = 0,125$ **d)** $8^3 = 512$

e) $2^4 = 16$ **f)** $3^2 = 9$ **g)** $5^2 = 25$ **h)** $2^5 = 32$

i) $4^2 = 16$ **j)** $9^4 = 6581$ **k)** $0^{15} = 0$ **l)** $1^{13} = 1$

m) $1,5^1 = 1,5$ **n)** $(-1)^9 = -1$ **o)** $10^6 = 1000000$

Aufgabe 2:

a) x^5 **b)** b^8 **c)** a^{13} **d)** z^4 **e)** q^9

Aufgabe 3:

a) $2x^2 \cdot 5x^3 = 10x^5$ **b)** $3z^5 \cdot 20z^3 = 60z^8$ **c)** $4y^3 \cdot 5y^2 = 20y^5$

d) $7b^3 \cdot 4b^2 = 28b^5$ **e)** $15q^3 \cdot 4q^4 = 60q^7$ **f)** $24a^6 \cdot 5a^2 = 120a^8$

Aufgabe 4:

a) $x^6 - x^5$ **b)** $3x^3 - 4,5x^5$ **c)** $12a^2x^2 - 6a^5x^2$ **d)** $z^7 - z^4$

Lösungen

Aufgabe 5:

a) $100^3 = 1\,000\,000$ **b)** $2^6 = 64$ **c)** $4^4 = 256$ **d)** $10^4 = 1\,000$ **e)** $(-2)^4 = 16$

Aufgabe 6:

a) $\frac{2^7}{4^7} = \left(\frac{1}{2}\right)^7$ **b)** $\frac{6^5}{3^5} = 2^5$ **c)** $\frac{8^{12}}{2^{12}} = 4^{12}$ **d)** $3^5 \cdot 6^5 = 18^5$

Aufgabe 7:

a) 8^m **b)** 15^{2n} **c)** 3^{n+1} **d)** 24^{3x+1}

Aufgabe 8:

a) $(\frac{1}{2})^4$ **b)** $1^5 = 1$ **c)** $(\frac{1}{2})^3$ **d)** $(\frac{1}{4})^4$

Aufgabe 9:

a) $4^5 \cdot 25^5 = (4 \cdot 25)^5 = 100^5 = 10\,000\,000\,000$

b) $(1{,}25 \cdot 8)^3 \cdot 10^4 = 10^3 \cdot 10^4 = 10^7 = 10\,000\,000$

c) $\frac{6^8 \cdot 7{,}5^8}{45^7} = \frac{(6 \cdot 7{,}5)^8}{45^7} = \frac{45^8}{45^7} = 45^1 = 45$

d) $\frac{9^7 \cdot 7^9 \cdot 9^5}{21^9 \cdot 3^7 \cdot 3^2} = \frac{9^{12} \cdot 7^9}{21^9 \cdot 3^9} = \frac{9^{12} \cdot 7^9}{(7 \cdot 3)^9 \cdot 3^9} = \frac{9^{12} \cdot 7^9}{7^9 \cdot 3^9 \cdot 3^9} = \frac{9^{12}}{9^9} = 9^3 = 729$

Potenzieren von Potenzen (Seite 33)

Aufgabe 1:

a) 3^6 **b)** 2^{12} **c)** $(\frac{1}{4})^6$ **d)** 10^{12} **e)** -7^4

f) $(-0{,}5)^8$ **g)** 5^{-4} **h)** $(\frac{1}{3})^{15}$ **i)** $(\frac{3}{4})^{12}$

Aufgabe 2:

a) $(4^3)^2 = 4^6$ **b)** $(2^5)^{-2} = 2^{-10}$ **c)** $(10^5)^{-2} = 10^{-10}$ **d)** $(7^5)^0 = 7^0$ **e)** $(4^{-2})^{-4} = 4^8$

Aufgabe 3:

a) 5^6 **b)** 3^6 **c)** 7^8 **d)** 10^6 **e)** $4^9 = 2^{18}$

Aufgabe 4:

a) $2^4 \cdot 2^5 = 2^9$ **b)** $3^6 \cdot 3^4 = 3^{10}$ **c)** $3^2 \cdot 3^3 = 3^5$ **d)** $4^3 \cdot 4^4 = 4^7$ **e)** $5^8 \cdot 5^{15} = 5^{23}$

Aufgabe 5:

a) x^6 **b)** a^{12} **c)** $(\frac{x}{y})^{12}$ **d)** $[(-x)^3]^4$ **e)** $(-z)^8 = z^8$

f) $(-2)^2x^4 = 4x^4$ **g)** $-k^{-10}$ **h)** $(\frac{1}{b})^6$ **i)** $(2^x)^3$

Aufgabe 6:

a) $3^1 = 3$ **b)** $2^4 = 16$ **c)** $4^5 = 1024$ **d)** $4a^2$ **e)** $3a$

Aufgabe 7:

a) $a^6 \cdot b^8$ **b)** $27a^6 \cdot b^3$ **c)** $x^4 \cdot y^2 \cdot z^8$ **d)** x^{6m+4} **e)** a^{4n+2}

Aufgabe 8:

a) 3^{-3} **b)** 2^{-5} **c)** 15^{-2} **d)** 5^{-4}; 25^{-2} **e)** 3^{-6}; 9^{-3}

Lösungen

Aufgabe 9:

a) $\frac{x^3(1+x^2)}{x^4(1+x^2)} = \frac{x^3}{x^4} = x^{-1}$

b) $\frac{a(a+b)}{b^2(a+b)} = \frac{a}{b^2}$

c) $\frac{a(a^2-4)}{a^2(a+2)} = \frac{(a+2)(a-2)}{a(a+2)} = \frac{a-2}{a}$

d) $\frac{x^3(y^2-1)}{x^2(y+1)} = \frac{x(y+1)(y-1)}{y+1} = x(y-1)$

e) $\frac{2x^2(1+xy)}{4x^4(1+xy)} = \frac{2x^2}{4x^4} = \frac{1}{2x^2}$

n-te Wurzel (Seite 34)

Aufgabe 1:

a) 2 b) 30 c) 5 d) 8 e) 11

Aufgabe 2:

a) x b) 0,7p c) 2b d) mn e) 4xy

Aufgabe 3:

a) $1 < \sqrt[3]{4} < 2$ b) $3 < \sqrt[3]{60} < 4$ c) $7 < \sqrt[3]{500} < 8$

Aufgabe 4:

a) 2 b) 5 c) 0,3 d) 3 e) 1

Aufgabe 5:

a) 8 b) 2p c) 19 d) ab e) 2xy

Aufgabe 6:

a) $2^6 = 64$ b) $4^7 \neq 128$ c) $8^3 \neq 64$ d) $0{,}1^4 = 0{,}0001$ e) $7^3 = 343$

Aufgabe 7:

a) $\frac{1}{2}$ b) $\frac{2}{3}$ c) $\frac{5}{6}$ d) $\frac{4}{5}$ e) $\frac{1}{3}$

Aufgabe 8:

Radikand	512	625	343	1	14641	0,0001
Wurzelexponent	9	4	3	5	4	4
Wert der Wurzel	2	5	7	1	11	0,1

Potenzieren mit rationalem Exponenten (Seite 35)

Aufgabe 1:

a) $\sqrt[3]{5^1}$ b) $\sqrt[3]{7^2}$ c) $\sqrt[2]{97^3}$ d) $\sqrt[2]{8^1}$ e) $\sqrt[6]{100^5}$

f) $\sqrt[3]{a^2}$ g) $\sqrt[n]{(ab)^m}$ h) $\sqrt[5]{b^4}$ i) $\frac{1}{\sqrt[4]{b^3}}$ j) $\sqrt[4]{e^5}$

Aufgabe 2:

a) $8^{\frac{1}{2}}$ b) $7^{\frac{1}{5}}$ c) $4^{\frac{1}{7}}$ d) $3^{\frac{4}{6}}$ e) $\frac{1}{5^{\frac{2}{4}}}$

f) $x^{\frac{2}{3}}$ g) $(x \cdot y)^{\frac{1}{4}}$ h) $(a \cdot b)^{\frac{2}{5}}$ i) $(a-b)^{\frac{5}{6}}$ j) $(\frac{a}{c})^{\frac{3}{4}}$

Aufgabe 3:

a) 3 b) 2 c) 16 d) $\frac{1}{8}$ e) $\frac{64}{27}$

Lösungen

Aufgabe 4:

a) a **b)** b^2 **c)** c^3 **d)** c **e)** $\frac{x}{b^2}$

Aufgabe 5:

a) 5 **b)** 2 **c)** a **d)** 2a **e)** a

Aufgabe 6:

a) 3 **b)** 2 **c)** $\frac{1}{2}$ **d)** 5 **e)** 4

Aufgabe 7:

a) 2 **b)** 3 **c)** 4 **d)** c^2 **e)** b

Potenzfunktionen $y = x^n$ (Seite 36–38)

Aufgabe 1:

$y = x^4$

x	0	0,7	–0,7	1	–1	1,5	–1,5	1,6	–1,6	1,7	–1,7	1,8	–1,8
y	0	0,24	0,24	1	1	5,06	5,06	6,55	6,55	8,35	8,35	10,50	10,50

$y = x^6$

x	0	0,5	–0,5	0,7	–0,7	0,9	–0,9	1	–1	1,1	–1,1	1,4	–1,4
y	0	0,02	0,02	0,12	0,12	0,53	0,53	1	1	1,77	1,77	7,53	7,53

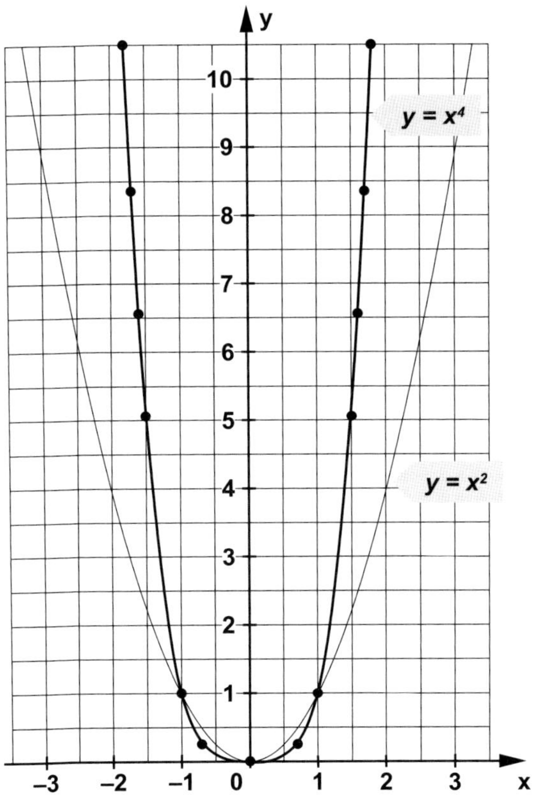

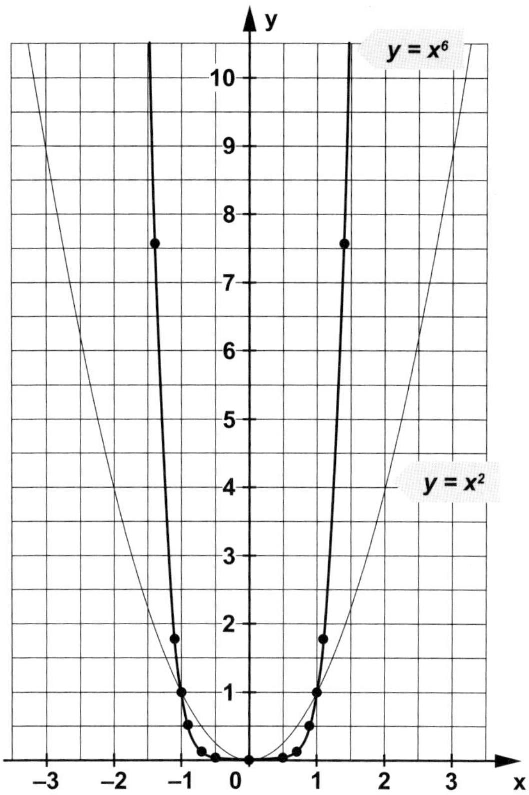

Aufgabe 2:

Die Graphen der Potenzfunktionen $y = x^n$ mit geradem Exponenten n sind achsensymmetrisch zur y-Achse. Sie verlaufen alle durch die Punkte (0 | 0), (–1 | 1) und (1 | 1).

Lösungen

Aufgabe 3:

a) $n = 6$; $P_2(2|\ 64\ )$ **b)** $n = 8$; $P_2(-2|\ 256\ )$ **c)** $n = 4$; $P_2(2|\ 16\ )$

Aufgabe 4:

$y = x^3$

x	0	0,7	−0,7	1	−1	1,5	−1,5	1,6	−1,6	1,7	−1,7	1,8	−1,8
y	0,00	0,34	−0,34	1,00	−1,00	3,38	−3,38	4,10	−4,10	4,91	−4,91	5,83	−5,83

$y = x^5$

x	0	0,5	−0,5	0,7	−0,7	0,9	−0,9	1	−1	1,1	−1,1	1,3	−1,3
y	0,00	0,03	−0,03	0,17	−0,17	0,59	−0,59	1,00	−1,00	1,61	−1,61	3,71	−3,71

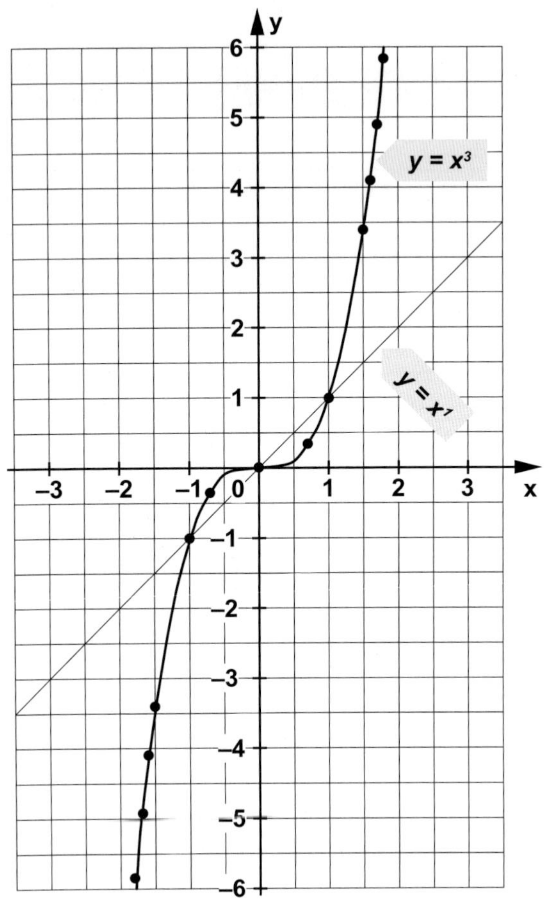

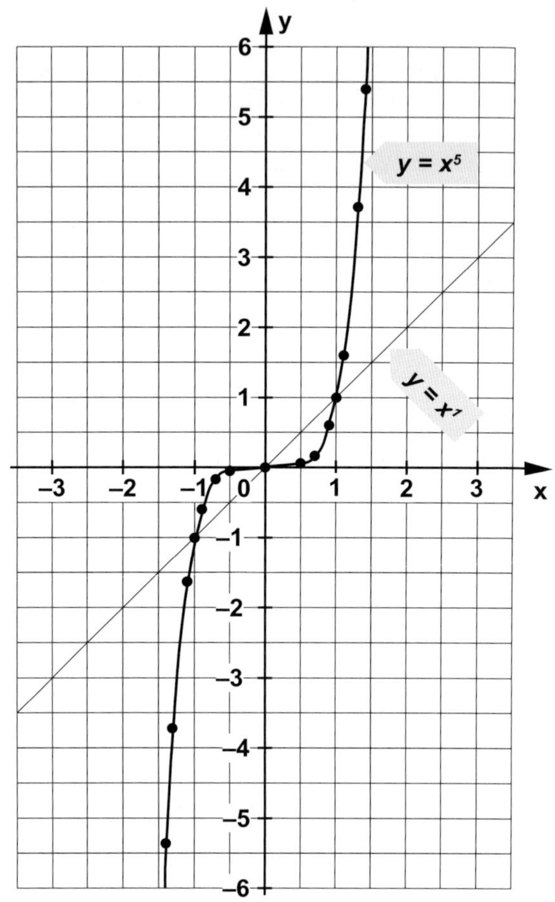

Aufgabe 5:

Die Graphen der Potenzfunktionen $y = x^n$ mit ungeradem Exponenten n sind punktsymmetrisch zur y-Achse. Sie verlaufen alle durch die Punkte (0 | 0), (−1 | −1) und (1 | 1).

Aufgabe 6:

a) $n = 5$; $P_2(2|\ 32\ )$ **b)** $n = 9$; $P_2(-3|\ -19683\ )$ **c)** $n = 7$; $P_2(2|\ 128\ )$

d) $n = 2$; $P_2(7|\ 49\ )$ **e)** $n = 5$; $P_2(6|\ 7776\ )$ **f)** $n = 3$; P2(−4| −64)

Lösungen

Aufgabe 7:

$y = x^2$

x	0,2	−0,2	0,4	−0,4	0,6	−0,6	0,8	−0,8	1	−1	1,16	−1,16
y	0,040	0,040	0,160	0,160	0,360	0,360	0,640	0,640	1,000	1,000	1,346	1,346

$y = x^3$

x	0,4	−0,4	0,6	−0,6	0,8	−0,8	1	−1	1,04	−1,04	1,08	−1,08
y	0,064	−0,064	0,216	−0,216	0,512	−0,512	1,000	−1,000	1,125	−1,125	1,260	−1,260

$y = x^4$

x	0,2	−0,2	0,4	−0,4	0,6	−0,6	0,8	−0,8	1	−1	1,04	−1,04
y	0,002	0,002	0,026	0,026	0,130	0,130	0,410	0,410	1,000	1,000	1,170	1,170

$y = x^5$

x	0,5	−0,5	0,6	−0,6	0,7	−0,7	0,8	−0,8	0,9	−0,9	1,04	−1,04
y	0,031	−0,031	0,078	−0,078	0,168	−0,168	0,328	−0,328	0,590	−0,590	1,217	−1,217

$y = x^6$

x	0,6	−0,6	0,7	−0,7	0,8	−0,8	0,9	−0,9	1	−1	1,04	−1,04
y	0,047	0,047	0,118	0,118	0,262	0,262	0,531	0,531	1,000	1,000	1,265	1,265

$y = x^7$

x	0,5	−0,5	0,6	−0,6	0,7	−0,7	0,8	−0,8	0,9	−0,9	1,04	−1,04
y	0,008	−0,008	0,028	−0,028	0,082	−0,082	0,210	−0,210	0,478	−0,478	1,316	−1,316

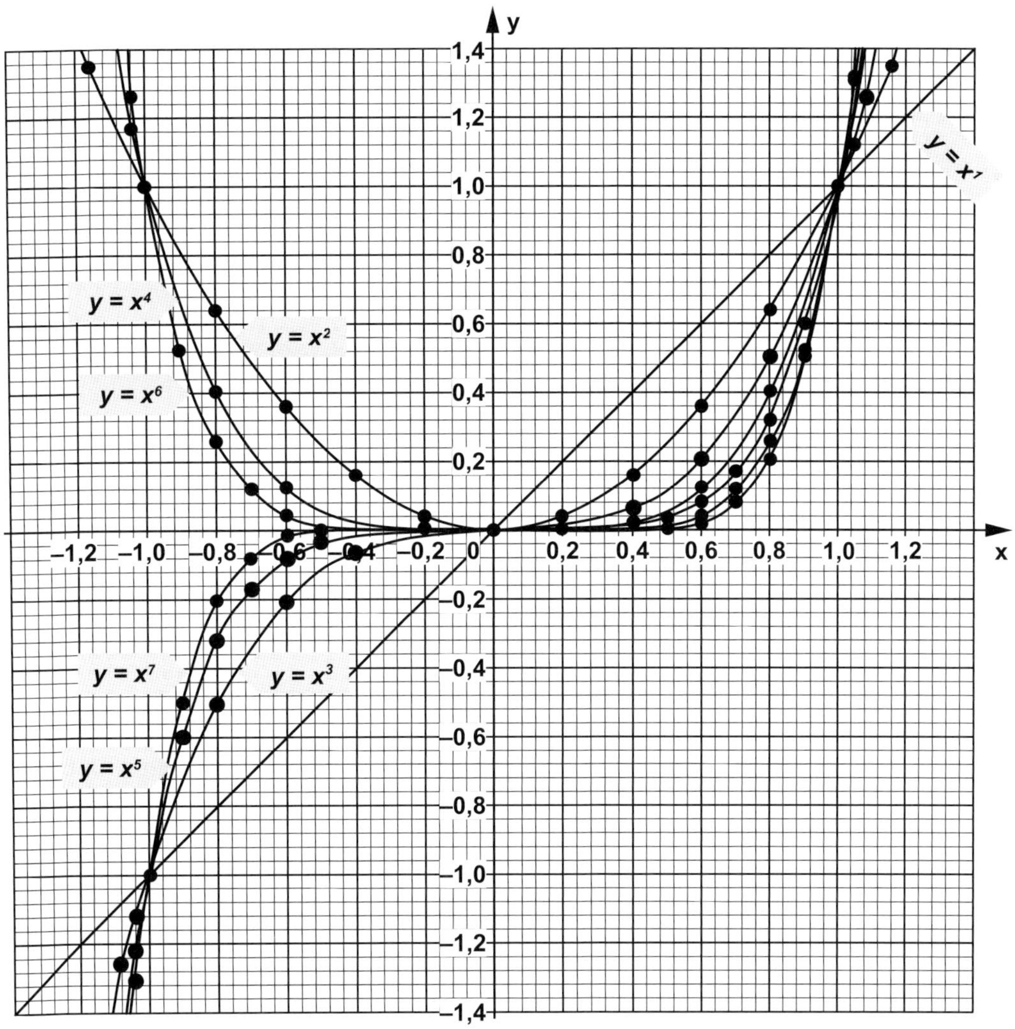

Lösungen

Potenzfunktionen $y = x^{-n}$ (Seite 39–40)

Aufgabe 1:

$y = x^{-1}$

x	0,3	–0,3	0,4	–0,4	0,5	–0,5	0,8	–0,8	1	–1	2	–2	2,5	–2,5
y	3,33	–3,33	2,50	–2,50	2,00	–2,00	1,25	–1,25	1,00	–1,00	0,50	–0,50	0,40	–0,40

$y = x^{-5}$

x	y
0,8	3,05
–0,8	–3,05
0,9	1,70
–0,9	–1,70
1	1,00
–1	–1,00
1,2	0,40
–1,2	–0,40
1,3	0,27
–1,3	–0,27
1,5	0,13
–1,5	–0,13
2	0,03
–2	–0,03

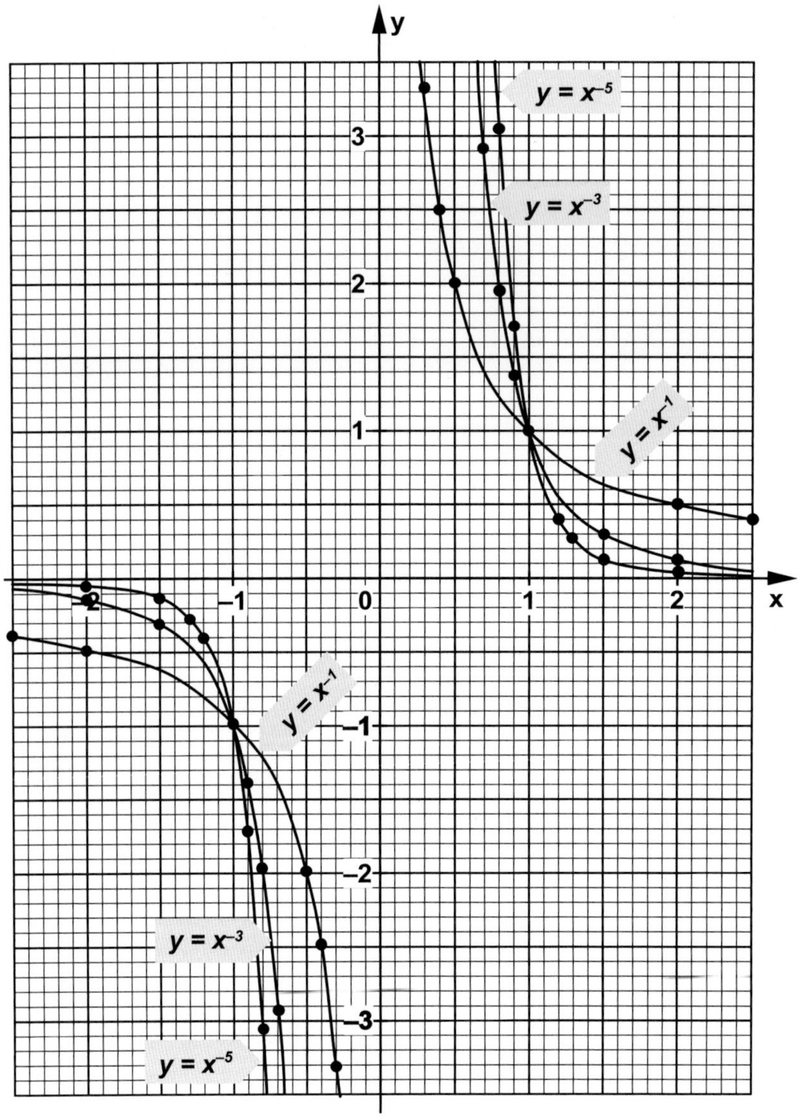

$y = x^{-3}$

x	y
0,7	2,92
–0,7	–2,92
0,8	1,95
–0,8	–1,95
0,9	1,37
–0,9	–1,37
1	1,00
–1	–1,00
1,5	0,30
–1,5	–0,30
2	0,13
–2	–0,13
2,5	0,06
–2,5	–0,06

Aufgabe 2:

Die Graphen der Potenzfunktionen $y = x^{-n}$ (n ungerade) bestehen aus zwei Zweigen. Sie verlaufen alle durch den 1. und 3. Quadranten und enthalten die Punkte (–1 | –1) und (1 | 1). Sie erreichen weder die x-Achse noch die y-Achse, kommen ihnen aber beliebig nahe.

Aufgabe 3:

a) n = 5; $P_2(5 | 0{,}00032)$ **b)** n = 3; $P_2(-2 | -0{,}125)$ **c)** n = 7; $P_2(\frac{1}{3} | 2\,187)$

Lösungen

Aufgabe 4:

$y = x^{-2}$

x	0,4	−0,4	0,5	−0,5	0,7	−0,7	1	−1	1,2	−1,2	2	−2	2,5	−2,5
y	6,25	6,25	4,00	4,00	2,04	2,04	1,00	1,00	0,70	0,70	0,25	0,25	0,16	0,16

$y = x^{-6}$

x	y
0,7	8,50
−0,7	8,50
0,8	3,81
−0,8	3,81
0,9	1,88
−0,9	1,88
1	1,00
−1	1,00
1,1	0,56
−1,1	0,56
1,2	0,33
−1,2	0,33
2	0,02
−2	0,02

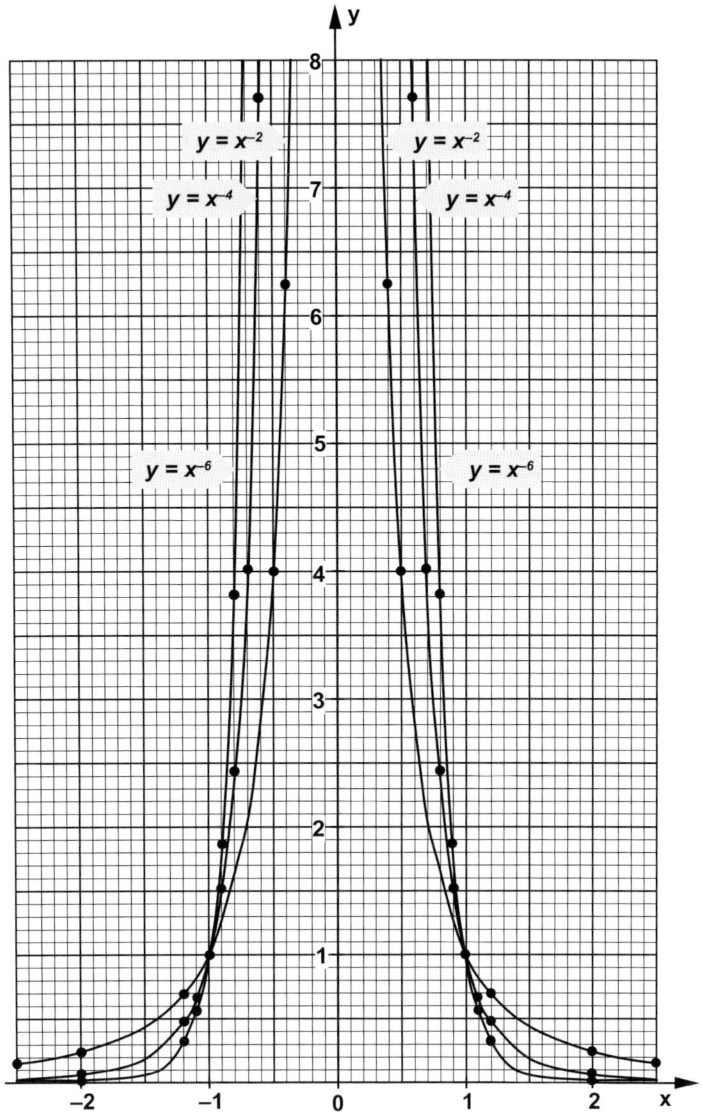

$y = x^{-4}$

x	y
0,6	7,27
−0,6	7,27
0,7	4,16
−0,7	4,16
0,8	2,44
−0,8	2,44
1	1,00
−1	1,00
1,1	0,68
−1,1	0,68
1,2	0,48
−1,2	0,48
2	0,06
−2	0,06

Aufgabe 5:

Die Graphen der Potenzfunktionen $y = x^{-n}$ (n gerade) bestehen aus zwei Zweigen.
Sie verlaufen alle durch den 1. und 2. Quadranten und enthalten die Punkte (−1 | 1) und (1 | 1).
Sie kommen der x-Achse und der y-Achse beliebig nahe, erreichen sie aber nicht.

Aufgabe 6:

a) n = 4; $P_2(2|\ 0{,}0625)$ **b)** n = 2; $P_2(\frac{1}{3}|\ 9)$ **c)** n = 8; $P_2(-0{,}25|\ 65536)$

Lösungen

Wurzelfunktionen (Seite 41)

Aufgabe 1:

$y = \sqrt{x}$

x	0	0,3	0,5	1	1,5	2	2,5	3	3,5	4	4,5	5	5,5
y	0,00	0,55	0,71	1,00	1,22	1,41	1,58	1,73	1,87	2,00	2,12	2,24	2,35

$y = \sqrt[3]{x}$

x	0	0,1	0,3	0,5	1	1,5	2	2,5	3	3,5	4	5	5,5
y	0,00	0,46	0,67	0,79	1,00	1,14	1,26	1,36	1,44	1,52	1,59	1,71	1,77

$y = \sqrt[4]{x}$

x	0	0,1	0,3	0,5	1	1,5	2	2,5	3,5	4	4,5	5	5,5
y	0,00	0,56	0,74	0,84	1	1,11	1,19	1,26	1,37	1,41	1,46	1,50	1,53

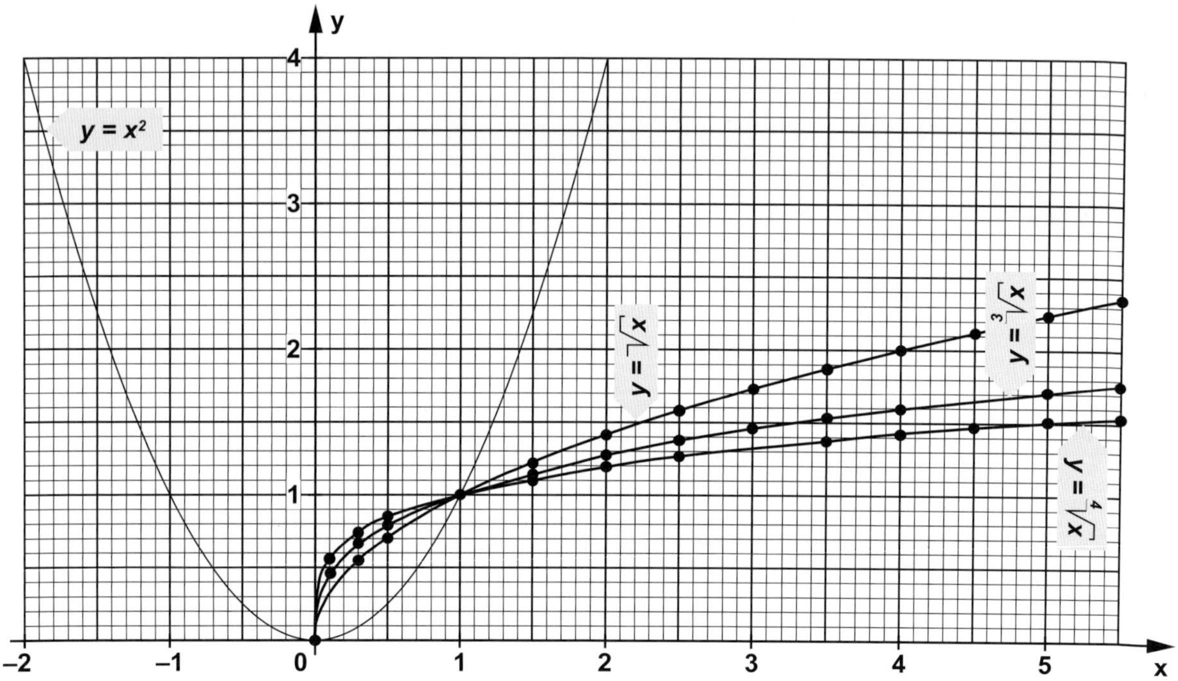

Aufgabe 2:

Die Graphen der Wurzelfunktionen $y = \sqrt[n]{x}$ verlaufen alle durch den 1. Quadranten und enthalten die Punkte (0 | 0) und (1 | 1).

Aufgabe 3:

a) $y = \sqrt{x}$	A(16|4)	☒	B(–4|2)	☐	C(1,69|1,3)	☒	D(16|–4)	☐
b) $y = \sqrt[3]{x}$	A(8|2)	☒	B(18|3)	☐	C(64|4)	☒	D(27|3)	☒
c) $y = \sqrt[4]{x}$	A(1|1)	☒	B(81|3)	☒	C(90|4)	☐	D(16|2)	☒
d) $y = \sqrt[5]{x}$	A(0|0)	☒	B(9|1,5)	☐	C(–1|–1)	☐	D(32|2)	☒

Aufgabe 4:

a) n = 3; P_2(64| 4) **b)** n = 2; P_2(0,81| 0,9) **c)** n = 5; P_2(243| 3)

Lösungen

Teste dein Wissen: Potenzen und Wurzeln (Seite 42)

Aufgabe 1:

a) 8 **b)** 1 **c)** 1 **d)** 0 **e)** –125 **f)** 25
g) 0,25 **h)** 0,0001 **i)** 12 **j)** 3 **k)** 3 **l)** $\frac{1}{4}$

Aufgabe 2:

a) 6^7 **b)** 10^{-2} **c)** 2^{15} **d)** 8^5 **e)** $(x \cdot y)^a$ **f)** x^{n-1}
g) 2^4 **h)** 6^5 **i)** 2^{12} **j)** 2^8 **k)** 3^5 **l)** y^{-4}

Aufgabe 3:

a) Oberfläche der Erde: $5{,}099 \cdot 10^9\,\text{km}^2$
b) Durchmesser eines Wasserstoffatoms: $1 \cdot 10^{-8}\,\text{cm}$
c) Masse der Erde: $5{,}974 \cdot 10^{21}\,\text{t}$

Aufgabe 4:

a) Wellenlänge des Natriumlichts (gelb): 0,00000000589 cm
b) Durchmesser eines roten Blutkörperchens: 0,0007 cm
c) Volumen der Erde: 1 083 000 000 000 km^3

Aufgabe 5:

a) $(a \cdot b)^4$ **b)** $10x^4 + 14x^5$ **c)** $(a^0)^3 = a^0 = 1$ **d)** $0{,}6a^8b^2$
e) a^6b^4 **f)** $2(ax)^n - 3a^{m+n}$ **g)** x^{6m} **h)** $p^{n+2}q^{n+2}$

Aufgabe 6:

a) $4^6 \cdot 4^4 = 4^{10}$ **b)** $5^4 : 5^6 = 5^{-2}$ **c)** $4^3 \cdot 5^3 = 20^3$ **d)** $32^5 \cdot (\frac{1}{4})^5 = 8^5$

Aufgabe 7:

a) $y = x^3$ **b)** $y = x^2$ **c)** $y = x^4$ **d)** $y = x^3$ **e)** $y = x^5$

Aufgabe 8:

a) 3 **b)** 80 **c)** 3 **d)** 6 **e)** 4

Aufgabe 9:

a) x^3 **b)** 0,2a **c)** $3y^2$ **d)** m^3n^2 **e)** $5ab^2$

Aufgabe 10:

a) 3^{-4}; 9^{-2}; 81^{-1} **b)** 2^{-7}; 128^{-1} **c)** 2^{-8}; 4^{-4}; 16^{-2}; 256^{-1}
d) 2^{-9}; 512^{-1} **e)** 6^{-3}; 216^{-1}

Aufgabe 11:

a) 4 **b)** 4 **c)** a^2 **d)** $3a^2$ **e)** a^2

Aufgabe 12:

a) 4 **b)** 4 **c)** $\frac{1}{2}$ **d)** 3 **e)** 3

Aufgabe 13:

a) 3 **b)** 2 **c)** 2 **d)** c **e)** b

Lösungen

Kapitel 4 – Volumen und Oberflächen von Körpern

Das Volumen von Pyramiden (Seite 43–44)

Aufgabe 1:
a) $V = 185{,}22\,cm^3$ **b)** $V = 212{,}94\,cm^3$ **c)** $V = 937{,}998\,cm^3$ **d)** $V = 2025\,m^3$

Aufgabe 2:
a) $h = 18{,}9\,cm$ **b)** $h = 15{,}1\,dm$ **c)** $h = 29{,}3\,cm$ **d)** $h = 9\,dm$

Aufgabe 3:
a) $a = 10{,}5\,cm$ **b)** $a = 1{,}04\,dm$ **c)** $a = 5{,}4\,cm$ **d)** $a = 5\,dm$

Aufgabe 4:
$V = 136\,cm^3$

Aufgabe 5:
$V_1 = 2\,639\,747\,m^3$ $V_2 = 2\,363\,535\,m^3$ $V_1 - V_2 = 276\,212\,m^3$
→ Regen, Wind und Sonne haben im Laufe der Zeit $276\,212\,m^3$ Material verwittern lassen.

Aufgabe 6:
Der Würfel hat eine Kantenlänge a von 9 cm; die Höhe der Pyramide muss dreimal so hoch sein, also ist $h = 27\,cm$.

Aufgabe 7:

$h_1 = \sqrt{8^2 - 4^2} \approx 6{,}93\,cm$

$G = 6 \cdot \frac{8 \cdot 6{,}93}{2} = 166{,}32\,cm^2$

$V = \frac{166{,}32 \cdot 12}{3} = 665{,}28\,cm^3$

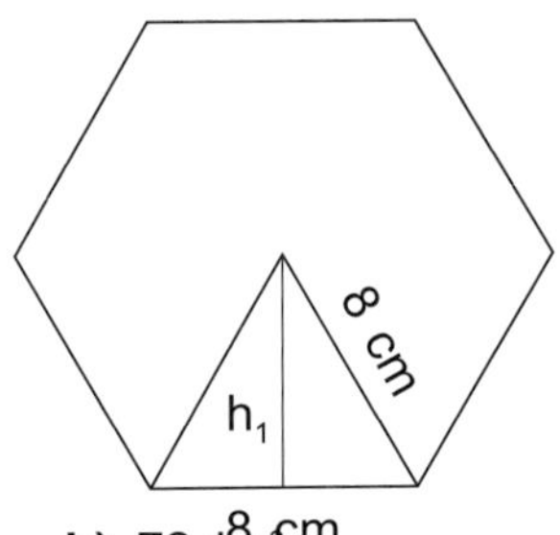

Aufgabe 8:
a) $2856\,cm^3$ **b)** $72\,dm^3$

Aufgabe 9:
a) Das Volumen verdoppelt sich. **b)** Das Volumen wird halbiert. **c)** Das Volumen bleibt gleich.

Aufgabe 10:

a) $h = \sqrt{18^2 - 7{,}5^2} \approx 16{,}36\,cm$; $V = 1\,127\,cm^3$

b) $a = 2 \cdot \sqrt{9{,}4^2 - 7{,}8^2} \approx 10{,}49\,cm$; $V = 286{,}65\,cm^3$

Aufgabe 11:

$a = \frac{e}{\sqrt{2}} \approx 4{,}3\,cm$

$h = \sqrt{10{,}6^2 - 3{,}05^2} \approx 10{,}15\,cm$

$V = 62{,}56\,cm^3$

Lösungen

Aufgabe 12:

$\frac{e}{2} = \sqrt{7{,}6^2 - 6{,}8^2} \approx 3{,}4\,\text{cm}$ $\quad$ $e \approx 6{,}8\,\text{cm}$

$a = \frac{e}{\sqrt{2}} \approx 4{,}8\,\text{cm}$

$V = 52{,}224\,\text{cm}^3$

Aufgabe 13:

a) $V = 9\,000\,\text{cm}^3$

b) $V = 4\,500\,\text{cm}^3$, da die Grundfläche halbiert wurde

c)

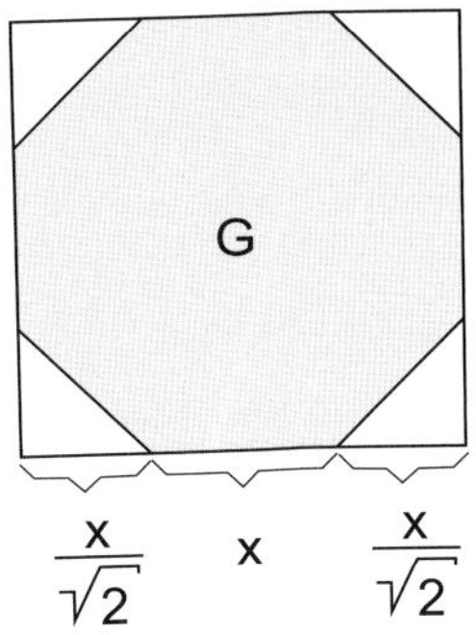

$$x + \frac{x}{\sqrt{2}} + \frac{x}{\sqrt{2}} = 30$$

$$x \cdot \left(1 + \frac{1}{\sqrt{2}} + \frac{1}{\sqrt{2}}\right) = 30$$

$$x \cdot \left(1 + \frac{2}{\sqrt{2}}\right) = 30$$

$$x \cdot 2{,}414213562 = 30 \approx 12{,}43\,\text{cm}$$

$$G = \frac{12{,}43 \cdot 15 \cdot 8}{2} = 745{,}8\,\text{cm}^2$$

$$V = \frac{745{,}8 \cdot 30}{3} = 7458\,\text{cm}^3$$

Die Oberfläche von Pyramiden (Seite 45)

Aufgabe 1:

a) $O = 203\,\text{cm}^2$ **b)** $O = 134{,}4\,\text{cm}^2$ **c)** $O = 637\,\text{m}^2$ **d)** $O = 133{,}93\,\text{dm}^2$

Aufgabe 2:

a) $O = 22{,}6\,\text{cm}^2$

b) $h_{\text{gleichseitiges Dreieck}} = \sqrt{4^2 - 2^2} = 3{,}46\,\text{cm}$

$G = 2\,\text{cm} \cdot 3{,}46\,\text{cm} = 6{,}92\,\text{cm}^2$

$M = 3 \cdot 2\,\text{cm} \cdot 7\,\text{cm} = 42\,\text{cm}^2$

$O = 48{,}92\,\text{cm}^2$

Aufgabe 3:

a) $h_s = 8{,}7\,\text{cm}$, $O = 196{,}56\,\text{cm}^2$

b) $h_s = 38{,}0\,\text{cm}$, $O = 3\,112{,}25\,\text{cm}^2$

c) $h_s = 7{,}9\,\text{m}$, $O = 136{,}4\,\text{m}^2$

d) $a = 1{,}24\,\text{dm}$, $O = 4{,}172\,\text{dm}^2$

Das Volumen von Kegeln (Seite 46)

Aufgabe 1:

a) $V = 486{,}32\,\text{cm}^3$ **b)** $V = 7\,504{,}48\,\text{cm}^3$ **c)** $V = 159{,}66\,\text{cm}^3$

Aufgabe 2:

$V = 14{,}98\,\text{m}^3 \rightarrow$ Mit 6 Fuhren kann der gesamte Sandhaufen abtransportiert werden.

Lösungen

Aufgabe 3:

	a)	b)	c)	d)	e)	f)
Radius r	8,3 cm	4,7 cm	3,4 cm	3,86 cm	1,98 cm	6,9 cm
Höhe h	7,2 cm	12,5 cm	5,6 cm	5,42 cm	5,9 cm	15,4 cm
Grundfläche G	216,4 cm^2	69,4 cm^2	36,32 cm^2	46,75 cm^2	12,3 cm^2	149,57 cm^2
Volumen V	519,42 cm^3	289,2 cm^3	67,8 cm^3	100,05 cm^3	24,2 cm^3	767,8 cm^3

Aufgabe 4:
Das Volumen vervierfacht sich.

Die Oberfläche von Kegeln (Seite 47)

Aufgabe 1:
a) $M \approx 125{,}7\,cm^2$ **b)** $M \approx 2915{,}4\,mm^2$ **c)** $M \approx 49{,}5\,dm^2$

Aufgabe 2:
a) $s = 10\,cm$
$O = 301{,}6\,cm^2$
b) $s \approx 9{,}65\,dm$
$O = 129{,}2\,dm^2$
c) $r \approx 6{,}1\,mm$
$O = 258{,}7\,mm^2$

Aufgabe 3:

	a)	b)	c)	d)	e)	f)
Radius r	12 cm	7,55 cm	4,5 cm	2,7 cm	7,4 cm	6 cm
Höhe h	9 cm	8 cm	3,5 cm	5 cm	4,9 cm	14,2 cm
Seitenkante s	15 cm	11 cm	5,7 cm	5,7 cm	8,9 cm	15,4 cm
Grundfläche G	452,4 cm^2	179,1 cm^2	63,6 cm^2	22,9 cm^2	172 cm^2	113,1 cm^2
Mantel M	565,5 cm^2	260,9 cm^2	80,6 cm^2	48,3 cm^2	207 cm^2	290,3 cm^2
Oberfläche O	1 017,9 cm^2	440 cm^2	144,2 cm^2	71,2 cm^2	379 cm^2	403,4 cm^2

Aufgabe 4:
$Kegel_{oben}$ ist 24 cm hoch, $Kegel_{unten}$ ist 96 cm hoch.
Seitenkante $s_{Kegel\ oben} = 46{,}6\,cm$, Seitenkante $s_{Kegel\ unten} = 104\,cm$
$Oberfläche_{Boje} = M_{Kegel\ oben} + M_{Kegel\ unten} = \pi \cdot r \cdot (s_{Kegel\ oben} + s_{Kegel\ unten}) \approx 18\,925\,cm^2$

Das Volumen und die Oberfläche von Kugeln (Seite 48)

Aufgabe 1:
a) $V \approx 2144{,}7\,cm^3$
$O \approx 804{,}2\,cm^2$
b) $V \approx 434{,}9\,mm^3$
$O \approx 277{,}6\,mm^2$
c) $V \approx 904{,}8\,dm^3$
$O \approx 452{,}4\,dm^2$

Aufgabe 2:
a) $r = 4{,}9\,cm$ **b)** $r = 16\,m$ **c)** $r = 0{,}62\,dm$

Aufgabe 3:
a) $O_{Erde} = 511\,185\,932{,}5\,km^2$
$O_{Mond} = 37\,958\,532\,km^2$
$V_{Erde} = 1\,086\,781\,293\,000\,km^3$
$V_{Mond} = 21\,990\,642\,870\,km^3$
b) $Masse_{Erde} = 6{,}0425 \cdot 10^{24}\,kg$
$Masse_{Mond} = 7{,}309 \cdot 10^{22}\,kg$

Lösungen

Aufgabe 4:

$r_{\text{Kelle innen}} \approx 4{,}92\,\text{cm}$ $r_{\text{Kelle außen}} \approx 5{,}02\,\text{cm}$ $d_{\text{Kelle außen}} \approx 10{,}04\,\text{cm}$

Aufgabe 5:

$V_{\text{Bleibarren}} = 960\,\text{cm}^3 = 960\,000\,\text{mm}^3$ $V_{\text{Schrotkugel}} = 14{,}13716694\,\text{mm}^3$

$960\,000\,\text{mm}^3 : 14{,}13716694\,\text{mm}^3 \approx 67\,906$

→ Es lassen sich 67 906 Schrotkugeln gießen.

Aufgabe 6:

$r = \sqrt[3]{\frac{3 \cdot 113{,}1}{4 \cdot \pi}} \approx 3{,}0\,\text{cm}$

→ Die Kantenlänge des Würfels beträgt 6 cm, das Volumen 216 cm³.

Aufgabe 7:

$V_{\text{Öltropfen}} = 0{,}065449847\,\text{cm}^3$

$O_{\text{Ölfilm}} = \pi r^2 = \pi \cdot 50^2 = 7\,853{,}98\,\text{cm}^2$

$\text{Dicke}_{\text{Ölfilm}} = \frac{V_{\text{Öltropfen}}}{O_{\text{Ölfilm}}} = 0{,}000008\overline{3}\,\text{cm}$

Aufgabe 8:

$V_{\text{Sorte 1}} = 268{,}1\,\text{cm}^3$

$V_{\text{Sorte 2}} = 137{,}3\,\text{cm}^3$ (doppelte Menge: $274{,}5\,\text{cm}^3$)

→ Da Sorte 2 die doppelte Menge Früchte liefert, sollte Xaver Vallen-Sina sich für den Anbau dieser Sorte entscheiden.

Teste dein Wissen: Volumen und Oberflächen von Körpern (Seite 49)

Aufgabe 1:

	a)	b)	c)	d)
Radius r	5 cm	7,5 dm	8,4 m	22 cm
Volumen V	523,6 cm³	1 767,1 dm³	2 482,7 m³	44 602 mm³
Oberfläche O	314,2 cm²	706,9 dm²	55,4 m²	6 082,1 mm²

Aufgabe 2:

	a)	b)	c)
Radius r	7 cm	6 mm	6,6 m
Seitenkante s	11,4 cm	11 mm	12 m
Höhe h	9 cm	9,2 mm	10 m
Oberfläche O	404,6 cm²	320,4 mm²	385,7 m²
Volumen V	461,8 cm³	246,8 mm³	456,2 m³

Aufgabe 3:

a) $V_{\text{Sphären}} = 27\,482{,}7\,\text{m}^3$ **b)** $O_{\text{Sphären}} = 9\,160{,}9\,\text{m}^2 \rightarrow \text{Preis}_{\text{Reinigung}} = 68\,706{,}75\,€$

Lösungen

Aufgabe 4:

$V_{Kugel} = V_{Zylinder}$

$\frac{4}{3}\pi \cdot r^3 = G \cdot h$

$\frac{4}{3}\pi \cdot 18^3 = r^2 \cdot \pi \cdot h$

$\frac{4}{3}\pi \cdot 18^3 = 18^2 \cdot \pi \cdot h$

$\frac{\frac{4}{3}\pi \cdot 18^3}{18^2 \cdot \pi} \rightarrow h = 24\,cm$

Aufgabe 5:

$b = 10\,cm$

$a = \sqrt{26^2 - 10^2} = 24\,cm$

$V_{Pyramide} = \frac{1}{3} \cdot 24 \cdot 10 \cdot 15 = 1\,200\,cm^3$

$h_b = \sqrt{15^2 + 12^2} = 19{,}2\,cm$

$h_a = \sqrt{15^2 + 5^2} = 15{,}8\,cm$

$O_{Pyramide} = G + M$

$= 24 \cdot 10 + b \cdot h_b + a \cdot h_a$

$= 240 + 10 \cdot 19{,}2 + 24 \cdot 15{,}8$

$= 811{,}2\,cm^2$

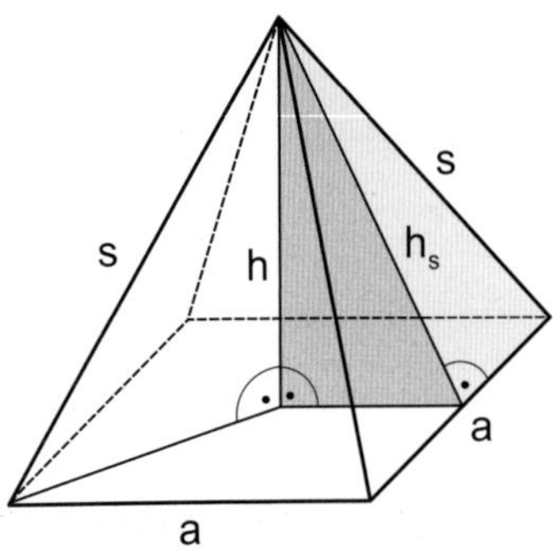

Aufgabe 6:

$M_{Kegel} = \pi \cdot r \cdot s$

$300 = \pi \cdot r \cdot 20$

$300 = 62{,}8 \cdot r$

$r = 4{,}8\,cm$

$h_{Kegel} = \sqrt{20^2 - 4{,}8^2} = 19{,}4\,cm$

$O_{Kegel} = 372{,}4\,cm^2$

$V_{Kegel} = 468{,}1\,cm^3$

Aufgabe 7:

$M_{Kegel} = s^2 \cdot \pi \cdot \frac{144°}{360°}$

$s = \sqrt{\frac{18{,}84 \cdot 360°}{144° \cdot \pi}} \approx 3{,}9\,cm$

$M_{Kegel} = \pi \cdot r \cdot s$

$r = \frac{18{,}84}{\pi \cdot 3{,}9} \approx 1{,}54\,cm$

$h = \sqrt{3{,}9^2 - 1{,}54^2} \approx 3{,}6\,cm$

$O = 1{,}54^2 \cdot \pi + 18{,}84 \approx 26{,}3\,cm^2$

$V \approx 8{,}94\,cm^3$

Aufgabe 8:

a) $h = \sqrt{18^2 - 7{,}5^2} \approx 16{,}4\,cm$

$V = 1\,230\,cm^3$

b) $\frac{a}{2} = \sqrt{9{,}4^2 - 7{,}8^2}$

$\frac{a}{2} = 5{,}25\,cm$

$a = 10{,}5\,cm$

$V = 286{,}65\,cm^3$

Lösungen

Kapitel 5 - Trigonometrie

Seitenverhältnisse im rechtwinkligen Dreieck: Sinus (Seite 50)

Aufgabe:

a)

α	11°	21°	30°	45°	72°	81°
sin α	0,19	0,36	0,5	0,71	0,95	0,99

b)

α	15°	27°	33°	52°	60°	85°
sin α	0,259	0,454	0,545	0,788	0,866	0,996

Seitenverhältnisse im rechtwinkligen Dreieck: Kosinus (Seite 51)

Aufgabe:

a)

α	12°	24°	30°	45°	72°	80°
cos α	0,98	0,91	0,87	0,71	0,31	0,17

b)

α	75°	63°	57°	38°	30°	5,1°
cos α	0,259	0,454	0,545	0,788	0,866	0,996

Seitenverhältnisse im rechtwinkligen Dreieck: Tangens (Seite 52)

Aufgabe:

a)

α	tan α
14°	0,25
21°	0,38
30°	0,58
45°	1,00
54°	1,38
60°	1,73

b)

α	tan α
15°	0,268
22°	0,404
36°	0,727
40°	0,839
50°	1,192
59°	1,664

sin-, cos- und tan-Werte mit dem Taschenrechner ermitteln (Seite 53–54)

Aufgabe 1:

a) sin 68° ≈ 0,9272 **b)** cos 15° ≈ 0,9659 **c)** tan 7,5° ≈ 0,1317 **d)** sin 3,6° ≈ 0,0628
e) tan 32° ≈ 0,6249 **f)** sin 12° ≈ 0,2079 **g)** cos 57° ≈ 0,5446 **h)** tan 52° ≈ 1,2799
i) cos 72° ≈ 0,3090 **j)** tan 9,2° ≈ 0,1620 **k)** sin 8,9° ≈ 0,1547 **l)** cos 88° ≈ 0,0349

Aufgabe 2:

a) sin 9,6° = 0,167 **b)** cos 18° = 0,951 **c)** tan 18° = 0,325 **d)** sin 25,7° = 0,434
e) cos 38,8° = 0,779 **f)** tan 68,7° = 2,565 **g)** sin 55,8° = 0,2827 **h)** cos 57,6° = 0,536
i) tan 47,1° = 1,076 **j)** sin 77,2° = 0,975 **k)** cos 65,4° = 0,416 **l)** tan 52,3° = 1,294

Aufgabe 3:

tan 89° = 57,328996163; tan 89,9° = 572,9572134; tan 89,99° = 5729,577893;
tan 89,999° = 57295,77951; tan 89,9999° = 572957,7951; tan 89,99999° = 5729577,951;
tan 89,99999999° = 5729577951.
tan 90° wird unendlich und kann vom Taschenrechner nicht angezeigt werden.

Lösungen

Aufgabe 4:

α	0°	15°	30°	45°	60°	75°	90°	105°	120°	135°	150°	165°	180°
sin α	0	0,26	0,5	0,71	0,87	0,97	1	0,97	0,87	0,71	0,5	0,26	0
α	195°	210°	225°	240°	255°	270°	285°	300°	315°	330°	345°	360°	
sin α	–0,26	–0,5	–0,71	–0,87	–0,97	–1	–0,97	–0,87	–0,71	–0,5	–0,26	0	

Aufgabe 5:

α	0°	15°	30°	45°	60°	75°	90°	105°	120°	135°	150°	165°	180°
cos α	1	0,97	0,87	0,71	0,5	0,26	0	–0,26	–0,5	–0,71	–0,87	–0,97	–1
α	195°	210°	225°	240°	255°	270°	285°	300°	315°	330°	345°	360°	
cos α	–0,97	–0,87	–0,71	–0,5	–0,26	0	0,26	0,5	0,71	0,87	0,97	1	

Aufgabe 6:

α	0°	15°	30°	45°	60°	75°	90°	105°	120°	135°	150°	165°	180°
tan α	0	0,27	0,58	1	1,73	3,73	∞	–3,73	–1,73	–1	–0,58	–0,27	0
α	195°	210°	225°	240°	255°	270°	285°	300°	315°	330°	345°	360°	
tan α	0,27	0,58	1	1,73	3,73	∞	–3,73	–1,73	–1	–0,58	–0,27	0	

Aufgabe 7:

α	sin α	cos α	tan α
0°	0 ✓	1 ✓	0 ✓
30°	$\frac{1}{2}$ ✓	$\frac{1}{2}\sqrt{3}$ ✓	$\frac{1}{3}\sqrt{3}$ ✓
45°	$\frac{1}{2}\sqrt{2}$ ✓	$\frac{1}{2}\sqrt{2}$ ✓	1 ✓
60°	$\frac{1}{2}\sqrt{3}$ ✓	$\frac{1}{2}$ ✓	$\sqrt{3}$ ✓
90°	1 ✓	0 ✓	unendlich ✓

Berechnungen im rechtwinkligen Dreieck (Seite 55–57)

Aufgabe 1:

a) $\sin 43° = \frac{a}{7}$

$a = 7 \cdot \sin 43°$

$a \approx 4{,}8\,\text{cm}$

b) $\cos 57° = \frac{b}{9{,}3}$

$b = 9{,}3 \cdot \cos 57°$

$b \approx 5{,}1\,\text{cm}$

c) $\tan 30° = \frac{c}{3{,}5}$

$c = 3{,}5 \cdot \tan 30°$

$c \approx 2{,}0\,\text{cm}$

Aufgabe 2:

a) $\cos \alpha = \frac{13}{21}$

$\alpha = 51{,}8°$

b) $\tan \beta = \frac{8{,}1}{7{,}3}$

$\beta = 48{,}0°$

c) $\sin \delta = \frac{8{,}1}{11{,}5}$

$\delta = 44{,}8°$

Aufgabe 3:

a)

	I.	II.	III.	IV.
a [in cm]	6,5	5,3	7,2	3,4
b [in cm]	2,7	6,9	7,2	4,3
α	67,4°	37,5°	45°	38,3°
β	22,6°	52,5°	45°	51,7°
c [in cm]	7,0	8,7	10,2	5,5

b)

	I.	II.	III.	IV.
a [in cm]	4,1	3,8	7,6	7,1
c [in cm]	7,3	4,9	8,1	9,3
α	34,2°	50,9°	69,8°	49,8°
β	55,8°	39,1°	20,2°	40,2°
b [in cm]	6,0	3,1	2,8	6,0

Lösungen

c)

	I.	II.	III.	IV.
a [in cm]	7,2	4,8	6,5	9,7
β	27°	32°	39°	57°
c [in cm]	8,1	5,7	8,4	17,8
b [in cm]	3,7	3,0	5,3	14,9
α	63°	58°	51°	33°

d)

	I.	II.	III.	IV.
c [in cm]	7,5	8,3	9,2	5,4
α	32°	61°	49°	24°
a [in cm]	4,0	7,3	6,9	2,2
b [in cm]	6,4	4,0	9,1	4,9
β	58°	29°	41°	66°

Aufgabe 4:

$\sin 36° = \frac{h}{30}$

$h = 30 \cdot \sin 36° = 17{,}64\,m$

$h + 1{,}5\,m = 19{,}14\,m$

→ Der Drachen steht 19,14 m über dem Boden.

Aufgabe 5:

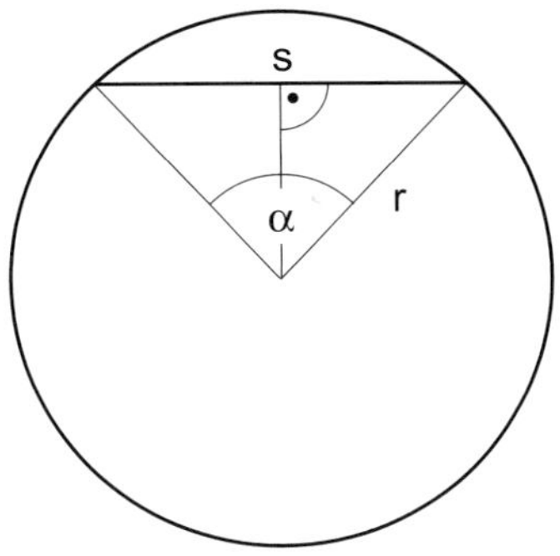

$\sin \frac{a}{2} = \frac{\frac{s}{2}}{r}$

$\sin 41° = \frac{\frac{s}{2}}{4{,}5\,cm}$

$\sin 41° \cdot 4{,}5\,cm \cdot 2 = s$

$s = 5{,}9\,cm$

→ Die Sehne ist 5,9 cm lang.

Aufgabe 6:

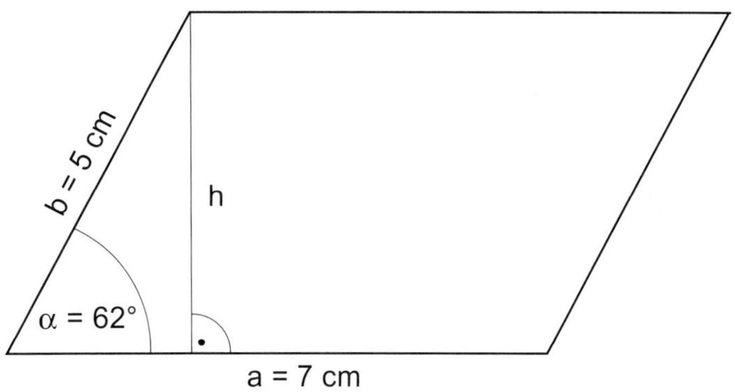

$\sin 62° = \frac{h}{5}$

$\sin 62° \cdot 5\,cm = h$

$4{,}41\,cm = h$

→ Die Höhe beträgt 4,41 cm.

$A = a \cdot h = 7\,cm \cdot 4{,}41\,cm = 30{,}87\,cm^2$

→ Der Flächeninhalt beträgt 30,87 cm².

Aufgabe 7:

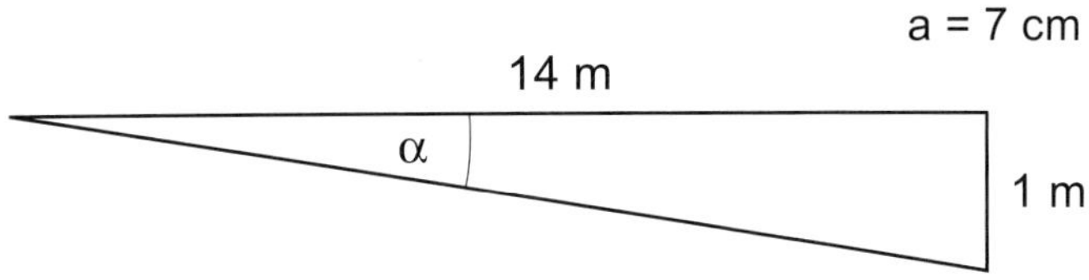

$\tan \alpha = \frac{1}{14}$

$\tan \alpha = 0{,}07$

$\alpha = 4°$

Aufgabe 8:

$a = \sqrt{4^2 + 2{,}4^2}$

$\underline{a = 4{,}66\,cm}$

$\sin \frac{\alpha}{2} = \frac{2{,}4}{4{,}66}$

$\sin \frac{\alpha}{2} = 0{,}515$

$\frac{\alpha}{2} = 31° \rightarrow \underline{\alpha = 62°}$

$\sin \frac{\beta}{2} = \frac{4}{4{,}66}$

$\sin \frac{\beta}{2} = 0{,}858$

$\frac{\beta}{2} = 59° \rightarrow \underline{\beta = 118°}$

Lösungen

Aufgabe 9:

$\tan \alpha = \frac{b}{a}$

$\tan \alpha = \frac{6}{8} = 0{,}75 \rightarrow \underline{\alpha = 36{,}9°}$

$f = \sqrt{a^2 + b^2} = \sqrt{8^2 + 6^2} = 10\,\text{cm}$

$\tan \beta = \frac{c}{f}$

$\tan \beta = \frac{4}{10} = 0{,}4 \rightarrow \underline{\beta = 21{,}8°}$

$\gamma = 90° - \beta$

$\gamma = 90° - 21{,}8°$

$\underline{\gamma = 68{,}2°}$

Aufgabe 10:

$\sin 29° = \frac{215}{x}$

$\frac{215}{\sin 29°} = x$

$443{,}47\,\text{m} = x$

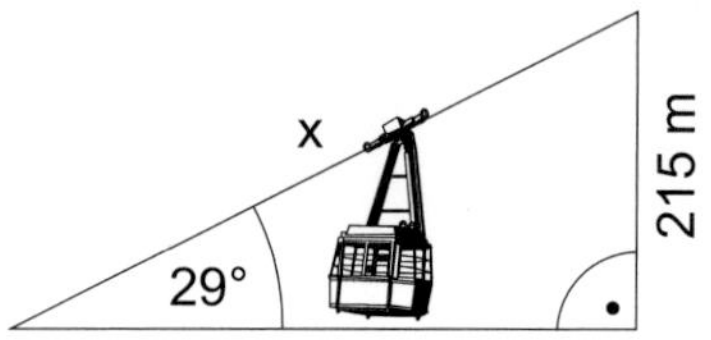

→ Das Seil muss mindestens 443,5 m lang sein.

Aufgabe 11:

$\tan 36° = \frac{h}{1{,}60\,\text{m}}$

$\tan 36° \cdot 1{,}60\text{m} = h$

$1{,}16\,\text{m} = h$

→ Der Sandhaufen ist 1,16 m hoch.

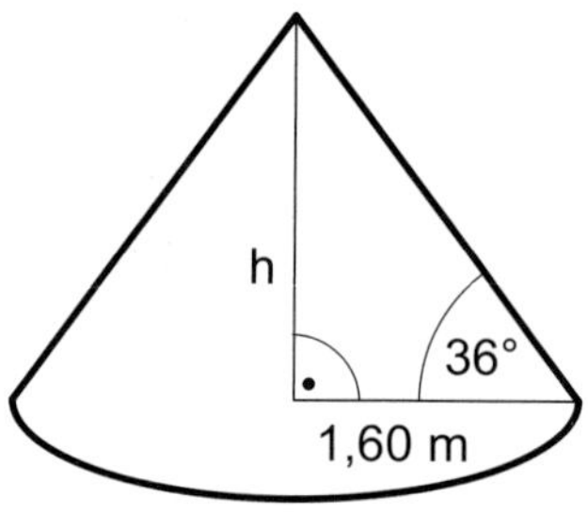

Aufgabe 12:

Die Funktionsgleichung besagt, dass, wenn man auf der x-Achse eine Einheit nach rechts geht, der y-Wert um 0,8 Einheiten steigt. Das bedeutet: Ankathete = 1, Gegenkathete = 0,8. Daraus folgt:

$\tan \alpha = \frac{0{,}8}{1} = 0{,}8 \rightarrow \alpha = 38{,}7°$

→ Die Gerade schneidet die x-Achse unter einem Winkel von 38,7°.

Aufgabe 13:

$\tan \alpha = \frac{240}{2500} = 0{,}096 \rightarrow \alpha = 5{,}48°$

→ Das Flugzeug muss unter einem Winkel von 5,48° steigen.

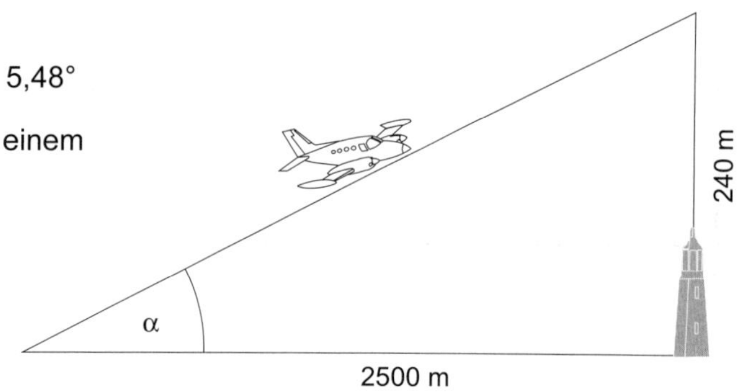

Lösungen

Graphen der Winkelfunktionen (Seite 58–61)

Aufgabe 1:

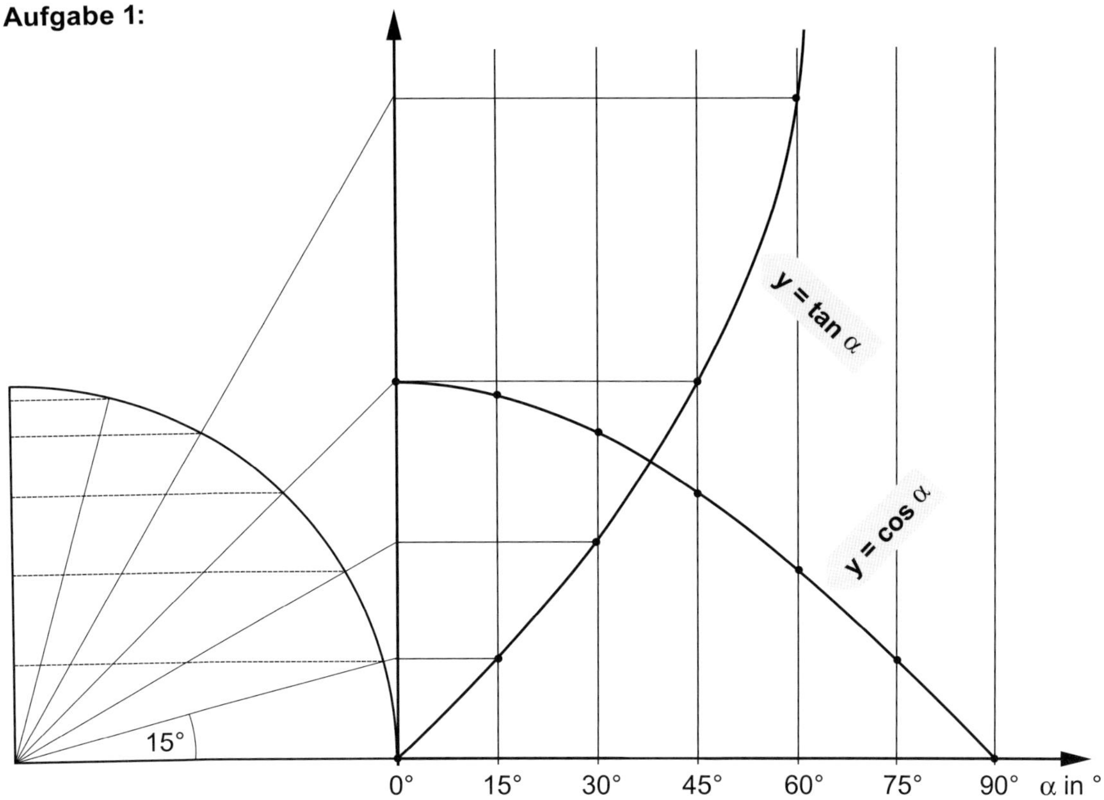

Aufgabe 2: Graph der Funktion y = sin α für Winkel von 0° bis 360°

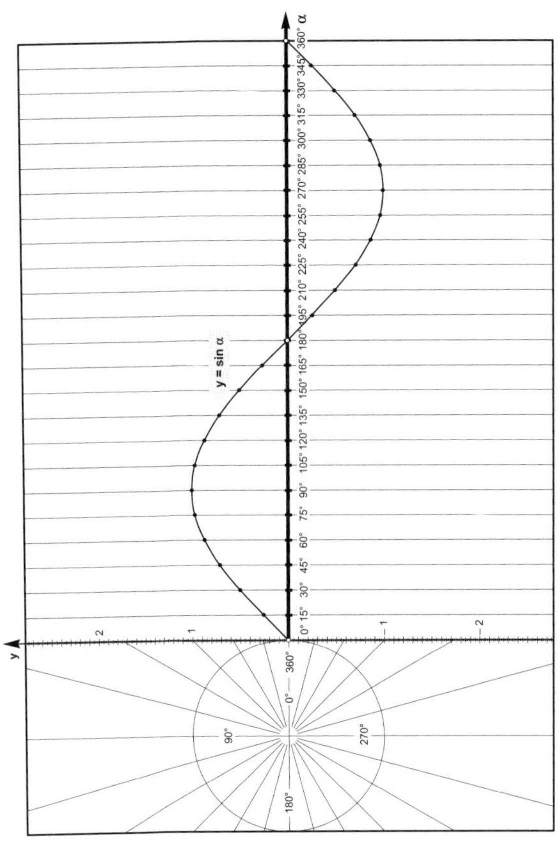

Aufgabe 3: Graph der Funktion y = cos α für Winkel von 0° bis 360°

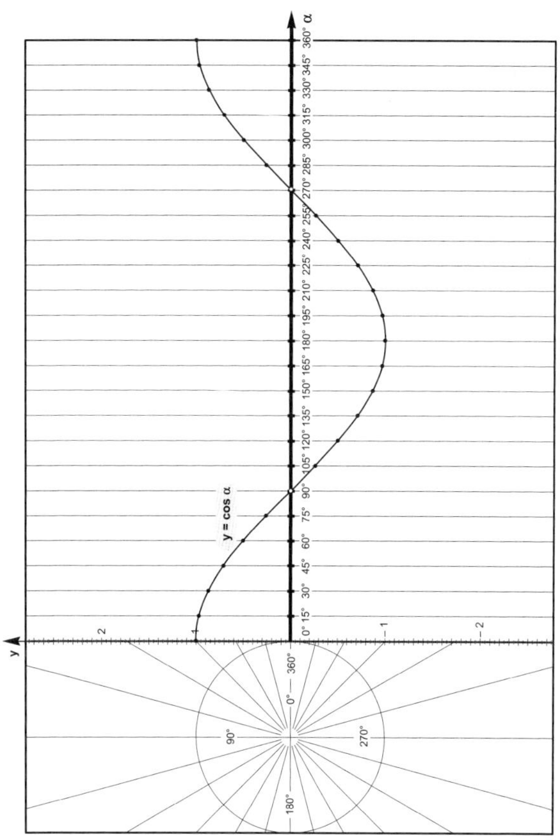

Lösungen

Aufgabe 4: Graph der Funktion y = tan α für Winkel von 0° bis 360°

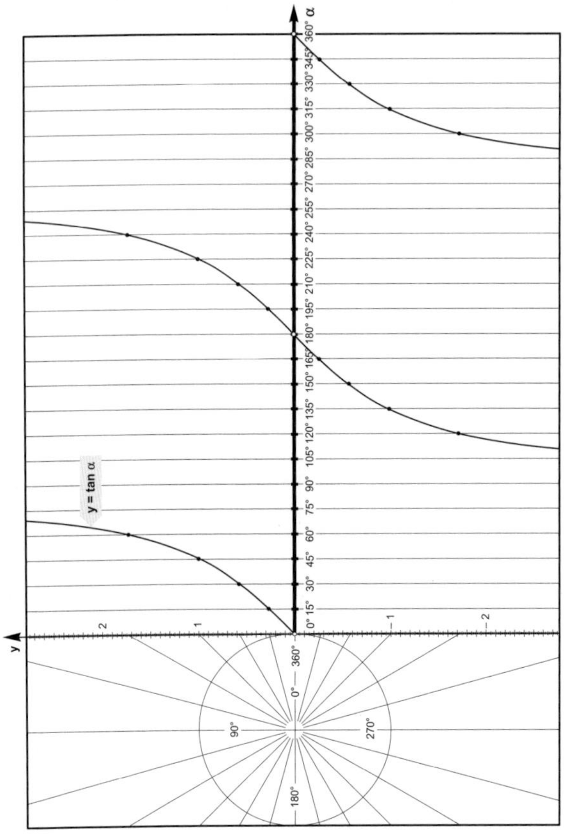

Teste dein Wissen: Trigonometrie (Seite 62)

Aufgabe 1:

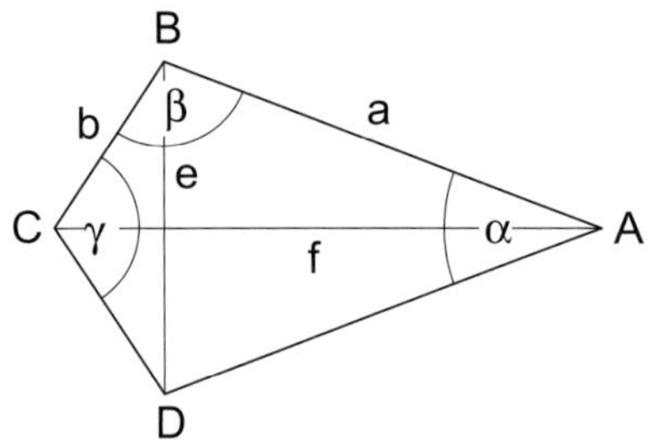

$\sin\frac{\alpha}{2} = \frac{\frac{e}{2}}{a}$

$\sin\frac{\alpha}{2} = \frac{5,9}{12,7} = 0,4646$

$\rightarrow \frac{\alpha}{2} = 27,7°$

$\underline{\alpha = 55,4°}$

$\frac{\gamma}{2} = 180° - \beta - \frac{\alpha}{2} = 180° - 116,4° - 27,7° = 35,9°$

$\underline{\gamma = 71,8°}$

$\sin\frac{\gamma}{2} = \frac{\frac{e}{2}}{b}$

$b = \frac{\frac{e}{2}}{\sin\frac{\gamma}{2}}$

$b = \frac{5,9}{\sin 35,9°}$

$\underline{b = 10,1\,\text{cm}}$

Lösungen

Aufgabe 2:

$\sin \alpha = \frac{647}{2327}$

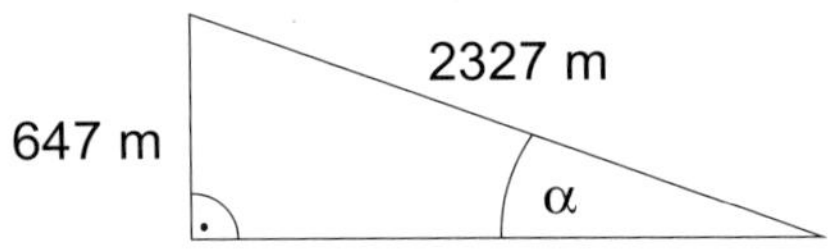

$\alpha = 16{,}1°$

$\tan 16{,}1° = \frac{x}{100}$

$\tan 16{,}1° \cdot 100 = x$

$28{,}9\,m = x$

→ Die Steigung beträgt 16,1° bzw. 28,9 %.

Aufgabe 3:

$\tan \alpha = \frac{1}{16{,}4}$

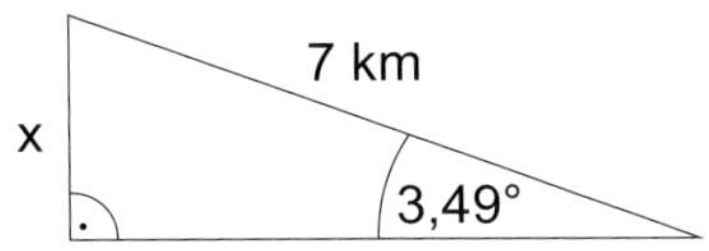

$\alpha = 3{,}49°$

$\sin 3{,}49° = \frac{x}{7}$

$\sin 3{,}49° \cdot 7 = x$

$426\,m = x$

→ Der Steigungswinkel α ist gleich 3,49° und der Höhenunterschied zwischen Boppard und Kastelaun beträgt 426 m.

Aufgabe 4:

$\sin 18° = \frac{x}{5}$

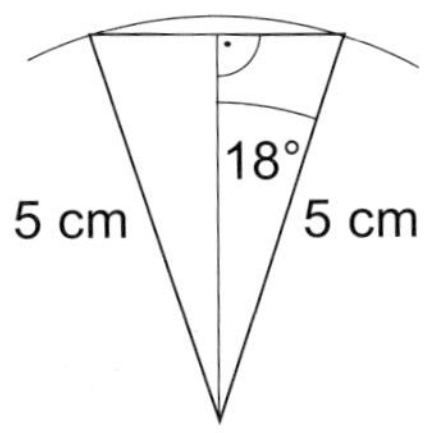

$\sin 18° \cdot 5 = x$

$1{,}545\,cm = x$

$U = 20 \cdot x = 30{,}9\,cm$

→ Der Umfang des Zehnecks beträgt 30,9 cm.

Aufgabe 5:

$\tan 52° = \frac{2{,}3}{x}$

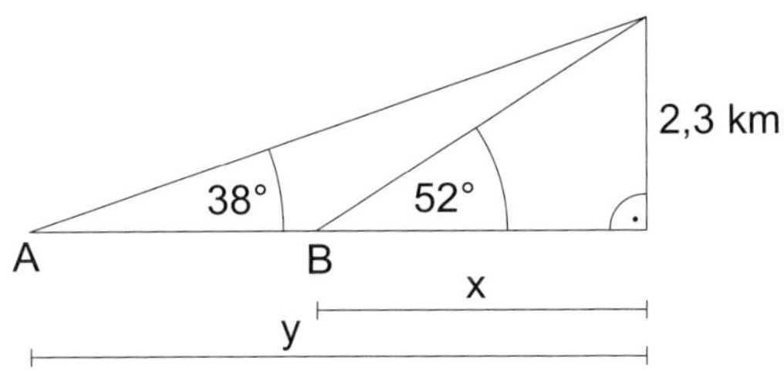

$x = \frac{2{,}3}{\tan 52°}$

$x \approx 1{,}797\,km$

$\tan 38° = \frac{2{,}3}{y}$

$y = \frac{2{,}3}{\tan 38°}$

$y \approx 2{,}944\,km$

$\overline{AB} = y - x = 1{,}147\,km$

→ A und B sind 1,147 km voneinander entfernt.

Aufgabe 6:

$\tan 12{,}15° = \frac{3{,}9}{x}$

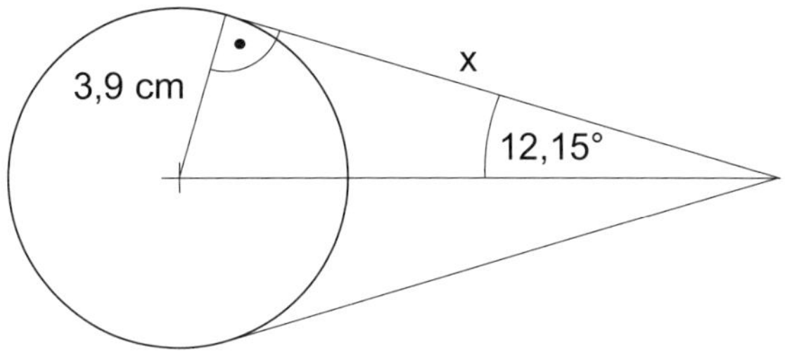

$x = \frac{3{,}9}{\tan 12{,}15°}$

$x = 18{,}11\,cm$

→ Die Tangenten sind jeweils 18,11 cm lang.

Lösungen

Aufgabe 7:

$\tan \alpha = \frac{7}{12} \rightarrow \alpha = 30{,}26°$

$\beta = 90° - \alpha = 59{,}74°$

$\gamma = 2\alpha = 60{,}52°$

$\delta = \frac{360° - 2\gamma}{2} = 119{,}48°$

$A_1 = \frac{a}{2} \cdot \frac{b}{2} = 6 \cdot 3{,}5 = 21\,cm^2$

$A_2 = \frac{a}{2} \cdot \frac{b}{2} = 6 \cdot 3{,}5 = 21\,cm^2$

Aufgabe 8:

$\tan 32{,}3° = \frac{x}{270}$

$\tan 32{,}3° \cdot 270 = x$

$170{,}7\,m = x$

→ Der Fernsehturm ist 172,2 m hoch.

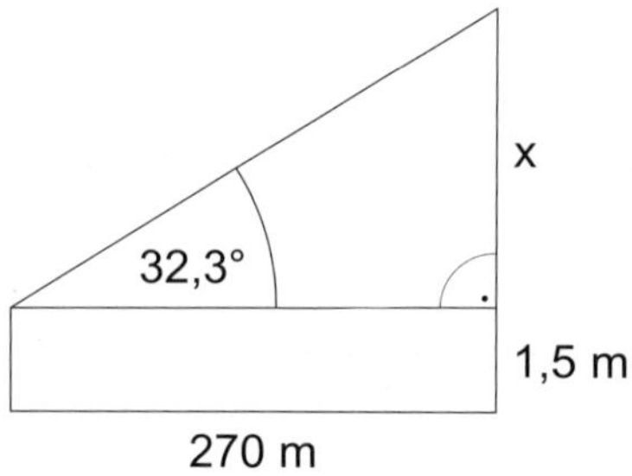

Kapitel 6 – Exponentialfunktionen

Exponentialfunktionen zur Basis a (Seite 63)

Aufgabe 1:

a) $y = 3^x$

x	y
–2	0,111
–1,5	0,192
–1	0,333
–0,5	0,577
0	1
0,5	1,732
1	3
1,5	5,196
2	9

b) $y = (\frac{1}{3})^x + 2$

x	y
–1,5	7,196
–1	5
–0,5	3,732
0	3
0,5	2,577
1	2,333
1,5	2,192
2	2,111
2,5	2,064
3	2,037

c) $y = 0{,}5 \cdot 3^x - 1$

x	y
–2	–0,944
–1,5	–0,904
–1	–0,833
0	–0,5
0,5	–0,134
1	0,5
1,5	1,6
2	3,5
2,5	6,79

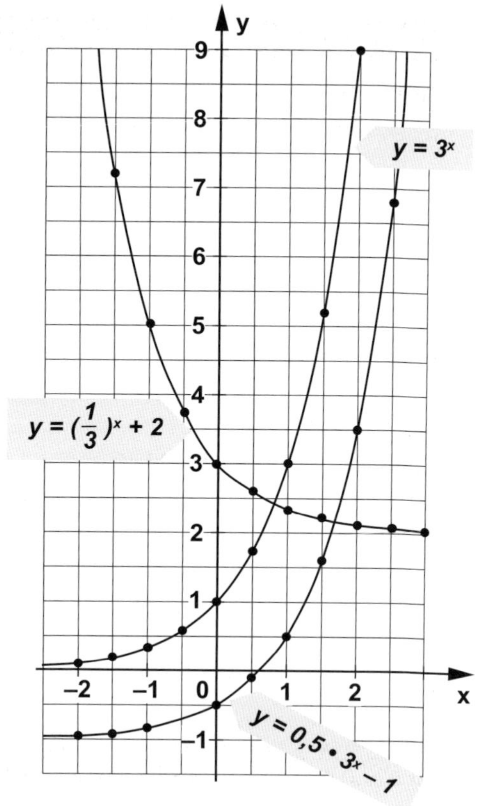

Aufgabe 2:

a) $a^3 = 27;\ a = 3$

b) $a^{-1} = 0{,}25;\ a = 4$

c) $a^{0{,}5} = \sqrt{0{,}5};\ a = 0{,}5$

Lösungen

Lineares und exponentielles Wachstum (Seite 64)

Aufgabe 1:

Kapital am Ende des 1. Jahres:	102 500,00 €
Kapital am Ende des 2. Jahres:	105 062,50 €
Kapital am Ende des 3. Jahres:	107 689,06 €
Kapital am Ende des 4. Jahres:	110 381,29 €
Kapital am Ende des 5. Jahres:	113 140,82 €
Kapital am Ende des 6. Jahres:	115 969,34 €
Kapital am Ende des 7. Jahres:	118 868,58 €
Kapital am Ende des 8. Jahres:	121 840,29 €

→ 100 000 € Anfangskapital wachsen in 8 Jahren auf 121 840,29 € an.

Aufgabe 2:

Temperatur nach 1 Minute:	81,0 °C
Temperatur nach 2 Minuten:	72,9 °C
Temperatur nach 3 Minuten:	65,6 °C
Temperatur nach 4 Minuten:	59,0 °C
Temperatur nach 5 Minuten:	53,1 °C

→ Nach 5 Minuten beträgt die Temperatur des Kaffees noch 53,1 °C.

Wachstumsrate und Abnahmerate (Seite 65)

Aufgabe 1:
a) 1,035 **b)** 1,25 **c)** 1,005 **d)** 1,0125 **e)** 1,0285

Aufgabe 2:
a) 0,983 **b)** 0,875 **c)** 0,65 **d)** 0,94 **e)** 0,995

Aufgabe 3:
a) 2 % **b)** 2,5 % **c)** 25 % **d)** 0,3 % **e)** 7,5 %

Aufgabe 4:
a) 2,5 % **b)** 35 % **c)** 0,1 % **d)** 12,5 % **e)** 23 %

Aufgabe 5:
Ein Anfangskapital von 25 000 € wächst in 12 Jahren mit Zinseszinsen zu 4,5 % auf 42 397 €.

Aufgabe 6:
7 500 € zu 3,5 % verdoppeln sich nach 22 Jahren auf beinahe 16 000 €.

Gemischte Aufgaben zum exponentiellen Wachstum (Seite 66)

Aufgabe 1:
G = 24 \$; q = 1,03; n = 387 Jahre; $G_{387} = 24 \cdot 1{,}03^{387}$
→ Im Jahr 2013 hätten die Indianer 2 229 549,93 \$.

Aufgabe 2:
a) 14 Jahre **b)** 10,8 Jahre **c)** 8,5 Jahre **d)** 35 Jahre **e)** 20 Jahre

Lösungen

Aufgabe 3:

$49\,000\,000 = 84\,000 \cdot q^{45}$ $q^{45} = 58,\overline{3}$ $q = \sqrt[45]{58,\overline{3}}$ $q = 1,094567617$ $p \approx 9,5\,\%$

Aufgabe 4:

$G_8 = 1\,200 \cdot 2^8$

→ Um 12.00 sind 307 200 Salmonellen in der Eierspeise.

Aufgabe 5:

$G_{15} = 2\,500\,000 \cdot 1,0125^{15}$

→ Im Jahre 2020 leben dort voraussichtlich 3 012 073 Menschen.

Aufgabe 6:

$80\,000 = 40\,000 \cdot q^{15}$ $q^{15} = 2$ $q = \sqrt[15]{2}$ $q = 1,047294123$ $p \approx 4,73\,\%$

Aufgabe 7:

$G_{15} = 150 \cdot 1,22^{15}$

→ Nach 15 Tagen wiegen die Algen 2 961 g.

Aufgabe 8:

$40\,000 = G \cdot 1,04^{20}$ $G = 40\,000 : 1,04^{20}$

→ Er muss 18 255,48 £ einzahlen.

Aufgabe 9:

$49\,454 = 35\,000 \cdot q^{14}$ $q^{14} = 1,412971429$ $q = \sqrt[14]{1,412971429}$ $q = 1,024999876$ $p \approx 2,5\,\%$

Aufgabe 10:

a) $600 = 120 \cdot 1,11^x$ $5 = 1,11^x$ $x = 15,5$ Wochen

→ Nach 15,5 Wochen hat sich die Anzahl der Mäuse verfünffacht.

b) $G_{20} = 120 \cdot 1,11^{20} = 967,4773843$ → Nach 20 Wochen sind es 967 Mäuse.

Aufgabe 11:

a) 14 Tage: 600 g, 21 Tage: 1,2 kg, 28 Tage: 2,4 kg, 35 Tage: 4,8 kg

b) $\text{Wachstumsfaktor}_{1\,\text{Tag}} = 2^{\frac{1}{7}}$

Aufgabe 12:

$G_{65} = 10\,000 \cdot 1,075^{65} = 1\,100\,398,97$

→ Carlotta verfügt mit 65 Jahren über 1 100 398,97 € und wäre dann tatsächlich Milionärin.

Aufgabe 13:

$134\,000 = 96\,000 \cdot q^{12}$ $q^{12} = 1,3958\overline{3}$ $q = \sqrt[12]{1,3958\overline{3}}$ $q = 1,028180739$ $p \approx 2,8\,\%$

Gemischte Aufgaben zur exponentiellen Abnahme (Seite 67)

Aufgabe 1:

$G_{12} = 50\,000 \cdot 0,92^{12} = 18\,383,32$ → Die Aktien sind noch 18 383,32 € wert.

Aufgabe 2:

$G_{18} = 630 \cdot 0,88^{18} = 63,1$ → Die Verschmutzung beträgt noch 63 ppm.

Aufgabe 3:

$39\,187 = 50\,000 \cdot q^8$ $q = \sqrt[8]{0,78374}$ $q = 0,96999948$ $p = 3\,\%$

Lösungen

Aufgabe 4:

$G_{29} = 1013 \cdot 0{,}988^{29} = 713{,}7741876$ → Der Luftdruck beträgt noch 713,8 hPa.

Aufgabe 5:

$810 = 1013 \cdot 0{,}988^x$ $\quad 0{,}988^x = 0{,}799605133$

$1013 \cdot 0{,}988^{18} = 815{,}1442097$

$1013 \cdot 0{,}988^{19} = 805{,}14423624792$

→ Sein Zelt steht in ca. 1 852 m Höhe.

Aufgabe 6:

$G_5 = 31\,000 \cdot 0{,}8755 = 15\,900{,}18$

→ Sein Auto hat noch einen Wert von 15 900 €.

Aufgabe 7:

$20 = 100 \cdot 0{,}65^x$ $\quad 0{,}65^x = 0{,}2$

$100 \cdot 0{,}65^3 = 27{,}4625$ $\quad 100 \cdot 0{,}65^4 = 17{,}850625$

→ Nach 3,75 Stunden ist die Temperatur auf unter 20 °C gefallen.

Aufgabe 8:

a) $G_{25} = 1000 \cdot 0{,}88^{25} = 40{,}93236176$

→ Die Helligkeit in 25 m Tiefe beträgt noch 41 Lux.

b) $10 = 1\,000 \cdot 0{,}88^x$

$1\,000 \cdot 0{,}88^{36} = 10{,}03173838$ $\quad 1000 \cdot 0{,}88^{37} = 8{,}827929771$

→ In einer Tiefe zwischen 35 m und 36 m beträgt die Helligkeit 10 Lux.

Aufgabe 9:

$G_8 = 212\,000 \cdot 0{,}9825^8 = 184\,075{,}646$

→ Voraussichtlich wird die Stadt 184 076 Einwohner haben.

Aufgabe 10:

$G_9 = 80 \cdot 0{,}9^9 = 30{,}99363912$

→ Nach 9 Minuten beträgt die Temperatur 31 °C.

Aufgabe 11:

$100 = 200 \cdot 0{,}955^x$ $\quad 0{,}955^x = 0{,}5$

$200 \cdot 0{,}955^{15} = 100{,}2491201$ $\quad 200 \cdot 0{,}955^{16} = 95{,}73790969$

→ Nach ungefähr 15,054 Stunden ist die Hälfte der radioaktiven Substanz zerfallen.

(Diese Zeit nennt man auch **Halbwertszeit**.)

Aufgabe 12:

$G_7 = 1 \cdot 0{,}94^7 = 0{,}648477594$

→ Die Helligkeit liegt bei knapp 65 %.

Aufgabe 13:

a) $1\,000 \cdot q^{24} = 920$ $\quad q = \sqrt[24]{0{,}92}$ $\quad q = 0{,}996531794$

→ Nach einer Stunde befinden sich noch 99,6 % Jod im Körper,

d.h. der Körper baut pro Stunde 0,35 % Jod ab.

b) $G_6 = 1000 \cdot 0{,}92^6 = 606{,}4$ mg Jod → Nach 6 Tagen sind noch 60,6 % Jod im Körper.

c) $G_{199\ \text{Stunden}} \approx 500{,}9$ mg; $G_{200\ \text{Stunden}} \approx 499{,}2$ mg

→ Nach 200 Stunden hat der Körper die Hälfte des Jods abgebaut.

Lösungen

Der Logarithmus (Seite 68)

Aufgabe 1:

a) $7^4 = 2401$ **b)** $2^{10} = 1024$ **c)** $10^4 = 10000$ **d)** $2^{-3} = 0,125$ **e)** $3^6 = 729$

Aufgabe 2:

a) $\log_4 16384 = 7$ **b)** $\log_5 3125 = 5$ **c)** $\log 10000000 = 7$ **d)** $\log_2 0,03125 = -5$ **e)** $\log_{16} 4 = 0,5$

Aufgabe 3:

a) $x = 6$ **b)** $x = 3$ **c)** $x = -5$ **d)** $x = -2$ **e)** $x = 3$ **f)** $x = 6$ **g)** $x = 4$

Aufgabe 4:

a) $\log_7 343 = 3$ **b)** $\log_3 \frac{1}{27} = -3$ **c)** $\log 10 = 1$ **d)** $\log_2 32 = 5$ **e)** $\log_{2,5} 6,25 = 2$

Aufgabe 5:

a) $\log_3 243 = 5$ **b)** $\log_6 7776 = 5$ **c)** $\log 1000 = 3$ **d)** $\log_2 512 = 9$ **e)** $\log_4 64 = 3$

Aufgabe 6:

x	y	y laut TR
0,2	–0,7	–0,6990
0,4	–0,38	–0,3979
1	0	0
2	0,3	0,3010
3	0,5	0,4771
5	0,7	0,6989
10	1	1

Teste dein Wissen: Exponentialfunktionen (Seite 69)

Aufgabe 1:

a) $y = 1,5^x$

x	y
–4	0,1975
–3	0,296
–2	0,4444
–1	0,6667
0	1
1	1,5
2	2,25
2,5	2,7556
3	3,375
4	5,0625

b) $y = (\frac{2}{3})^x + 4$

x	y
–4	9,0625
–3	7,375
–2,5	6,7556
–2	6,25
–1	5,5
0	5
1	4,6667
2	4,4444
3	4,296
4	4,1975

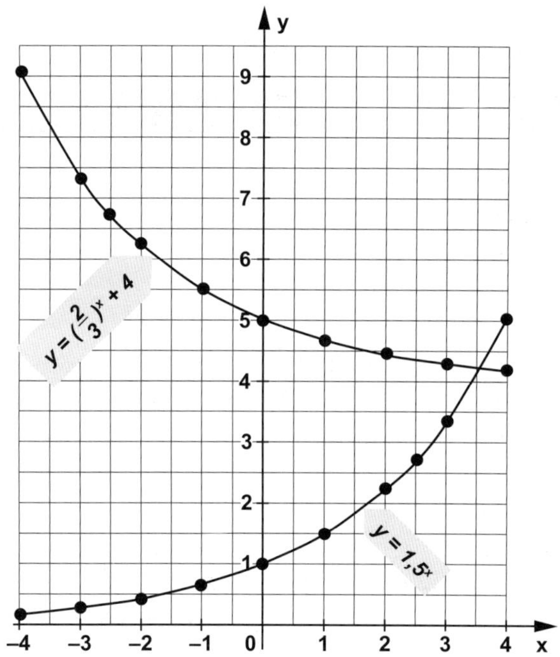

Lösungen

Aufgabe 2:

a) Der Funktionswert wird vervierfacht.

b) Der Funktionswert wird um den Faktor $\sqrt{2}$ verkleinert.

c) Der Funktionswert wird verachtfacht.

Aufgabe 3:

a) $y = 2 \cdot 3^x$
$a = 3$; $c = 2$

b) $y = 4 \cdot 0{,}5^x$
$a = 0{,}5$; $c = 4$

c) $y = -8 \cdot 2^x$
$a = 2$; $c = -8$

Aufgabe 4:

a) $y = 10^{x+2}$ **b)** $y = 2^{x+3}$ **c)** $y = 0{,}5^{x+3}$ **d)** $y = 3^{x+2}$

Aufgabe 5: $G_{10} = 400000 \cdot 1{,}0810 = 863570$
→ Joe Äckermän bezieht ein Gehalt von 863 570,00 €.

Aufgabe 6:

a) $G_{11} = 1013 \cdot 0{,}8811 = 248{,}3$
→ In 11 km Höhe herrscht ein Luftdruck von 248 hPa.

b) $G_7 = 1013 \cdot 0{,}887 = 413{,}9883791$
$G_8 = 1013 \cdot 0{,}888 = 364{,}3097736$
→ Zwischen 7 km und 8 km Höhe herrscht ein Luftdruck von 382 hPa.
Durch Verfeinern kommt man auf die Höhe von 7,629 km.

Aufgabe 7:

a) $5^4 = 625$ **b)** $4^{0,5} = 2$ **c)** $10^5 = 100000$ **d)** $10^{-2} = 0{,}01$

Aufgabe 8:

a) $\log_2 16 = 4$ **b)** $\log_3 81 = 4$ **c)** $\log_5 0{,}04 = -2$ **d)** $\log_2 0{,}125 = -3$

Kapitel 7 - Kombinatorik

Permutationen (Seite 70)

Aufgabe 1:
Da es sich nur um die Ziffern 1, 3, 5, 7 und 9 handeln kann, müsste Petro Peperoni nur $5! = 5 \cdot 4 \cdot 3 \cdot 2 \cdot 1 = 120$ Möglichkeiten durchspielen.

Aufgabe 2:
Die 6 Erwachsenen können auf $6! = 6 \cdot 5 \cdot 4 \cdot 3 \cdot 2 \cdot 1 = 720$ Möglichkeiten nebeneinander aufgestellt werden. Die 7 Kinder auf $7! = 5040$ Möglichkeiten.
→ Der Fotograf könnte $7! \cdot 6! = 5040 \cdot 720 = 3628800$ verschiedene Fotos machen.

Aufgabe 3:
$7! = 7 \cdot 6 \cdot 5 \cdot 4 \cdot 3 \cdot 2 \cdot 1 = 5040$ Möglichkeiten
$5040 \cdot 30$ Sekunden = 151 200 Sekunden
→ Der Bibliothekar würde 42 Stunden benötigen.

Aufgabe 4:
$8! = 8 \cdot 7 \cdot 6 \cdot 5 \cdot 4 \cdot 3 \cdot 2 \cdot 1 = 40320$
→ Es gibt 40 320 verschiedene Möglichkeiten, 8 Musikstücke abzuspielen.

Lösungen

Aufgabe 5:

a) 10 ! = 10 • 9 • 8 • 7 • 6 • 5 • 4 • 3 • 2 • 1 = 3628800
→ Es gibt 3 628 800 verschiedene Möglichkeiten, die 10 Sänger auftreten zu lassen.

b) Wenn die 5 Sänger vor und nach der Pause schon feststehen,
dann gibt es 5 ! = 5 • 4 • 3 • 2 • 1 = 120 verschiedene Auftrittsmöglichkeiten vor der Pause und 120 verschiedene Auftrittsmöglichkeiten nach der Pause.
→ Insgesamt sind es dann nur noch 120 • 120 = 14 400 verschiedene Möglichkeiten, die 10 Künstler antreten zu lassen.

Auswählen ohne Beachtung der Reihenfolge (Seite 71)

Aufgabe 1:

$\frac{28 \cdot 27 \cdot 26 \cdot 25 \cdot 24}{5!} = \frac{11\,793\,600}{120} = 98\,280$ Möglichkeiten

Aufgabe 2:

$\frac{15 \cdot 14 \cdot 13 \cdot 12}{4!} = \frac{32\,760}{24} = 1\,365$ Zusammenstellungen

Aufgabe 3:

$\frac{9 \cdot 8 \cdot 7 \cdot 6}{4!} = \frac{3\,024}{24} = 126$ Möglichkeiten

Aufgabe 4:

$\frac{15 \cdot 14 \cdot 13 \cdot 12 \cdot 11 \cdot 10 \cdot 9 \cdot 8}{8!} = \frac{259\,459\,200}{40\,320} = 6\,435$ Möglichkeiten

Aufgabe 5:

$\frac{12 \cdot 11 \cdot 10}{3!} = \frac{1\,320}{6} = 220$ Möglichkeiten

Aufgabe 6:

$\frac{7 \cdot 6 \cdot 5 \cdot 4}{4!} = \frac{840}{24} = 35$ Möglichkeiten

Aufgabe 7:

$\frac{15 \cdot 14 \cdot 13 \cdot 12 \cdot 11}{5!} = \frac{360\,360}{120} = 3\,003$ Möglichkeiten

Auswählen unter Beachtung der Reihenfolge (Seite 72)

Aufgabe 1:

7 • 6 • 5 = 210 Möglichkeiten

Aufgabe 2:

5 • 4 = 20 Möglichkeiten

Aufgabe 3:

Es gibt 10 • 10 • 10 • 10 = 10 000 verschiedene Ziffernkombinationen (darunter z. B. auch 3353 etc.).
10 • 9 • 8 • 7 = 5 040 Zahlen haben 4 verschiedene Ziffern.

Aufgabe 4:

Es gibt 12 • 11 • 10 • 9 • 8 = 95 040 „Wörter“ mit verschiedenen Buchstaben.

Aufgabe 5:

Es gibt 26 • 25 • 24 • 23 = 358 800 mehr oder weniger sinnvolle Wörter.

Lösungen

Aufgabe 6:
Gernot Köpf-Schröterich muss sich unter 15 • 14 • 13 • 12 • 11 = 360 360 Möglichkeiten entscheiden.

Zickenkrieg beim Pferderennen (Seite 73)

Aufgabe:
Für die 10 Pferde gibt es 10 ! = 10 • 9 • 8 • 7 • 6 • 5 • 4 • 3 • 2 • 1 = 3 628 800 Startmöglichkeiten.

Nimmt man einmal an, dass Old Zossen Startplatz 1 bzw. 2 und Slowmotion den Startplatz 2 bzw. 1 haben, dann bleiben den restlichen 8 Pferden 8 ! = 8 • 7 • 6 • 5 • 4 • 3 • 2 • 1 = 40 320 Startmöglichkeiten.
Demzufolge gibt es 2 • 8 ! = 80 640 Startverteilungen, bei denen Old Zossen und Slowmotion nebeneinander Startplatz 1 bzw. Startplatz 2 belegen.

Old Zossen und Slowmotion könnten aber noch die Startplätze (2, 3), (3, 4), (4, 5), (5, 6), (6, 7), (7, 8), (8, 9) und (9, 10) einnehmen. Auch dann würden sie ungünstigerweise nebeneinanderstehen.
Insgesamt gibt es also 2 • 9 • 8 ! = 725 760 Startverteilungen, bei denen sich die beiden Pferde in die Quere kommen könnten.
Die Wahrscheinlichkeit P für dieses Ereignis ist 725 760 : 3 628 800 = 0,2.

$$P(\text{Slowmotion und Old Zossen nebeneinander}) = \frac{\text{(un)günstige Aufstellungen}}{\text{mögliche Aufstellungen}} = \frac{9 \cdot 2 \cdot 8\,!}{10\,!} = 0{,}2$$

Auf dem Weg zur Lottomillion (Seite 74)

Aufgabe 1:

$$P(\text{6 Richtige mit Superzahl}) = \frac{1}{13\,983\,816 \cdot 10} \approx 0{,}000000007151124$$

Aufgabe 2:

$$P(\text{4 Richtige}) = \frac{\frac{6 \cdot 5 \cdot 4 \cdot 3}{4\,!} \cdot \frac{43 \cdot 42}{2\,!}}{13\,983\,816 \cdot 10} \approx 0{,}00096861972$$

Aufgabe 3:

$$P(\text{5 Richtige}) = \frac{\frac{6 \cdot 5 \cdot 4 \cdot 3 \cdot 2}{5\,!} \cdot 43}{13\,983\,816} \approx 0{,}00001844989951$$

Teste dein Wissen: Kombinatorik (Seite 75)

Aufgabe 1:
220

Aufgabe 2:
15 600

Aufgabe 3:
35

Aufgabe 4:
60

Aufgabe 5:
720

Aufgabe 6:
64 512 240

Aufgabe 7:
60 480

Aufgabe 8:
120

Aufgabe 9:
126

Aufgabe 10:
720

Aufgabe 11:
19 600

Aufgabe 12:
720

Aufgabe 13:
15 504